Magazin

erwachsenenbildung.at

Das Fachmedium für Forschung, Praxis und Diskurs

https://erwachsenenbildung.at/magazin

Ausgabe 43, 2021

Die Sichtbarkeit von Frauen*
in der Erwachsenbildung

HerausgeberInnen der Ausgabe:
Heidi Niederkofler und
Stefan Vater

Wien

Online verfügbar unter:
https://erwachsenenbildung.at/magazin

Herstellung und Verlag der Druck-Version:
Books on Demand GmbH, Norderstedt

Inhaltsverzeichnis

Aus der Redaktion

01   **Editorial**
Heidi Niederkofler und Stefan Vater

Thema

02   **Erwachsenenbildner*in?**
Zur (Un)Sichtbarkeit von Frauen in (un)sichtbarer Bildungsverantwortung
Lea Pelosi

03   **Sichtbarkeit von geflüchteten Frauen und ihren Initiativen?!**
Die Bedeutung einer intersektionalen Erwachsenenbildung
Catrin Opheys

04   **Die grenzüberschreitende Volksbildnerin Miss A. S. Levetus.**
Ein Porträt
Wilhelm Filla (†)

05   **Die Beteiligung von Frauen an Angeboten der**
gewerkschaftlichen Weiterbildung in der Steiermark
Brigitte Kukovetz, Ute Sonnleitner und Annette Sprung

06   **Gedanken zur politischen Frauenbildungsarbeit der Volkshochschulen in Deutschland.**
Mit Rückblick auf fünf Jahrzehnte Frauengesprächskreise
Florence Hervé

Praxis

07   **Von „Mathematischen Scherzen" und „Liebe und Verständnis für die Natur".**
Naturwissenschafterinnen an den Wiener Volkshochschulen 1900-1938
Brigitte Bischof

08   **„Meine lieben Zuhörer" – Ilse Weitsch und der Frauenfunk bei**
Radio München/Bayerischer Rundfunk (1945-1958)
Nicole Luthardt

09   **Die Kunst des Gedankens ist Erinnerung: Das Rosa-Mayreder-College in Wien**
Ursula Kubes-Hofmann

10 Weil es ums Leben geht: feministische Bildungsarbeit und Transformation
das kollektiv Frauen*

11 Ein Raum für Frauen – Praxis und Reflexion.
Die Bildungs- und Beratungseinrichtung „Frauen aus allen Ländern"
Verena Sperk und Katarina Ortner

12 Frauenstimmen: „Wir haben eine Stimme – du auch!"
Lydia Rössler

13 Elisabeth Kornhofer oder das Spiel mit der Un-/Sichtbarkeit
Elisabeth Wappelshammer

14 „Wir sind Bäuerinnen!"
Emanzipatorische Erwachsenenbildung mit Frauen in der Landwirtschaft
Monika Thuswald

15 IFEB – Feministische Frauen- und Erwachsenenbildung revitalisieren
Birge Krondorfer

16 Kommunalpolitische Weiterbildung für Frauen.
Am Beispiel des Tiroler Lehrgangs „Nüsse knacken Früchte ernten"
Franz Jenewein

Da alle Artikel sowohl einzeln als auch in der Gesamtausgabe erhältlich sind, wurde jeder Beitrag mit laufender Nummer (01, 02 ...) versehen. Die Seitennummerierung beginnt jeweils bei 1.

Englischsprachige bzw. bei englischsprachigen Artikeln deutschsprachige Abstracts finden sich im Anschluss an die Artikel.

Editorial

Heidi Niederkofler und Stefan Vater

Zitation

Niederkofler, Heidi/Vater, Stefan (2021): Editorial.
In: Magazin erwachsenenbildung.at. Das Fachmedium für Forschung, Praxis und Diskurs,
Ausgabe 43.
Online: https://erwachsenenbildung.at/magazin/21-43/meb21-43.pdf.

Schlagworte: Frauen, Erwachsenenbildung, Frauenbildung, Sichtbarkeit,
Geschlechterrollen, geflüchtete Frauen, emanzipatorische Bildungsarbeit,
Intersektionalität, feministische Bildungsarbeit, gewerkschaftliche Weiterbildung,
Erwachsenenbildnerinnen

Kurzzusammenfassung

Ziel dieser Ausgabe des Magazin erwachsenenbildung.at (Meb) ist es, Frauenspuren in der
Vergangenheit und Gegenwart der Erwachsenenbildung nachzugehen und das erwachsenenbildnerische Wirken von Frauen und für Frauen sichtbar zu machen. Die Ausgabe enthält Reflexionen und Positionierungen zur Frage nach der Sichtbarkeit/Unsichtbarkeit von Frauen in
der Erwachsenenbildung, die sowohl direkt aus der Praxis kommen als auch in den theoreti-
schen Diskurs über Ungleichheit eingebettet sind. Weitere Beiträge beinhalten Vorstellungen
von Bildungsinitiativen und -einrichtungen, in denen Frauen meist unter prekären Umständen
emanzipatorische Bildungsarbeit leisten. Außerdem finden sich in der Ausgabe einige Porträts
von bemerkenswerten Frauen, die die Erwachsenenbildung in der Vergangenheit geprägt, gestaltet und gelebt haben. Abgerundet wird die Ausgabe von Beiträgen, die auf Frauen als
Teilnehmende von Bildungsangeboten fokussieren und erörtern, warum sie in Weiterbildungs-
bereichen wie Politik und Gewerkschaft nach wie vor unterrepräsentiert sind. (Red.)

01

Aus der Redaktion

Editorial

Heidi Niederkofler und Stefan Vater

Frauen wollen nicht, dass man ihnen Freiheit und Gleichheit gewährt, sondern sie wollen sie erlangen. Das ist ganz und gar nicht dasselbe.

Simone de Beauvoir

Frauen* stellen in vielen Bereichen der Erwachsenenbildung die Mehrheit der Teilnehmer*innen, aber auch der Lehrenden, Trainer*innen und Administrierenden. Dennoch stellt sich die Frage der Sichtbarkeit, der Repräsentation und der Beteiligung von Frauen* in der Erwachsenenbildung und – damit verknüpft – die des Kampfes um den Zugang zu Bildung nach wie vor.

Die ungebrochen geschlechtsspezifische Verfasstheit der Erwachsenenbildung

Frauen* sind in der Erwachsenenbildung vor allem als Teilnehmende sichtbar, allerdings oft in nicht sehr hoch bewerteten Bereichen. In diesen Bewertungen schwingt einerseits mit, dass der Zugang zu Bildung für Frauen* bis in die jüngere Vergangenheit gesetzlich reglementiert war. Erst seit etwa 100 Jahren ist der Zugang zur schulischen und höheren Bildung nicht mehr geschlechtsspezifisch normiert, wenngleich gewisse universitäre Fakultäten, Schultypen oder auch Schulfächer bis weit in die Zweite Republik hinein geschlechtsspezifisch strukturiert waren. Andererseits beinhalten erwähnte Bewertungen normative Vorstellungen über Geschlechterrollen, die vielfach hartnäckig von einer „natürlichen" Differenz der Geschlechter ausgehen und somit auch von geschlechtsspezifischen Lebens- und Arbeitsbereichen. Das wird vor allem in der beruflichen Bildung sichtbar: Trotz einer rechtlich weitgehenden Gleichstellung der Geschlechter in den Berufsfeldern ist die geschlechtsspezifische Segregation des Arbeitsmarktes nach wie vor Realität, was sich eben auch in der beruflichen Bildung niederschlägt.

Bestimmte Bildungsbereiche können allein aufgrund der Quantität als Frauen*orte bezeichnet werden: Volkshochschulen gelten seit dem Ende des Nationalsozialistischen Regimes als Bildungsraum für Frauen*, da hier der ohnehin schon hohe Anteil weiblicher* Teilnehmer*innen in der Erwachsenenbildung (etwa 60%) noch höher liegt, nämlich insgesamt bei rund 75%.

Die Erwachsenenbildung ist, wenn auch vielleicht nur in Nischen, ein potenzieller Raum für die Entwicklung und Erprobung einer Bildungsarbeit, die Teilnehmende insgesamt und nicht vordergründig Männer* ins Zentrum stellt. Dies gilt keinesfalls für alle Bereiche der Erwachsenenbildung. Beispielsweise ist in der beruflichen Erwachsenenbildung oder in der gewerkschaftlichen Bildungsarbeit ein deutlich niedriger Anteil von Frauen* zu verzeichnen. Arbeit und gebildete Arbeit sind und waren lange Zeit eine männliche Domäne. Dies kann nicht nur mit der Phrase „Schade, dass so wenige Frauen da sind!" kommentiert werden (Gertrude Hovestadt zur gewerkschaftlichen Bildungsarbeit). Es zeigt sich: Die Persistenz paternalistischer Überlegungen zum Lernen von Frauen* – Was dürfen und sollen Frauen* lernen und was nicht? Was schadet gar ihrem „natürlichen" Wesen? – ist nicht so einfach aufhebbar.

Die geschlechtsspezifische Verfasstheit – auch – der Bildung führt also dazu, dass Frauen* als Teilnehmende vielfach eingeschränkt werden: Als Lehrende, Innovator*innen und Intellektuelle im Bildungsbereich blieben und bleiben sie hingegen oft gänzlich unsichtbar oder werden vergessen. Dabei prägen Frauen* die Erwachsenenbildung in diesen Rollen entscheidend – so ist beispielsweise in Österreich ein Großteil der Beschäftigten im Feld weiblich*[1] und auch ein Blick zurück in die Geschichte der Erwachsenenbildung zeigt: Frauen* hinterließen immer Spuren. Doch diese Spuren verschwinden rasch. Ihnen nachzugehen, ist Ziel der vorliegenden Ausgabe des Magazin erwachsenenbildung.at.

Die einzelnen Beiträge

Den Auftakt macht **Lea Pelosi** mit der Feststellung, dass die Sichtbarkeit von Frauen* in der Erwachsenenbildung von der Sichtbarkeit der Erwachsenenbildung selbst abhängt. Diese hängt wiederum von der ökonomischen, gesellschaftlichen und politischen Relevanz der Bildungsverantwortung ab, die unter dem Label Erwachsenenbildung öffentlich wahrgenommen wird. Im Dialog mit anderen Erwachsenenbildner*innen diagnostiziert der Text die Prekarität eines Bildungsbegriffs, der im Grunde die Voraussetzungen zum Bildungsbegriff schlechthin erfüllt, sowie die Bedeutung von Genderklischees für den Sichtbarkeitsradius von Frauen* in der Erwachsenenbildung.

Catrin Opheys lenkt in ihrem Beitrag den Blick auf die Situation geflüchteter Frauen* in der Bildungsarbeit und untersucht aus dieser Perspektive Fragen von (Un-)Sichtbarkeit. Folgende Fragestellungen sind dabei leitend: Welche Bedeutung haben intersektionale Zugänge und das Zusammenwirken von Rassismus und Sexismus für geflüchtete Frauen*? Wie können Themen von geflüchteten Frauen* in der

feministischen Debatte durch Initiativen und aus Perspektive einer kritischen und intersektionalen Erwachsenenbildung sichtbar werden? Dabei werden zunächst theoretische Bezüge zur Intersektion im Kontext von Sexismus und Rassismus vorgestellt und anschließend hinsichtlich der Lebenssituation geflüchteter Frauen* diskutiert. Abschließend wird die Bedeutung von zivilgesellschaftlichen Initiativen/Selbstorganisationen anhand der Initiative „Women in Exile & Friends" dargestellt und werden daraus Perspektiven für eine intersektionale und politische Erwachsenenbildung entwickelt.

Der Beitrag von **Wilhelm Filla** (Wiederabdruck) stellt eine bemerkenswerte Persönlichkeit aus der Geschichte der Wiener und damit der österreichischen Volkshochschulen vor: Amelia Sarah Levetus, eine Frau, die sich im wahrsten Sinn des Wortes der Volksbildung verschrieben hatte. Die aus Birmingham stammende studierte Volkswirtschafterin war in Wien Anfang des 20. Jahrhunderts gesellschaftspolitisch breit aktiv; von besonderem Interesse ist ihre Tätigkeit als Obfrau der englischen Fachgruppe im Volksheim Ottakring. Die Perspektive auf Levetus erweitert den personenbezogenen Diskurs der Volkshochschulhistorie um jene, die in der Volkshochschule entscheidend sind: die Lehrenden.

Brigitte Kukovetz, **Ute Sonnleitner** und **Annette Sprung** fokussieren in ihrem Beitrag auf Frauen* als Teilnehmende an gewerkschaftlichen Weiterbildungsangeboten. Dieser historisch weit zurückreichende, aber empirisch selten beforschte Bereich wird am Beispiel der Gewerkschaftsschule und der Betriebsrät*innen-Akademie in der Steiermark untersucht. Während das Geschlechterverhältnis in der Gewerkschaftsschule als nahezu ausgewogen bezeichnet werden kann, sind Männer* in den weiterführenden Bildungsangeboten deutlich überrepräsentiert. Erste, möglicherweise auf ähnliche Bildungskontexte übertragbare Analysen des empirischen Materials thematisieren mögliche Barrieren ebenso wie förderliche Aspekte für die Teilnahme von Frauen* an gewerkschaftlicher Weiterbildung.

Florence Hervé untersucht in ihrem Beitrag die politische Frauen*bildungsarbeit an Volkshochschulen,

---

1 Weitere Informationen zur Struktur der Beschäftigten in der Erwachsenenbildung unter:
https://erwachsenenbildung.at/themen/berufsfeld/wissenswertes/struktur-der-beschaeftigten-in-der-erwachsenenbildung.php

die in ihrer Entwicklung eng mit der Neuen Frauenbewegung verknüpft war. Verbunden damit war die Erprobung und Einführung neuer Formate und Ansätze, die zum Teil bis heute die (Frauen*-) Bildungsarbeit prägen. Die Autorin stellt für die letzten zwei Jahrzehnte eine Verdrängung der politischen Frauen*bildung an Volkshochschulen fest und gleichzeitig ihre weitere Notwendigkeit: Politische Frauen*bildung sei gerade als Grundlage für partizipative Demokratie, für emanzipatorische Gleichberechtigung und für ehrenamtlich gesellschaftspolitisches Engagement unerlässlich.

Auch der nächste Beitrag fokussiert auf Volkshochschulen. **Brigitte Bischof** untersucht die Institutionalisierungsphase der frühen wissenschaftsorientierten Volksbildung, an der Vertreterinnen der bürgerlichen Frauenbewegungen und erste Absolventinnen der Hochschulen einen wichtigen Anteil hatten. Konkret beschäftigt sich Bischof mit Naturwissenschafterinnen an den Wiener Volkshochschulen von 1901 bis 1938, die entgegen geltender gesellschaftlicher Stereotype als Leiterinnen mathematischer und naturwissenschaftlicher Kurse tätig waren. Die vielfach vergessenen Pionierinnen werden anhand biographischer Skizzen vorgestellt: Sie sind neben dem Zeugnis weiblicher Beiträge in der Erwachsenenbildung auch eine Dokumentation der bis in die Zwischenkriegszeit reichenden wissenschaftsorientierten Volksbildung.

Eine Erwachsenenbildnerin der Nachkriegszeit in der Bundesrepublik Deutschland porträtiert **Nicole Luthardt** in ihrem Beitrag über die Radiomacherin Ilse Weitsch (geb. Thieß). Ilse Weitsch war bereits in der Weimarer Republik als Erwachsenenbildnerin aktiv und rief nach Kriegsende den „Frauenfunk" bei Radio München ins Leben, welchen sie bis 1958 – ihrem Todesjahr – leitete. Der Beitrag untersucht die erwachsenenpädagogische Arbeit von Weitsch im Kontext des Frauenfunks, die deutliche Ansätze in Richtung politische Bildungsarbeit aufwies. Dabei werden unterschiedliche Primärquellen (ausgewählte Manuskripte und Radiobeiträge sowie die unveröffentlichte Autobiografie von Eduard Weitsch) analysiert, die bisher noch keine Beachtung fanden.

Politische Bildungsarbeit mit Frauen* kann wohl als eines der Ziele des Rosa-Mayreder-Colleges bezeichnet werden, das die Begründerin und gleichzeitig Verfasserin des Beitrags **Ursula Kubes-Hofmann** hier vorstellt. Mit dem College und den dort verorteten Lehrgängen „Feministisches Grundstudium" und „Internationale Genderforschung & feministische Politik" wurde eine strukturelle Schnittstelle zwischen Universitäten und Erwachsenenbildungseinrichtungen geschaffen. In ihrem Beitrag erläutert Kubes-Hofmann die Geschichte und Ausrichtung des Colleges, abgerundet von Überlegungen zu Bildungsökonomisierung und Selbstoptimierung.

Der folgende Beitrag widmet sich der Arbeit von **das kollektiv**. das kollektiv ist ein Ort der kritischen Bildungsarbeit, des Austausches, des Widerspruchs und der gemeinschaftlichen Gestaltung. In das kollektiv arbeiten Frauen*, die Veränderungen ungleicher Verhältnisse in der Gesellschaft anstreben; Frauen*, die aus unterschiedlichen geografischen und sozialen Orten geflüchtet oder migriert sind und zu einem professionellen Bündnis als Lehrende im Feld der Erwachsenenbildung zusammenfinden. Schwerpunkte sind Basisbildung, Nachholen des Pflichtschulabschlusses und Begleitung zur weiterführenden Bildung. Ausgehend von einer reflektierten gesellschaftlichen Position als Frauen* wird im Beitrag die Transformationskraft feministischer Bildungsarbeit in den Blick genommen.

Verena Sperk und **Katarina Ortner** stellen in ihrem Beitrag die Bildungsarbeit der Tiroler Bildungs- und Beratungseinrichtung „Frauen aus allen Ländern" mit migrierten und geflüchteten Frauen* vor. Sie machen dabei die Überlagerungen von Benachteiligungen und Belastungen sowie von Integrationsregimen anhand der Biografie einer Frau X sichtbar. Basierend auf den Bedürfnissen und Interessen seiner Besucherinnen verfolgt der Verein den möglichst ganzheitlichen Ansatz des engen Ineinandergreifens der Bereiche Bildung, psychosoziale Beratung und Kinderbetreuung. Dabei wird die Bildungs- und Sozialarbeit als gesellschaftspolitische Arbeit begriffen, die Fragen nach gesellschaftlichen Machtverhältnissen und Ansprüche auf Teilhabe und Ermächtigung stellt.

Lydia Rössler beschreibt die Arbeit des Vereins „Projekt Integrationshaus" anhand des Projektes „Frauenstimmen". In diesem Projekt setzten sich die Teilnehmerinnen mit Flucht- und

Migrationserfahrungen mit den zentralen Themen gesellschaftspolitischer Partizipation, nämlich Bildung, Arbeit, Gesundheit, Wohnen und Staatsbürger*innenschaft auseinander. Sie reflektierten persönliche Erfahrungen und formulierten Anliegen und Wünsche dazu. Ein Ergebnis dieser Arbeit ist ein Film, der den vielfältigen Herausforderungen der Teilnehmerinnen und ihren Anliegen eine Öffentlichkeit gibt.

Elisabeth Wappelshammer zeigt in einem Porträt die Arbeit der Erwachsenenbildnerin Elisabeth Kornhofer. Kornhofer verstand sich in erster Linie als Moderatorin regionaler Bildungs- und Kulturarbeit, spürte dabei sehr sensibel den Kompetenzen der freiwilligen Mitarbeiter*innen nach und schuf einen professionellen Rahmen für deren Arbeit. Dieses Porträt der 2012 verstorbenen Erwachsenenbildnerin beruht auf einer Evaluierung ihrer Arbeit in Wagrein und bezieht sich vor allem auf die Kunst, mit und ohne Tarnkappe aufzutreten.

Monika Thuswald stellt den Frauenarbeitskreis der Österreichischen Berg- und Kleinbäuer_innen Vereinigung (ÖBV-Via Campesina Austria) vor. Dieser betreibt seit mehreren Jahrzehnten emanzipatorische Bildungsarbeit mit in der Landwirtschaft tätigen Frauen*. Inspiriert von der „Pädagogik der Unterdrückten" Paolo Freires entwickelten Bäuerinnen mit der Bildungsreferentin ein pädagogisches Konzept der basisorientierten Bildungsarbeit, das bis heute Anwendung findet und das das Erfassen, Sichtbarmachen und Umsetzen der Anliegen und Ideen von Klein- und Bergbäuerinnen zum Ziel hat.

Birge Krondorfer porträtiert die „Initiative Feministische Erwachsenenbildung" (IFEB), die von der „Frauenhetz. Feministische Bildung, Kultur und Politik" (Wien) gemeinsam mit dem „Arbeitskreis Emanzipation und Partnerschaft" (Innsbruck) ins Leben gerufen wurde, um als selbstorganisierte Initiative gegen die Unsichtbarkeit von Frauenbildungsorten

und das Verdrängen herrschafts- und gesellschaftskritischer Bildungsagenden anzukämpfen.

Franz Jenewein beschließt die Ausgabe mit einem Beitrag zur Sichtbarkeit von Frauen in der kommunalpolitischen Bildungsarbeit in Tirol. Ausgehend von generellen Zahlen zur Repräsentation von Frauen in der Erwachsenenbildung wie auch in der Gemeindepolitik diskutiert Jenewein ihre sichtbaren Rollen in der kommunalen Erwachsenenbildung. Der Beitrag endet mit einem Porträt der seit 2001 stattfindenden Politiklehrgänge für Frauen in Tirol.

Aus der Redaktion

Ausblick auf die nächsten Ausgaben

Ausgabe 44 des Magazin erwachsenenbildung.at beschäftigt sich mit der Digitalisierung in der Erwachsenenbildung und versucht einen „inklusiveren" Blick auf das Thema zu werfen, bei dem Digitales und Analoges nicht als Gegensätze betrachtet werden. Ziel der Ausgabe ist es, Abläufe, Wirkungen, Pläne und Visionen einer digitalisierten Erwachsenenbildung sichtbar zu machen, unterschiedliche Positionen dazu in Theorie und Praxis aufzuzeigen sowie Forschungsfragen zum Thema zu identifizieren.

In der Ausgabe 45 steht die Frage nach der Aufgabe von Politischer Bildung im Lichte der Corona-Pandemie im Zentrum. Es sind Beiträge erwünscht, die sich mit den grundlegenden und bedrohten Bedingungen von Erwachsenenbildung als Politischer Bildung befassen und erwachsenenbildnerische Ansätze und Angebote auf ihre Möglichkeiten zur Förderung der Demokratie in der Krise hin untersuchen. Beiträge können bis 21. Jänner 2022 eingereicht werden.

Alle aktuellen Calls sowie weitere Informationen zum Einreichen von Artikeln finden Sie unter: https://erwachsenenbildung.at/magazin/calls.php

Dr.ⁱⁿ Heidi Niederkofler

heidi.niederkofler@univie.ac.at

Heidi Niederkofler studierte Geschichte und Deutsche Philologie in Wien und Berlin. Sie forschte zu verschiedenen zeithistorischen und geschlechtergeschichtlichen Themen und ist Lehrbeauftragte für Geschichtswissenschaften und Gender Studies. Mit hochschulischer Lehre und Bildungsarbeit ist sie – aus einer anderen Perspektive – auch als Mitarbeiterin am Center for Teaching and Learning der Universität Wien befasst. Die Lust am aktivistischen Engagement führte sie immer wieder in feministische und queere (Bildungs)Projekte.

Dr. Stefan Vater

stefan.vater@vhs.or.at
https://www.vhs.or.at
+43 (0)1 216422-619

Stefan Vater studierte Soziologie in Linz und Berlin und Philosophie in Salzburg und Wien. Er ist wissenschaftlicher Mitarbeiter der Pädagogischen Arbeits- und Forschungsstelle des Verbands Österreichischer Volkshochschulen, Projektleiter der Knowledgebase Erwachsenenbildung sowie Lehrbeauftragter für Bildungssoziologie und Genderstudies an verschiedenen Universitäten.

Editorial

Abstract

The goal of this issue of The Austrian Open Access Journal on Adult Education (Meb) is to follow traces of women in adult education in the past and present and to make visible the work of women and for women in adult education. The issue contains reflections and positions on the visibility/invisibility of women in adult education that come directly from practice and are embedded in the theoretical discourse on inequality. Other articles present educational initiatives and institutions in which women provide emancipatory education mainly under precarious conditions. There are also several portraits of remarkable women who have influenced, organized and devoted their lives to adult education in the past. The issue is rounded off by articles that focus on women as participants in educational programmes and discuss why they remain underrepresented in areas of continuing education such as politics and unions. (Ed.)

Erwachsenenbildner*in?

Zur (Un)Sichtbarkeit von Frauen in (un)sichtbarer Bildungsverantwortung

Lea Pelosi

Zitation

Pelosi, Lea (2021): Erwachsenenbildner*in? Zur (Un)Sichtbarkeit von Frauen in (un)sichtbarer Bildungsverantwortung.
In: Magazin erwachsenenbildung.at. Das Fachmedium für Forschung, Praxis und Diskurs, Ausgabe 43.
Online: https://erwachsenenbildung.at/magazin/21-43/meb21-43.pdf.

Schlagworte: Anerkennung, Bildungsbegriff, Bildungspolitik, Genderklischees, Prekarität, Rollenbilder, Schweiz, Selbstverständnis

Kurzzusammenfassung

Die Sichtbarkeit von Frauen in der Erwachsenenbildung hängt eng mit der öffentlichen Anerkennung ihres Arbeitsfeldes zusammen. Davon ausgehend tastet die Autorin im Beitrag die komplexen – und zum Teil paradoxen – Antworten auf die Frage nach der (Un)Sichtbarkeit von Frauen in der Erwachsenenbildung ab. Dabei zeigt sich: Die Erwachsenenbildung wird als Frauenberuf gesellschaftlich tendenziell noch immer abgewertet und sie findet häufig unter prekären Bedingungen statt. Verantwortungsvolle Bildungsarbeit geschieht vielfach durch hohes, unbezahltes persönliches Engagement und hinter verschlossenen Türen. Dieses Engagement kann einerseits lokal Sichtbarkeit bewirken. Andererseits kann es Verhältnisse zementieren und Unsichtbarkeit verstärken. Zum Beispiel, wenn meist unbezahlte, aber zentrale Aspekte von Erwachsenenbildung wie Beziehungsarbeit als „typisch weibliche Fähigkeit" als selbstverständlich vorausgesetzt werden. Warum also redet darüber kaum jemand öffentlich? Weil Erwachsenenbildner*innen, die ohne Interessensvertretung Kritik äußern, nur für sich selbst sprechen – und das nicht ohne Risiko. (Red.)

02

Thema

Erwachsenenbildner*in?

Zur (Un)Sichtbarkeit von Frauen in (un)sichtbarer Bildungsverantwortung

Lea Pelosi

Die Sichtbarkeit von Frauen in der Erwachsenenbildung hängt von der Sichtbarkeit der Erwachsenenbildung selbst ab. Sie hängt von der ökonomischen, gesellschaftlichen und politischen Relevanz der Bildungsverantwortung ab, die unter dem Label Erwachsenenbildung öffentlich wahrgenommen wird. Im Dialog mit anderen – mehrheitlich in der Schweiz tätigen – Erwachsenenbildner*innen diagnostiziert der Text die Prekarität eines Bildungsbegriffs, der im Grunde die Voraussetzungen eines Bildungsbegriffs schlechthin erfüllt, sowie die Bedeutung von Genderklischees für den Sichtbarkeitsradius von Frauen in der Erwachsenenbildung.

A1, A2, A3: Anonyme Gesprächspartner*innen,
B: L.B., C: S.S., D: Dr.in Diana Michl, E: Raffaella Pepe,
F: Angela Taverna

Intro: Nur Label?[1]

Erwachsenenbildnerin empfinde ich als etwas künstlich und technisch. Ich könnte mich damit nicht identifizieren. Wenn, dann würde ich von Dozentin sprechen. Da ich aber keine Fachbereiche unterrichte und nur Einführungen und Moderationen mache, bin ich das auch nicht. Modulverantwortliche ist von allem ein wenig. Man kann sich darunter Koordination aber auch Verantwortung vorstellen. Meist sage ich

gegenüber Dritten, wenn ich mich vorstelle, dass ich in der Weiterbildung für Erwachsene tätig bin. Evtl. ergänzt mit der Institution und dem Fachgebiet. **A1**

Dieser Titel weckt in mir positive Bilder, positivere als „Sprachlehrerin", weil in „-bildnerin/ sich bilden" für mich der Aspekt der persönlichen Weiterentwicklung enthalten ist, „sich bilden" ist umfassender als „lernen". **A2**

Ich bin Erwachsenenbildnerin. So habe ich lange die Frage nach meiner Tätigkeit beantwortet. Geändert hat sich das nicht nur, weil ich inzwischen ebenso viel Beratungs- wie Bildungsarbeit mache. Vielmehr haben Szenen wie die folgende dazu beigetragen.

---

1 Der Beitrag basiert auf einem Fragebogen, den ich in meinem EB-Netzwerk veröffentlicht habe. Die erhaltenen Antworten strukturieren meine eigenen Gedanken mit. Ich habe den Beteiligten die Entscheidung überlassen, ob sie mit vollem Namen, mit Initialen oder anonym zitiert werden möchten. Es handelt sich nicht um eine repräsentative Umfrage.

Erwachsenenbildnerin? Interessant... (Die Mimik des Gegenübers widerspiegelt eher Ratlosigkeit als Interesse). Ich fühle mich zu Erläuterungen genötigt: Workshops, Trainings, Bildungskonzepte, Fachartikel... Trotz einiger Anzeichen punktuellen Wiedererkennens hält sich die Ratlosigkeit. Ich selbst gerate zunehmend in eine Rechtfertigungshaltung.

Auch meine Gesprächspartner*innen haben auf die Frage nach der Selbstbezeichnung nur ausnahmsweise mit einem Wort geantwortet, das Label Erwachsenenbildner*in selten ohne Vorbehalte verwendet und meine Frage zum Anlass für Einschätzungen zu Vor- und Nachteilen verschiedener Berufsbezeichnungen genommen.

Ich nenne mich Trainerin, was viele nicht verstehen. Es bedarf einer Erklärung. Ich denke ja selbst zuerst an Sport dabei. Das Wort „Dozentin" war viel leichter zu verstehen, aber es erinnert eben mehr an Frontalunterricht, was bei all meinen praktischen Übungen im Seminar nicht so gut passt. „Trainerin der Erwachsenenbildung" sage ich meistens. Aber meine Güte, ist das vage! Beides sind riesige Felder. **D**

Erwachsenenbildnerin, Reaktionen eher neutral, manchmal weiss man nicht so genau, was damit gemeint ist, dann braucht es eine Zusatzerklärung. Alternative Bezeichnungen: Trainerin (eher im innerbetrieblichen Rahmen), Referentin (tönt etwas „gehobener"), Kursleiterin (passt beispielsweise in den Klubschulkontext[2]), Dozentin (eher auf Ebene Fachhochschule, Uni, hat auch etwas Belehrendes). **C**

Entweder reagieren die Leute positiv und interessiert, indem sie sich erkundigen, was ich denn genau unterrichte, worauf weitere Fragen folgen. Oder sie reagieren gar nicht – wahrscheinlich, weil sie keine Vorstellung von diesem Beruf haben und sich dies evtl. auch nicht zu zeigen getrauen [...]. **E**

Ich verwende auch gern die Bezeichnung Organisations- und Didaktikdesignerin. Das tönt vielleicht etwas hochgestochen, doch es

vereint alle Parameter meiner Tätigkeit. Wenn es um Selbstbilder geht, und persönlich um mich, dann verwende ich gerne das Kaleidoskop. An sich sind die Bestandteile sehr einfach: ein Gefäss, mehrere Spiegel und verschiedene farbige Perlen oder Glassteine. Die Komplexität besteht darin, dass jedes Mal, wenn ich da hindurchschaue, sich mir ein neues Bild zeigt. **F**

[Ich bezeichne] mich nur als Erwachsenenbildnerin [...], wenn ich muss. Das heisst, wenn ich mir einen Gewinn davon verspreche, weil der Begriff von der anderen Seite möglicherweise verstanden werden und etwas gelten könnte [...]. Labeling, das nichts aussagt. Lieber bezeichne ich mich als Sprachlehrerin, Deutschlehrerin, Germanistin, Forscherin, Autorin. **A3**

Als „Bildnerin" habe ich mich eigentlich nie verstanden. [...] Bildnerin verstehe ich als direktes Einwirken und Formen, vielleicht eher wie beim Sportunterricht, mind-building statt body-building. Von meinem Temperament her bin ich eher die Beobachterin, die versucht, entsprechende Rahmenbedingungen zu schaffen. Ich wäre also eher eine Gärtnerin. [...] Gleichwohl würde ich sagen, dass etwas mehr Bildnerin u. U. gut sein kann. Etwas mehr Widerstand zu geben, das könnte ich zulassen. Beim Skifahren über eine Buckelpiste muss man einerseits locker und nachgiebig sein, aber dann auch im richtigen Moment Druck ausüben. Vielleicht wäre das ein mögliches Bild für Erwachsenenbildung? **A1**

Es bleibt also unklar, wofür das Label „Erwachsenenbildung" steht. Wenn Erwachsenenbildner*innen als solche in Erscheinung treten wollen, ringen sie mit der Bezeichnung und generieren ein breites Spektrum an präzisierenden Rollen- und Funktionsbeschreibungen. Beeinträchtigt solche Vielfalt die Sichtbarkeit? So als wäre der Wald vor lauter Bäumen nicht zu sehen?

Das ist eine allzu pauschale Hypothese. Im Grundsatz vertrete ich die Auffassung, dass (professionelle)

---

2 Die Klubschule ist ein großer Bildungsanbieter in der Schweiz. Bildung für alle prägt das Gründungsnarrativ und das Leitbild.

Selbstverständnisse sich immer aus heterogenen Komponenten (Rollenbildern, konkreten Aufgaben und Interaktionen, Fachdiskursen, Normen, Erwartungen etc.) konstellieren und durch eindeutige begrenzende Bestimmungen schlecht zu erfassen sind. Die Vielfalt der Elemente widerspricht nicht per se der Sichtbarkeit. Aber sie stellt das klare Profil in Frage. Erschwert sie damit die Orientierung der Betrachtenden, und hat dies einen Einfluss auf die Einschätzung der Konsistenz und Relevanz des Betrachteten? Erwachsenenbildung als Berufsbild bleibt vage. Diffusion beeinträchtigt die Sichtbarkeit. Aber weshalb gerade die Sichtbarkeit von Frauen? Die Antwort erfordert ein Neuansetzen.

Erster Akt: Erwachsenenbildung – ein prekärer (Bildungs-)Begriff

Meine Assoziationen zu diesem komischen Begriff „Erwachsenenbildnerin": Knetmasse. Plastilin in grellen Farben. Oder Pastellfarben. Alter, zäh gewordener Slimy Spielschleim, mit Fuseln und Haaren drin. Farbige Stifte, die Kreise und Pfeile zeichnen. Lichtdurchflutete Räume mit Vorhängen, die sich in Kirchgemeindehäusern befinden könnten. Reflexionsfläche: Leere Stühle im Kreis. Oder Gegenbild: Sterile Räume mit leerer Frontalbestuhlung, Whiteboard und Flipchart. Businesslike. Menschen? Frauen? Nein. Da sehe ich nix. Ich sehe nur die Absicht der Wissensvermittlung von Erwachsenen an Erwachsene und die damit verbundene Infrastruktur. A3

Wovon sprechen wir eigentlich, wenn wir von Erwachsenenbildung sprechen? Der Begriff umfasst jegliche Art von Bildung, jenseits der Schulbildung. Weitere mögliche, aber keineswegs unumstrittene Zutaten zur Definition sind die Freiwilligkeit und der Verzicht auf einen Erziehungsanspruch. Erwachsenenbildung ist aber jedenfalls ein sehr unspezifischer Begriff, unter dessen Dach sich verschiedene Arten von Bildung versammeln ließen: Hochschulbildung, Berufsbildung, Fort- und Weiterbildung, Freizeitkurse, Coaching, Training, Online-Tutorials, Fachberatung, MOOCs, Volkshochschulen, Fachtagungen, Bildungsmanagement... Der Konjunktiv weist darauf hin, dass die meisten dieser Bildungsformen sich normalerweise nicht unter dem Dach der Erwachsenenbildung einfinden, d.h., dass sie sich gewöhnlich weder selbst als Erwachsenenbildung verstehen noch als solche wahrgenommen werden.

Hochschulbildung, Bildungsmanagement, Beratungsformate, Vorträge und selbst berufliche Fort- und Weiterbildung gelten meist nur in abstrakter Weise als Erwachsenenbildung, auch wenn sie die Curricula der entsprechenden bildungswissenschaftlichen Studiengänge mitprägen. Als Erwachsenenbildung bleibt daher Bildung übrig, die sich als „Kurswesen" umschreiben ließe: nur teilweise institutionalisierte Formen der Bildung, in einigen Fällen von nicht allgemein anerkannter gesellschaftlicher, politischer und ökonomischer Relevanz. Es ist Bildung mit eher schlechter Lobby, die oft unter prekären Bedingungen (Finanzierung, Planungssicherheit, Infrastruktur, Qualifikation der Mitarbeitenden etc.) operiert. Vom weiten Dach ist Erwachsenenbildung so beinahe unmittelbar zum Unterschlupf versprengter Angebote mutiert, die sich in keiner der etablierten Kategorien wiederfinden. Ist Erwachsenenbildung ein Negativ-Begriff? Ein Restekorb gar?

Obwohl mein Definitions-Ansatz – alle Bildung, die nicht Schulbildung ist – grammatikalisch dafür spricht, will ich etwas anderes vorschlagen: Erwachsenenbildung als nicht-schulische Bildung könnte eine Bühne sein für das Potential von Bildung überhaupt. Sie könnte Zeugnis ablegen von der Vielfalt und Heterogenität dessen, wer und was sich wie und wozu bildet. Sie könnte dadurch ein produktives Forschungsfeld im Hinblick auf bildungspolitische Entscheidungen sein. Sie könnte der Anlass für anregend kontroverse Diskussionen über die Qualitätskriterien von Bildungskonzepten zwischen Vertreter*innen unterschiedlicher Bildungsformate sein. Sie könnte ein offensichtliches Argument dafür sein, dass die Qualität der Bildung nur bedingt mit dem Ausmaß an Kontrolle und der Anzahl zu erwerbender Zertifikate oder ECTS korreliert. Erwachsenenbildung könnte also der Bildungsbegriff schlechthin sein. Könnte...

Wie lässt sich der Konjunktiv erklären? Weshalb erscheint die „Erwachsenenbildung" kaum im Bildungsministerium, an Fachtagungen oder in der Tagespresse? Erstens, weil Bildung an den genannten Orten nicht als Erwachsenenbildung gelabelt erscheint. Labeling ist bildungspolitisch, bildungstheoretisch und ökonomisch ein sichtbarkeitsrelevanter Faktor. Zweitens stellt sich für wenig institutionalisierte bzw. mehr praktisch als theoretisch etablierte Bildung die Frage, wer wofür spricht in bildungstheoretischen oder -politischen Debatten. Drittens fehlen die Einladungen: vielleicht ein Versehen, vielleicht eine prioritätengeleitete Entscheidung. In beiden Fällen erforderte es, sich ungebeten Zutritt zu verschaffen. Viertens wären allfällige (Selbst)-Einladungen in bildungspolitische „Think Tanks" oder zu „Runden Tischen" Extratermine, d.h. Extraleistungen: Niemand zahlt dafür, sie sind nicht eingeplant, es fehlt die Zeit, sich darauf vorzubereiten.

Unter dem Dach der Erwachsenenbildung ist Bildung übriggeblieben, die in vielen Fällen mit knappen Ressourcen operiert. Das bedeutet konkret, dass da Personen sind, die nicht für alles, was sie tun, angemessen entlohnt werden, weil sie theoretisch in Teilzeit und faktisch deutlich mehr arbeiten oder weil sie vielfältig und gut qualifiziert sind und daher nebenher noch dies oder das bedenken, erledigen, evaluieren oder diskutieren. Hier arbeiten Personen, deren Anstellungsverhältnisse öfter als angemessen zur Debatte stehen, Personen auch, die mehr oder weniger deklariert Unternehmensrisiken mittragen und an Unternehmenserfolgen mittels warmer Worte und Pralinen teilhaben. Wir sprechen von Personen, deren Arbeitsalltag von Mikrodidaktik, Klient*innenwohl und Administration dominiert ist. Es sind mehrheitlich Frauen.

Eine so kategoriale Unterscheidung von etablierter, sichtbarer Bildung und eher unsichtbarer „Erwachsenenbildung" kann der Schwarz-Weiß-Malerei bezichtigt werden. Denn es gibt auch den Fall, dass Erwachsenenbildung in Form von Kursangeboten zum Portfolio einer Hochschule oder Fachhochschule gehört. Aber auch hier ist ihre Geltung im Verhältnis zu „Forschung und Lehre" keineswegs selbstverständlich.

Wenn ich erzähle, dass ich an der Fachhochschule unterrichte, sind die Leute dann häufig erstaunt, dass ich „nur" DaF[3] unterrichte.

*Dies irritiert mich sehr, denn ich denke, dass unterschätzt wird, wie breit die Anforderungen für diesen Unterricht in linguistischer, kultureller und zwischenmenschlicher Hinsicht sind. [...] An unserer Institution wird unsere Leistung der Erwachsenenbildung, i.e. DaF-Kurse für lerngewohnte und sehr anspruchsvolle Klient*innen, zu wenig anerkannt. Dies stört mich seit längerem: Die kontinuierliche, sorgfältige und geduldige Arbeit mit den Lernenden wird als gegeben hingenommen. Das Unterrichten gilt nicht als „cool" und innovativ (ausser es wird mit digital transformation oder einem anderen angesagten Schlagwort in Verbindung gesetzt). Ich habe schon mehrfach in verschiedenen Kontexten an der Institution darauf hingewiesen, was mit einem wohlwollenden „Ja, natürlich, der Unterricht ist unser Kerngeschäft und wichtig" quittiert wird, aber nichts an der Wahrnehmung ändert.* **A2**

Das Zitat verweist auf einen weiteren, bisher impliziten Parameter für die Sichtbarkeit: Anerkennung. Auf die entsprechende Frage antworten meine Gesprächspartner*innen nicht prinzipiell negativ. Aber meist gilt die Antwort dem Feedback von Klient*innen. Rückmeldungen von Vorgesetzten, Weiterempfehlung, Stammkundschaft, Anfragen für Aufträge oder Lohn werden darüber hinaus vereinzelt genannt. Mir fällt auf, dass etwas, was ich „öffentliche Anerkennung" nenne und mit öffentlicher Sichtbarkeit in Verbindung bringen möchte, dagegen kaum explizit erwähnt wird. Ein Zufall? Oder erscheinen gerade Frauen in der Erwachsenenbildung tatsächlich nicht in dem Ausmaß als öffentlich relevante Akteurinnen, wie es die Bildungsverantwortung, die sie übernehmen, nahelegen würde?

Zweiter Akt: Genderparadox – oder die Sichtbarkeit von Frauen als Frauen

Sichtbarkeit ist mehrdeutig. Sichtbarkeiten sind eine Funktion spezifischer Formen der Anerkennung. Von Teilnehmenden werden Frauen, die Kurse oder Workshops leiten, aufgrund des hohen und

---

3   DaF = Deutsch als Fremdsprache.

qualifizierten Engagements oft sehr wertschätzend wahrgenommen. Sie werden als erfolgsrelevant betrachtet. Gerade diese Sichtbarkeit kann aber paradoxerweise Unsichtbarkeit erzeugen. Denn entscheidend ist nicht nur das Quantum der Leistung, sondern auch, was genau geleistet wird. Im großen, aber nur ausnahmsweise in der breiten Öffentlichkeit präsenten, Bereich der Erwachsenenbildung mit Migrant*innen z.B. ist die gesamte, sich aufgrund der Biographien und der Lebensumstände der Teilnehmenden aufdrängende Beziehungsarbeit im Auftrag und im Lohn meist einfach „mitgemeint".

Auch ein weiterer „Gratis-Service" – dessen Berechtigung man in Frage stellen könnte! - wird mehr von Frauen übernommen: sich zusätzlich Zeit nehmen für einzelne Kursteilnehmende, sich mit ihrer persönlichen Geschichte auseinandersetzen. **A2**

Ist es typisch für Frauen, sich in solchen Bereichen zu engagieren oder sind Frauen unter den Beschäftigten typischerweise eklatant in der Mehrheit? In beiden Fällen werden Frauen dadurch leicht als eine bestimmte Art von Frauen sichtbar, sagen wir etwas undifferenziert als empathisch, geduldig und vermittelnd. Mein einziger nicht-weiblicher Gesprächspartner (B) spricht von einer Maske, madonnenhaft, und er vermutet, dass sie die Frauen schützt. Jedenfalls betrachtet er sie als etabliert: Sie stelle Männer vor die Frage, inwiefern sie sich weiblich konnotierte Verhaltensweisen zu eigen machen oder aber ein davon unterscheidbares „männliches" Profil entwickeln sollten.
Der allfällige Schutz solcher Masken ist jedoch ambivalent. Engagement kann Sinn generieren. Es kann Sichtbarkeit bewirken und sogar Macht. Aber diese Wirkung bleibt meist lokal. Unbezahltes Engagement trägt oft zur Verfestigung der Verhältnisse bei. Sind Frauen eher bereit, sich darin einzurichten: in einer Frauen-Rolle, in der Genügsamkeit, im Verzicht auf ökonomische und statusbezogene Anerkennung? Die Verhältnisse sind komplizierter.

Denn es gibt auch den anderen Fall: dass Frauen Anerkennung leichter bekommen, wenn sie

auf Erscheinungsmerkmale, die oft noch immer männlich konnotiert sind, zurückgreifen.

Eine Gesprächspartnerin (D), Fachfrau und Trainerin für Kommunikation und Rhetorik, problematisiert entsprechend, dass es für eine Frau evtl. deutlich schwieriger ist, Anerkennung für Fach- und Leitungskompetenz zu erhalten ohne (längere) Bewährungsprobe bzw. ohne die Berücksichtigung etablierter Kriterien für Kompetenzwahrnehmung: tiefe Stimmlage, prägnante Formulierungen.

Auch wenn klare, prägnante Sprache – im Gegensatz zu Weichmachern, wie sie eher von Frauen als Männern verwendet werden – vielleicht leichter zu verstehen ist, schon mehr Sicherheit ausdrückt und aufgrund dessen sicher oft Vorteile hat: Die Konsequenz aus derlei Geschlechterunterschieden scheint mir immer noch zu oft zu sein: Frauen, werdet wie die Männer! **D**

Das Paradox wird komplexer: Frauen erhalten Sichtbarkeit und Anerkennung als „typische" Frauen, gleichzeitig müssen sie als untypische Frauen in Erscheinung treten, um nicht „eben als Frauen" abgewertet zu werden – so als müssten sie erst beweisen, dass sie nicht Kompetenz mit Engagement wettmachen. Als „typischerweise engagierte" Frauen sind sie entscheidend für die Qualität der Bildung in wenig valorisierten Bereichen der Erwachsenenbildung, sie verleihen diesen und damit auch ihren Akteur*innen (sich selbst, den Teilnehmenden und Zielgruppen, Kursleitenden, Institutionen und bereichsspezifischen Themen[4]) Sichtbarkeit, gleichzeitig bleiben diese Sichtbarkeit und ihre Reichweite oft an das individuelle und lokale Engagement gebunden.

Dritter Akt: Öffentlichkeit

Was ich hier beschreibe, ist allen Betroffenen bekannt. Aber es ist selten ein öffentlich relevantes Thema. Es ist offensichtlich, aber wenig sichtbar. Weshalb?

---

4   In der Arbeit mit Migrant*innen geht es um transkulturelle Kompetenz oder Diversität, weniger spezifisch geht es um die Aufwertung von Kommunikationskompetenz.

Frauen schweigen nicht, weil Schweigen ihrem Wesen entspricht. In meiner Berufspraxis erlebe ich viele differenziert kritische Frauenstimmen. Aber ich erlebe auch, dass (vermeintliche) Kritik von Frauen Irritation oder sogar Ablehnung auslöst.[5] Zudem herrscht in den Foyers der hier thematischen Erwachsenenbildung reges Kommen und Gehen: Kritik erfordert Mut, denn sie kann dazu führen, von der nächsten Wartenden ersetzt zu werden. Da die Selbstbeschreibung der Institutionen nicht selten Begriffe wie „Frauenförderung", „Wiedereinsteigerinnen", „Kollegialität" und „Solidarität" enthält, riskiert, wer sich kritisch äußert, darüber hinaus den Vorwurf der Undankbarkeit. Und vielleicht fehlt es den Betroffenen schlicht an den Ressourcen, sich mit öffentlichen Stellungnahmen zu beschäftigen. Denn Teilzeitarbeit bedeutet in vielen Fällen schlechter bezahlte Erwerbsarbeit plus unbezahlte Care-Arbeit.

Ich sehe auch eine Luftpumpe, denn an manchen Tagen muss man sich selber erstmal aufpumpen, bevor man in der Verfassung ist, vor Leute zu treten und die stundenlang zu unterhalten und zu unterrichten. **D**

Dazu kommt, dass die „Schuld" nicht einfach bei den Institutionen liegt. Der Markt für Kurse ist umkämpft. In der Arbeit mit Migrant*innen konkurrieren die Anbieter, wenn sie um Marktanteile ringen, auch um öffentliche Zuschüsse. Diese werden immer wieder neu vergeben und müssen entsprechend immer wieder neu beantragt werden – ein beträchtlicher Aufwand, in den betreffenden Offerten selten üppig mitbudgetiert. Den Mehraufwand zu verweigern, widerspricht dem eigenen Interesse: Wenn die Institution die Zuschüsse nicht bekommt, ist die Anstellung in Gefahr. Auch durch Kursgebühren finanzierte Kursangebote stehen immer wieder vor dem Dilemma: Angebote mit zu wenigen Anmeldungen streichen oder die ökonomisch fragwürdige Durchführung anderweitig u.a. zu Lasten der Mitarbeitenden abfedern? Und wieder muss eine der vielen Kursleiterinnen (oder

einer der wenigen Kursleiter) kalkulieren, welche ökonomischen Folgen eine kritische Äußerung für sie*ihn persönlich haben könnte. Solange es kaum Interessenvertretungen für diese Bereiche der Erwachsenenbildung gibt,[6] sprechen die darin tätigen Frauen jeweils für sich. Ihre öffentliche Sichtbarkeit ist an die Bereitschaft zum persönlichen Einstehen für ein überpersönliches Anliegen gebunden.

Auch die professionell etablierten, gut sichtbaren Gesprächspartner*innen erwähnen, dass sie wenig durch öffentliche Äußerung zur Sichtbarkeit der Erwachsenenbildung beitragen, obwohl einige von ihnen z.B. deren Darstellung in den Medien für relevant erachten.[7] Niemand begründet diesen Sachverhalt ausdrücklich. Vorstellbar sind viele Gründe: die Priorität von Marketing und Klient*innenorientierung gegenüber der Öffentlichkeitsarbeit, die Überzeugung, dass Öffentlichkeitsarbeit nicht von einzelnen, sondern von den entsprechenden Interessenverbänden übernommen werden sollte, mehr Affinität für Qualitätsentwicklung als für Bildungspolitik, fehlende Anlässe und Einladungen, vielleicht die Erfahrung, einsame „Ruferin in der Wüste" zu sein.

Epilog – Private Schatzkammern

Die Sichtbarkeit von Frauen in der Erwachsenenbildung hängt über das persönliche Engagement hinaus eng mit der Sichtbarkeit ihres Arbeitsfelds zusammen. Es handelt sich um genderkorrelative, ökonomisch bedingte Sichtbarkeit.

Berufsbilder, die mehr Frauenanteil haben, werden leider gesellschaftlich immer noch abgewertet. **A1**

Außerdem sprechen wir von Sichtbarkeits- und Wirksamkeitsradien. Erwachsenenbildner*innen sind nur punktuell öffentlich sichtbar, weil sich in bestimmten Segmenten der Bildung eine Art Trennung von öffentlich und privat etabliert zu haben scheint.

---

5   Auch eine Gesprächspartnerin erzählt von einer Fortbildung für Trainer*innen, in der sie aufgrund ihrer Rückfragen von der männlichen Seminarleitung als „überkritisch und pedantisch" wahrgenommen wird.

6   Ich spreche hier für die Schweiz und habe den Eindruck, dass der Bereich DaF/DaZ in Österreich besser vertreten ist.

7   *Ich selbst bin in den sozialen Medien mässig aktiv und leiste folglich einen kleinen Beitrag [zur Sichtbarkeit]. Wenn ich etwas publiziere, dann ist es in der Regel in Fachzeitschriften der EB und nicht in allgemeinen Medien.* **E**

Verantwortungsvolle Bildungsarbeit findet hinter geschlossenen Türen statt: komprimierte Bildungsverantwortung, die den Teilnehmenden oft in maximaler Intensität zukommt, situativ wirkungsvoll und durchaus auch positiv besetzt.

Ich sehe einen Energieball, wenn ich an mich vor dem Kurs stehend denke. **D**

Es ist kaum einfach auf – oft weiblich konnotierte[8] – Bescheidenheit zurückzuführen, dass das Kompetenz-Kapital oft „privat" investiert wird. Die Anstellungsverhältnisse widerspiegeln diese primär mikrodidaktische Perspektive: Honorar und Arbeitszeit bemessen sich oft an der Unterrichtszeit.

Die Katze beißt sich in den Schwanz. Widerspiegeln die Anstellungsverhältnisse die öffentliche Sichtbarkeit der „Erwachsenenbildung"? Oder widerspiegelt die öffentliche Sichtbarkeit die Anstellungsverhältnisse? Widerspiegeln die Anstellungsverhältnisse die Sichtbarkeit der Bildungsverantwortlichen, der teilzeitarbeitenden, sozial engagierten Frauen und der Zielgruppen ohne Lobby oder widerspiegelt der hohe Anteil an teilzeitarbeitenden Frauen die Anstellungsverhältnisse?

Erwachsenenbildung braucht mehr Anwält*innen, damit die Sichtbarkeit von Frauen nicht nur von deren individuellem, oft überdurchschnittlichem Engagement abhängt. Die Avancen seitens der Bildungspolitik, der Medien oder der Bildungstheorie, die Schätze in den Privatkammern zu heben und die Verantwortung für die Qualität der „Erwachsenenbildung" mitzutragen, sind zu spärlich. Das ist schade. Denn die oft nur lokale oder punktuelle Sichtbarkeit dieser „weiblichen" Erwachsenenbildung ist ein Verlust für die Bildung als solche. Die vielen Kursleiter*innen, Mentor*innen, Mediator*innen, Gärtner*innen und Trainer*innen, die wir agieren sehen, wenn wir hinschauen, brauchen öffentliche Anerkennung und Arbeitsbedingungen, die ihrer vielfältigen Qualifikation und der Relevanz ihrer Tätigkeit angemessen sind.

---

8   *Frauen sind oft (zu) bescheiden, was sowohl Vor- als auch Nachteile hat.* **E**

Foto: K. K.

Lea Pelosi, M.A.

mail@leapelosi.net
https://www.leapelosi.net/

Lea Pelosi ist seit 1990 in der Erwachsenenbildung tätig (Workshopleitung, Trainings, Bildungskonzepte, Fachberatung, Aus- und Weiterbildung von Erwachsenenbildner*innen). Aktuelle Arbeitsschwerpunkte sind Selbstreflexion in Bildung und Beratung sowie Widerstände, Emotionen und „Problemnarrative" als Ressource für Bildungsprozesse.

Adult Educator?

On the (in)visibility of women with (in)visible educational responsibility

Abstract

The visibility of women in adult education is closely connected to public recognition of their field of work. Operating under this assumption, the author approaches the complex – and in part paradoxical – responses to the question of the (in)visibility of women in adult education. It becomes apparent that society still tends to devalue adult education as a female profession, and the conditions under which it occurs are frequently precarious. In many cases, responsible education happens thanks to great, unpaid personal commitment and behind closed doors. This commitment may be visible locally. Yet it can also cement relationships and reinforce invisibility, for example if mostly unpaid but central aspects of adult education such as relationship building are taken for granted as a "typically female ability." Why does hardly anyone talk about this in public? Because adult educators who are critical without the support of an advocacy group only speak for themselves—and often with undesired consequences. (Ed.)

Sichtbarkeit von geflüchteten Frauen und ihren Initiativen?!

Die Bedeutung einer intersektionalen Erwachsenenbildung

Catrin Opheys

Zitation

Opheys, Catrin (2021): Sichtbarkeit von geflüchteten Frauen und ihren Initiativen?! Die Bedeutung einer intersektionalen Erwachsenenbildung.
In: Magazin erwachsenenbildung.at. Das Fachmedium für Forschung, Praxis und Diskurs, Ausgabe 43.
Online: https://erwachsenenbildung.at/magazin/21-43/meb21-43.pdf.

Schlagworte: Intersektionalität, Migration, Flucht, geflüchtete Frauen, Rassismus, Sexismus, Initiativen, Selbstorganisationen, Empowerment, Erwachsenenbildung

Kurzzusammenfassung

Die Sichtbarkeit von Frauen in der Erwachsenenbildung hängt unter anderem davon ab, welche Perspektiven und Lebenssituationen in ihren Angeboten, Inhalten und Methoden mitgedacht werden oder auch außen vor bleiben. Im Beitrag wählt die Autorin daher einen intersektionalen Zugang zu der Frage nach der (Un-)Sichtbarkeit von Frauen in der Erwachsenenbildung. Sie beschreibt die Lebenssituationen geflüchteter Frauen, welche sich häufig durch eine Verflechtung von Mehrfachdiskriminierungen wie zum Beispiel Sexismus und Rassismus auszeichnen. Anknüpfend daran hebt die Autorin am Beispiel der Initiative „Women in Exile & Friends" hervor, wie Empowerment, Lern- und Bildungsprozesse ermöglicht werden können – und zwar durch die Sichtbarmachung intersektionaler Machtstrukturen sowie die Stärkung politischer Partizipation. Fazit: Die Erwachsenenbildung ist dazu aufgefordert, intersektional zu denken und eine entsprechende Bildungspraxis zu etablieren. Möglichkeiten dazu sind mit Initiativen/ Selbstorganisationen von Betroffenen zu arbeiten und Räume für Empowerment zu schaffen. Gleichzeitig müsste Erwachsenenbildung sich mit Blick auf die in ihren Strukturen und Angeboten wirkenden und durch sie fortgeschriebenen Machtstrukturen kritisch selbst reflektieren. (Red.)

03

Thema

Sichtbarkeit von geflüchteten Frauen und ihren Initiativen?!

Die Bedeutung einer intersektionalen Erwachsenenbildung

Catrin Opheys

Welche Bilder bestehen in der Erwachsenenbildung über geflüchtete Frauen bei ihrer Ansprache als Adressatinnen von Bildungsangeboten? Werden die unterschiedlichen Perspektiven und intersektionalen Machtstrukturen reflektiert? Wer spricht wie, wann und aus welcher Perspektive und welche Rolle spielt hier die Einbindung von Initiativen/Selbstorganisationen geflüchteter Frauen? Wer wird wie repräsentiert, erhält Zugang zu welchen Räumen? – Erwachsenenbildung wäre per se intersektional als auch politisch, wenn sie Fragen der Positionierung, Privilegierung, Benachteiligung von (geflüchteten) Frauen und Diskurse von, mit und über (geflüchtete/n) Frauen sowie deren Rolle als Akteurinnen mitdenkt.

Emine Aslan verdeutlicht in ihrem Manifest „Wider den weißen Feminismus oder warum die Marginalisierten den Ton angeben müssen" (2016) nicht zuletzt, dass der Blick auf Frauen[1] und Feminismus aus verschiedenen Perspektiven erfolgen kann und mit Fragen von (Un-)Sichtbarkeiten einhergeht. *„Ein Feminismus, dessen lauteste Forderung die gleiche Bezahlung von Männern und Frauen und der berufliche Aufstieg von Frauen in Managerpositionen ist, bezeugt eben nicht, dass Gleichberechtigung und Frauenrechte in Deutschland ‚so weit entwickelt' sind, sondern vor allem, dass* weiße *bürgerliche Interessen den Kern feministischer Diskurse ausmachen"* (Aslan 2016, o.S.; Hervorh.i.Orig.).

Auch die Erwachsenenbildung ist verstrickt in gesellschaftliche Machtstrukturen, agiert in ihren Bildungsangeboten machtvoll und zuschreibend (Zugang, Themen, inhaltlich-methodische Gestaltung) und wirkt damit maßgeblich bei der (Un-)Sichtbarkeit von Perspektiven (von Frauen) mit. Diese Sichtweise soll im Beitrag anhand der Situation geflüchteter Frauen weitergedacht werden. Neben einer ersten Einführung in Perspektiven der Intersektionalität mit Fokus auf Sexismus und Rassismus wird die Bedeutung von Initiativen/Selbstorganisationen am einführenden Beispiel der Initiative „Women in Exile & Friends" dargestellt und werden Impulse für eine intersektionale und politische Erwachsenenbildung entwickelt.

---

1 Mit „Frauen" sind alle gemeint, die sich selbst diesem Geschlecht zuordnen. Hierbei muss aber auch kritisch reflektiert werden, dass auch Menschen von außen als „Frauen" gelesen werden können, die sich selbst diesem Geschlecht nicht zuordnen.

Die intersektionale Verschränkung von Machtstrukturen

Die Frauenbewegungen der 1970er Jahre und die feministischen Fragestellungen dieser Zeit berücksichtigten nicht alle Frauen gleichermaßen. Insbesondere Frauen of Color, die sich durch einen gemeinsamen Erfahrungsraum von rassistischen Erlebnissen ausweisen, sahen sich ausgeschlossen (vgl. Trumann 2002, S. 145ff.) und wurden in den Positionen und Repräsentanzen der Frauenbewegung nicht berücksichtigt. In Deutschland gab es deshalb auch früh *„Kritik von Migrantinnen an universalistischen Positionen, an der falschen Verallgemeinerung der Kategorie ‚Geschlecht' sowie am Rassismus innerhalb der Frauenbewegung"* (ebd., S. 145; o.Hervorh.). *„Moniert wurde, dass sie [die Frauen dieser Frauenbewegung; C.O.] beanspruchten, für alle Frauen zu sprechen, während sie* de facto *die Interessenvertretung einer privilegierten Gruppe von Frauen seien; und dass Hierarchien und Machtverhältnisse zwischen Frauen ausgeblendet würden"* (Kerner 2014, o.S.; Hervorh.i.Orig.). Wesentlich für diese Diskussion war die US-Amerikanerin Kimberlé Crenshaw, die in den 1980er Jahren das Konzept des intersektionalen Zusammenwirkens von Mehrfachdiskriminierungen entwickelt hatte und damit verdeutlichte, dass die Diskriminierungserfahrungen Schwarzer[2] Frauen aus einer zunächst rechtlich begründeten Perspektive im Antidiskriminierungsrecht und damit Verschränkungen von Diskriminierungserfahrungen im Allgemeinen nicht berücksichtigt worden waren (vgl. Crenshaw 1989, S. 139ff.).

Auch in aktuellen Debatten werden Frauenrechte häufig dafür instrumentalisiert, Rassismen zu legitimieren und die Thematisierung alltäglicher Ausgrenzungsmechanismen sowie die Unterschiede in den Ausstattungen von Privilegien verstärkt auszublenden (vgl. Salehi-Shahnian 2014, S. 375f.). Entgegen einer solchen Parallelisierung von Rassismus und Sexismus forder(te)n insbesondere Wissenschaftlerinnen und Aktivistinnen of Color stärker eine Verflechtung (Intersektion)

dieser Unterdrückungsformen und *„Rassismus als vergeschlechtlicht – gendered – und Sexismus als ‚rassifiziert' – racialized – zu verstehen; und daher je unterschiedliche Varianten von Rassismen und Sexismen zu unterscheiden"* (Kerner 2009, S. 38).

Zentral ist hierbei die theoretische Perspektive der Intersektionalität, die untersucht, wie *„verschiedene soziale Macht- und Ungleichheitsverhältnisse ineinandergreifen"* (Riegel 2016, S. 11) und wie dies durch dieses Zusammenwirken (z.B. von Geschlecht, Klasse, Ethnizität/"race"[3] und Körper o.a.) zu Prozessen des Otherings und zu verstärkenden, überlagernden oder abschwächenden Wirkungen verschiedener Ungleichheits- und Dominanzverhältnisse beitragen kann (vgl. ebd.). Im Vordergrund dieses Beitrags steht die Verschränkung der Dimensionen Sexismus und Rassismus, auch wenn damit bestimmte andere Dimensionen – insbesondere Verstrickungen mit sozialer Herkunft – weniger berücksichtigt werden (wodurch fraglos wiederum bestimmte Dominanzkonstruktionen sichtbar werden (vgl. Riegel 2016, S. 310).

Intersektionale Machtstrukturen und Erwachsenenbildung

Ina Kerner (2009, 2014) macht drei Ebenen der Intersektionalität von Rassismus und Sexismus aus, die auch für den vorliegenden Beitrag maßgeblich sind: eine personale, eine institutionelle und eine epistemische Ebene. Auf der epistemischen Ebene greifen Geschlechternormen und Stereotype ineinander, die mit dem Konzept des Otherings und damit verbundenen Diskursen und Wissensformen in Zusammenhang stehen. Auf der institutionellen Ebene zeigen sich die Verschränkungen von Rassismus und Sexismus entlang unterschiedlicher Praktiken in Institutionen, beispielsweise am Arbeitsmarkt, in familiären Strukturen oder in bildungspolitischen Kontexten. Auf der personalen Ebene geht es um individuelle Handlungen und personale Interaktionen sowie die Identitätsbildung und Subjektivierung von Personen, deren Ausbildung einer Geschlechtsidentität auch

---

2 *Schwarz* wird hier als politische Selbstbezeichnung großgeschrieben.

3 Hier wird in Anlehnung an Christine Riegel (2016) die doppelte Begrifflichkeit Ethnizität/"race" verwendet, um trotz der Problematik der beiden Begriffe die Gewaltförmigkeit rassistischer Verhältnisse aufzugreifen, die der Begriff Ethnizität häufig verschleiert (vgl. ebd., S. 11).

immer Ethnisierungsprozesse umfasst (vgl. Kerner 2009, S. 36 u. S. 47f.).

(Erwachsenen-)Bildung ist durch Prozesse des Otherings und die Gefahr einer Reproduktion von Dominanzverhältnissen in diese Machtstrukturen verstrickt und kann dabei einerseits zur Reproduktion und Festigung, andererseits auch zur Veränderung bestehender Verhältnisse durch Reflexion, Kritik und Veränderung beitragen (vgl. Riegel 2016, S. 309ff.).

Dabei können intersektionale (Macht-)Strukturen auf der personalen, institutionellen und epistemischen Ebene in erwachsenenbildnerischen Kontexten wirkmächtig werden. Sie erzeugen unterschiedliche Positionierungen und Perspektiven in Bildungs-/Lernverhältnissen, Zugänge und Barrieren zu Angeboten und Räumen sowie damit verbundene (Un-)Sichtbarkeiten. Konkret zeigen sich diese beispielsweise in Zielgruppenkonstruktionen, Referent*innen/Teilnehmer*innen-Verhältnissen, zugeschriebenen Angeboten sowie inhaltlichen Konzepten und Methoden.

Sichtbarkeit von geflüchteten Frauen

Auch geflüchtete Frauen sind durch verschiedenste Erfahrungen auf der personalen, institutionellen und epistemischen Ebene in intersektionale Machtstrukturen eingebunden. Entscheidend hierbei ist, dass es nicht *die* geflüchteten Frauen gibt; jede einzelne geflüchtete Frau hat eine einzigartige Lebensrealität aufgrund ihres Herkunftslandes, ihrer sozialen Herkunft, ihrer Bildungserfahrungen, ihres Alters usw. Anhand einschlägiger Studien wird aber sichtbar (z.B. Foda/Kadur 2005; Worbs/Baraulina 2017; Schouler-Ocak/Kurmeyer 2017; Schweda/Schutter 2016), dass sich strukturelle Barrieren für geflüchtete Frauen im Allgemeinen nachzeichnen lassen, die sich mit Blick auf die Verschränkung von Dimensionen, wie Sexismus und Rassismus, auf vielfältige Lebensbereiche wie Gesundheit, Wohnen, Arbeit, Bildung, gesellschaftliche und politische Partizipation usw. auswirken können.

Im Hinblick auf Anerkennungspraxen wird deutlich, dass Menschenrechtsverletzungen und Gewalterfahrungen von Frauen im Sinne der Genfer Flüchtlingskommission (GFK) oftmals nicht als Fluchtgründe anerkannt wurden. Sie wurden auf rechtlicher Ebene als *„private Entgleisungen verstanden, nicht als staatliche Verfolgung"* (Markard 2015, S. 26). Dies hat sich mit der EU-Qualifikationsrichtlinie 2005 geändert, da nun anerkannt wurde, *„dass eine Verfolgung wegen der Zugehörigkeit zu einer bestimmten sozialen Gruppe auch dann vorliegen kann, wenn die Bedrohung des Lebens, der körperlichen Unversehrtheit oder der Freiheit allein an das Geschlecht anknüpft"* (Rabe 2018, o.S.). Zuletzt ist dies auch durch das Inkrafttreten der Instanbul-Konvention im Kampf gegen Gewalt von Frauen aktuell geworden (vgl. ebd.).

Dennoch besteht weithin ein *„homogenes und statisches Genderverständnis"* (Welfens 2016, S. 82), welches ein intersektionales Verständnis ausklammert und damit *„den komplexen Identitäten Schutzsuchender und sich daraus ergebenden Diskriminierungen kaum gerecht werden"* (ebd., S. 78) kann. Auf diese Weise bleiben bestimmte Fluchtgründe hinter bestehenden Konstruktionen unsichtbar. In Anhörungen im Asylverfahren können zudem die Darlegung und Anerkennung spezifischer Erfahrungen, etwa durch mangelnde Sensibilität der Mitarbeitenden, sprachliche Barrieren und Retraumatisierung, erschwert werden. Gesundheitsbezogene und wirtschaftliche Gründe, Erfahrungen als LGBTIQ* oder mit weiblicher Beschneidung (engl. FGM) werden etwa dann häufig nicht als politische Probleme anerkannt (vgl. Freudenschuss/Pagano 2016, S. 265).

Es entstehen zudem Diskurse und gesellschaftliche Zuschreibungen, die spezifische Bilder erzeugen und in verschiedensten Lebensbereichen reproduzierend wirken. *„Es ist immer nur von den Herausforderungen bzgl. ‚der Flüchtlinge' die Rede. Vergessen wurde, dass Frauen* aus frauen*spezifischen Gründen fliehen und in Deutschland Schutz suchen"* (vgl. Herzberger-Fofana 2017, S. 69). Hier werden gesellschaftliche Unsichtbarkeit und spezifische Machtstrukturen deutlich, die sich auch in der medialen Repräsentation niederschlagen.

Frauen, die intersektionale Erfahrungen mitbringen, werden folglich häufig als passiv wahrgenommen und bekommen per se eine Opferrolle zugeschrieben (vgl. Schweda/Schutter 2016, S. 114). Diese homogene Sichtweise kann sich beispielsweise auf die Thematisierung sexualisierter Gewalt in den Massenunterkünften auswirken. Geflüchtete Frauen werden hier häufig als *„gesonderte, kulturell markierte Opfer"* (ebd., S. 116) dargestellt. Dadurch werden mediale Täter-Opfer-Darstellungen reproduziert, die die strukturellen Bedingungen in den Unterkünften (vgl. ebd., S. 114f.) und allgemein im Asylsystem ausblenden und damit die durch die räumlichen Bedingungen in den Unterkünften verursachten und aus mangelnder Privatsphäre resultierenden Erfahrungen sexualisierter Gewalt (vgl. Freudenschuss/Pagano 2016, S. 267). Gesellschaftliche Zuschreibungen werden dabei häufig auch durch antimuslimische Diskriminierung aufgeladen. In der Zuschreibung von Geschlechtergewalt wird die Fluchtmigrantin als Opfer zwischen Religion und Kultur markiert und der Diskurs auf Rassismus und Kulturrelativismus reduziert, Geschlechtergewalt und damit Sexismus dem untergeordnet (vgl. Dhawan/Castro Varela 2020, S. 313).

Zusammenfassend zeigen sich hier intersektional wirkende Machtstrukturen auf verschiedenen Ebenen.[4] Es wird deutlich, dass einerseits einseitige Differenzzuschreibungen und Darstellungen aufgrund heterogener Lebenssituationen und unterschiedlicher Erfahrungen/Perspektiven zu kurz greifen. Andererseits bedarf es der stetigen Reflexion gesellschaftlich reproduzierender Machtstrukturen, Diskurse und Konstruktionen „über die Frauen", die auch in erwachsenenbildnerische Kontexte einwirken können und den Bedarf nach Räumen zum Austausch über diese Erfahrungen und Perspektiven verdeutlichen. Welche Bilder bestehen über geflüchtete Frauen bei der Ansprache als Adressatinnen von Bildungsangeboten, aber auch in deren inhaltlich-methodischen Gestaltung? Werden die unterschiedlichen Perspektiven und intersektionalen Machtstrukturen in den Angeboten reflektiert und sichtbar? Wer spricht dort wie, wann und aus welcher Perspektive und welche Rolle spielt hier die Einbindung von Initiativen/Selbstorganisationen geflüchteter Frauen? Wer wird in den Angeboten wie repräsentiert, erhält Zugang zu welchen Räumen,

z.B. zu den mehrfach-geschützten Räumen für gelingendes Empowerment?

Initiativen und Räume am Beispiel der Initiative „Women in Exile & Friends"

Von Bedeutung ist es in diesem Diskurs – entgegen vorherrschender Konstruktionen –, nicht über geflüchtete Frauen zu sprechen, sondern die Bewegungen und Initiativen/Selbstorganisationen geflüchteter Frauen sowie die dort initiierten Lern- und Bildungsprozesse und Perspektiven für die Erwachsenenbildung in den Blick zu nehmen. Die Initiative „Women in Exile & Friends" hat sich 2002 in Brandenburg gegründet und kämpft für die Rechte von Flüchtlingsfrauen.[5] *„Wir haben entschieden, uns als Flüchtlingsfrauengruppe zu organisieren, weil wir die Erfahrung gemacht haben, dass Flüchtlingsfrauen doppelt Opfer von Diskriminierung sind: Sie werden als Asylbewerberinnen* durch rassistische Gesetze ausgegrenzt und als Frauen* diskriminiert"* (Women in Exile & Friends o.J., o.S.). Die Frauen treffen sich regelmäßig, um gemeinsam Strategien zu entwickeln und gegen die menschenunwürdigen Bedingungen vorzugehen, etwa einerseits indem sie Unterkünfte besuchen, Frauen aus einer Betroffenenperspektive unterstützen sowie die vorherrschenden Bedingungen thematisieren. Andererseits organisieren sie Seminare und Workshops für geflüchtete Frauen, damit diese gemeinsam zusammenfinden, sich über Themen wie „Von persönlichen Problemen zur politischen Aktion", „Frauen, Asyl und Solidarität", „Recht auf Gesundheit für alle!" (siehe Women in Exile & Friends 2018a) austauschen und gemeinsam lernen können. Von Bedeutung ist dabei insbesondere das gemeinsame Empowerment: *„In diesem Workshop öffnen wir einen Raum für Austausch und realisieren, dass unsere Probleme nicht nur persönliche sind. Wir haben oft nicht die Macht, die Kontakte oder die Informationen, wie wir mit diesen Problemen umgehen können. Und das Lagersystem soll und [sic!] entmutigen und vom Rest der Gesellschaft isolieren. Wir werden diskutieren, wie wir unsere Situation*

---

4 Hier können nur einzelne Aspekte aus einer Außenperspektive dargestellt und die Erfahrungen geflüchteter Frauen nicht in der Vielschichtigkeit abgebildet werden.

5 Es handelt sich hierbei um eine verkürzte Außendarstellung der Initiative, um diese und ihre Struktur grundlegend darzustellen und einzuordnen.

verbessern können und warum es wichtig ist, uns gemeinsam zu organisieren. Wir müssen für unser Recht als Frauen, die in dieser Gesellschaft leben, eintreten!" (ebd., o.S.)

Von Bedeutung sind zudem die zahlreichen organisierten Veranstaltungen, wie Festivals, Aktionstouren und Konferenzen, auf denen sie Perspektiven, Erfahrungen und Themen einbringen, diskutieren und so Bildungs-, Lern- und Empowermentprozesse initiieren. *„Gemeinsam analysierten wir die Auswege, um langfristige Lösungen zu finden, so dass nicht jede* aufs Neue durch so viel Schmerz und Leid gehen muss"* (Women in Exile & Friends 2018b, o.S.). Von großer Bedeutung sind dabei die bundesweite Vernetzung und das Teilen kollektiver Erfahrungen etwa durch die Vernetzung mit anderen feministischen und antirassistischen Gruppen und die Planung gemeinsamer Aktionen (vgl. Women in Exile & Friends o.J., o.S.).

Durch Demonstrationen und öffentliche Aktionen können die Probleme und Forderungen geflüchteter Frauen – mit Blick auf die Verschränkung flüchtlingspolitischer und feministischer Perspektiven – artikuliert werden. Im Rahmen des „Internationalen Frauentages 2021" machten sie in einer öffentlichen Aktion auf die gewaltsame Situation für geflüchtete Frauen in den Unterkünften aufmerksam und forderten Gerechtigkeit in Bezug auf einen Feminizid in einer Unterkunft (vgl. Women in Exile & Friends 2021, o.S.). So können Informationen über die Zustände und die Lebensbedingungen von geflüchteten Frauen nach außen getragen werden, wie beispielsweise über die gesundheitliche Situation in den „Lagern" durch die Kampagne *„Keine Lager für Frauen und Kinder – alle Lager abschaffen"* (Women in Exile & Friends 2017, o.S.) und die diskriminierenden Praktiken auf verschiedenen Ebenen im Gesundheitsbereich (vgl. ebd.).

Das Asylsystem wird durch diese Initiative aus einer intersektional feministischen Perspektive diskutiert, diskriminierende Zustände werden auf der individuellen, institutionellen und epistemischen Ebene sichtbar. Das können spezifische Bedingungen in Unterkünften und gesellschaftliche Sichtbarkeiten sein, gesundheitliche Einschränkungen, die erschwerte Teilhabe an Bildung und Arbeitsmarkt sowie alltagsrassistische und sexistische Erfahrungen, die

hier als politische Themen wahrnehmbar werden und auf bestehende Diskurse einwirken. Dabei wird nicht über geflüchtete Frauen gesprochen, sondern es werden eigene Perspektiven und Erfahrungen „von unten" thematisiert. Zentral ist die Verbindung zwischen dem Zusammenschluss, dem Teilen und Artikulieren gemeinsamer Erfahrungen und der öffentlichen Positionierung nach außen durch Interviews, Demonstrationen, Bündnisse usw. Dabei sind auch sozial unterschiedliche Möglichkeiten der Partizipation und Mitgestaltung aufgrund von strukturell und habituell ungleichen Voraussetzungen (siehe Dittmer/Lorenz 2016) von Bedeutung.

Initiativen wie diese schaffen Orte und Räume, in denen sich die Akteur*innen vernetzen, austauschen und empowern können, und ermöglichen dabei auch unterschiedliche Zugänge zu politischer Partizipation und gemeinsamem Lernen (siehe Trumann 2013), wodurch Anknüpfungspunkte für Institutionen der Erwachsenenbildung und gemeinsame Bündnisse entstehen können.

Perspektiven für die Erwachsenenbildung

Nach Christine Riegel (2016) bedarf es in Bildungskontexten *„eine[r] kritische[n] Reflexion von sozialen Diskursen, Praxen, Institutionen und Gesellschaftsstrukturen sowie [...] der eigenen sozialen Positionierung"* (ebd., S. 312). Das bedeutet für eine Erwachsenenbildung, die intersektionale Herrschafts- und Machtstrukturen in den Blick nimmt, neben der Reflexion von Macht und Privilegien und der damit verbundenen Kritik die Entwicklung von Veränderungen (vgl. ebd., S. 313). Dabei kann *„Bildungsarbeit und Weiterbildung(sarbeit) [...] als reflexive Differenz- und Grenzbearbeiterin entworfen werden"* (ebd., S. 315; Hervorh. i. Org.).

Die Bedeutung von Empowerment-Räumen in der Erwachsenenbildung

Zentral ist es, Zugänge zur Erwachsenenbildung und zu den damit verbundenen Räumen aus intersektionaler Perspektive zu schaffen. Mit Blick auf die Einordnung in die Bedeutung von Räumen in der Erwachsenenbildung (vgl. Kraus et al. 2015,

S. 11ff.) ist es in diesem Kontext zentral, Räume aus der Perspektive von Raumordnungen (siehe Löw 2001; Kessl/Reutlinger 2010) wahrzunehmen und Fragen des Zugangs aufzugreifen, die mit Repräsentation, Macht- und Herrschaftsverhältnissen in Zusammenhang stehen und reproduzierend wirken. Diese Raumordnungen zeigen sich darin, dass in der Bildungsarbeit *„häufig über Geflüchtete statt mit Geflüchteten gesprochen wird"* (Koch 2018, S. 14), Initiativen/Selbstorganisationen weniger einbezogen und somit marginalisiertere Perspektiven weniger oder homogen repräsentiert sind, etwa in einer stärkeren Teilnehmendenrolle oder in einseitigen Zuschreibungen und Bildern (siehe Frieters-Reermann/Sylla 2017). Dabei fehlt es zudem häufig an Reflexionsräumen, in denen Menschen der Dominanzgesellschaft die eigene Positionierung sowie Denk- und Handlungsmuster reflektieren, und fehlt es an Empowerment-Räumen für von intersektionalen Machtstrukturen negativ betroffene Menschen (vgl. Koch 2018, S. 15).

In zahlreichen Initiativen – wie bei Women in Exile & Friends – haben sich Ansätze und Projekte zur Ermöglichung von Empowerment in Form von Seminaren, Workshops oder anderen Formaten entwickelt (vgl. Can 2013, S. 6f.). *„Es geht hierbei im Wesentlichen darum, vor dem Hintergrund von Kolonialität, Migration, Diversität und Intersektionalität, Begriffe wie Macht(-ungleichheit), Ressourcen(um)verteilung, (De-)Privilegierung, Powersharing und Dekolonialisierung ins Zentrum der pädagogischen, gesellschaftlichen und politischen Debatten zu rücken"* (ebd., S. 7). Das Konzept „Empowerment" dient dazu, dass Menschen Selbstermächtigung erfahren, um ein selbstbestimmtes Leben zu führen. In einer konkret politischen Perspektive erlernen sie durch verschiedene Konzepte und Strategien, die eigene Machtlosigkeit und Benachteiligung auf verschiedenen Ebenen zu überwinden (vgl. Camara 2016, S. 28). Anhand unterschiedlicher Formate (beispielsweise biografischer Arbeit, Theater- und Körperarbeit) oder im Rahmen rassismuskritischer Veranstaltungen und entlang unterschiedlicher Themenbereiche (etwa Familie, Arbeit, Bildung) können Erfahrungen und Zugänge auf verschiedenen Ebenen aus intersektionalen Perspektiven aufgegriffen werden (vgl. ebd., S. 31). Das Schaffen von Räumen und die Ermöglichung von Ressourcen zur Etablierung dieser Angebote bieten die Möglichkeit, Macht- und

Herrschaftsstrukturen und damit bestehenden Raumordnungen konkret entgegenzuwirken. *„Die Erhebung und Hörbarmachung der eigenen Stimme in dafür eigens geschaffenen PoC-Räumen [People of Color-Räumen; C.O.] ist ein legitimer Akt der kreativen Raumeinnahme zur Umsetzung von vorenthaltenen Partizipations-, Demokratie- und Menschenrechten und dient der Kompensation von sozialen und politischen Ausschlusspraxen"* (Can 2011, S. 252).

Die Perspektiven aus Initiativen und selbstorganisierten Räumen können so kooperativ mit Institutionen der Erwachsenenbildung zusammengebracht werden bzw. in deren Angebote eingebettet werden.

Erwachsenenbildung intersektional und politisch gedacht

Für die Erwachsenenbildung von Bedeutung sind strukturelle Herangehensweisen zur Etablierung intersektionaler Praxen, zum Beispiel *„durch die Anerkennung der Expertise und Kompetenzen von Menschen und Organisationen mit Diskriminierungserfahrungen und deren Einbindung in zentralen Positionen von Projekt- und Organisationsvorhaben"* (Camara 2016, S. 32), ohne Reduzierung auf zugeschriebene Themen und Kontexte. Dabei bedarf es in Bildungskontexten der Sensibilität für eine Betroffenenperspektive und der Zusammenarbeit mit Initiativen und Selbstorganisationen (etwa geflüchteter Frauen) auf Augenhöhe (vgl. Koch 2018, S. 14). Das umfasst dann auch die Anerkennung von Initiativen/Selbstorganisationen als gemeinsamen Lern- und Handlungsraum (vgl. Trumann 2013, S. 271ff.) und die Einbettung der Perspektiven und Zugänge in die Bildungsarbeit.

Claudia de Coster, Niklas Prenzel und Nora Zirkelbach (2016) konkretisierten drei Ziele einer intersektionalen (politischen) Bildungsarbeit. Erstens: Menschen mit mehrdimensionalen Diskriminierungserfahrungen sollten geschützte Räume bekommen, um gemeinsam nach kollektiven Handlungsstrategien zu suchen. Dies verdeutlicht den dargestellten Ansatz, Räume und Empowerment-Angebote zur Verfügung zu stellen, um kollektive Handlungsstrategien zu entwickeln, was die Einbindung und Sichtbarkeit von Initiativen und

Bündnissen einschließt. Zweitens: In der Bildungsarbeit sollten gesellschaftliche Lebensbedingungen unterschiedlicher Gruppen in den Blick genommen werden und sollte für gesellschaftliche Unterdrückungsverhältnisse sensibilisiert werden. Drittens: In allen Bildungskontexten sollten immanente Macht- und Unterdrückungsverhältnisse in Bezug auf Didaktik und Lerngruppe mitgedacht werden (vgl. ebd., S. 5).

Während das erste Ziel die oben genannte Perspektive des Empowerments verdeutlicht, umfassen die Ziele zwei und drei stärker didaktische Reflexionen, wie die reflektierte Einbindung von Referent*innen, Methoden oder inhaltlichen Perspektiven. Inhaltlich könnten etwa Perspektiven auf einen stärker einheitlichen Feminismus hinsichtlich intersektionaler Dimensionen kritischer diskutiert werden. Auf diese Weise könnten dann vielfältige Erfahrungen und Forderungen, die beispielsweise durch Initiativen/Selbstorganisationen nach außen getragen werden, thematisiert werden. So schafft eine kritische Erwachsenenbildung nicht nur Räume für Austausch über Positionierung und Machtverhältnisse, sondern hat zudem die bedeutende Rolle, Zugänge zu eröffnen, Strukturen/Ressourcen zur Verfügung zu stellen und sich Barrieren entgegenzustellen. Hier zeigt sich die Erwachsenenbildung sowohl als per se intersektional als auch als politisch, wenn sie Fragen von Positionierung, Privilegierung, Benachteiligung und Diskurse, z.B. von, mit und über geflüchtete Frauen, sowie ihre Rolle als Akteurinnen und die Bedeutung von Initiativen/Selbstorganisationen mitdenkt.

Ausblick

Deutlich wurde bei der Frage nach der Sichtbarkeit von Frauen – hier geflüchteter Frauen – und der Rolle von Erwachsenenbildung die Bedeutung intersektionaler Zugänge, die Machtstrukturen auf verschiedenen Ebenen in den Blick nehmen. Dabei sind besonders Initiativen/Selbstorganisationen bei Fragen von Zugängen, der Sichtbarkeit von Themen und Perspektiven sowie Möglichkeiten des Empowerments bedeutend. Erwachsenenbildung muss diese Perspektiven wahrnehmen und bei strukturellen Fragen intersektionale Perspektiven mitdenken, beispielsweise bei der Schaffung von Räumen und Zugängen, der Einbindung von Initiativen/Selbstorganisationen bzw. Referierenden und der Reflexion von Methoden und Inhalten. Ausblickend könnte (empirisch) weiter ausgearbeitet werden, wie diese Positionen verstärkt Eingang in die Institutions- und Angebotslandschaft der Erwachsenenbildung finden können und welche konkreten Bedarfe sich daraus ableiten lassen.

Literatur

Aslan, Emine (2016): Wider den weißen Feminismus oder warum die Marginalisierten den Ton angeben müssen. Ein Manifest. 24.08.2016. Was ist der StreitWert? Gunda-Werner-Institut. Online: https://streit-wert.boellblog.org/2016/08/24/wider-den-weissen-feminismus-oder-warum-die-marginalisierten-den-ton-angeben-muessen-ein-manifest/ [Stand: 2021-06-04].

Camara, Miriam (2016): Empower... was? – Geschichte, (politische) Dimensionen und Ausprägungen von Empowerment-Arbeit in Deutschland. In: Der Paritätische Gesamtverband (Hrsg.): Perspektivwechsel Empowerment. Ein Blick auf Realitäten und Strukturen in der Arbeit mit geflüchteten Frauen, S. 28-32. Online: https://www.der-paritaetische.de/fileadmin/user_upload/Publikationen/doc/perspektivwechsel-empowerment-2016_web.pdf [Stand: 2021-06-04].

Can, Halil (2011): Demokratiearbeit und Empowerment gegen Diskriminierung und Rassismus in selbstbestimmten People of Color-Räumen. In: Castro Varela, María do Mar/Dhawan, Nikita (Hrsg.): Soziale (Un)Gerechtigkeit. Kritische Perspektiven auf Diversity, Intersektionalität und Antidiskriminierung. Münster: LIT, S. 245-259.

Can, Halil (2013): Empowerment aus der People of Color-Perspektive. Reflexionen und Empfehlungen zur Durchführung von Empowerment-Workshops gegen Rassismus. Senatsverwaltung für Integration, Arbeit und Soziales. Landesstelle für Gleichbehandlung – gegen Diskriminierung (LADS). Online: https://www.eccar.info/sites/default/files/document/empowerment_webbroschuere_barrierefrei.pdf [Stand: 2021-06-04].

Crenshaw, Kimberlé (1989): Demarginalizing the Intersection of Race and Sex: A Black Feminist Critique of Antidiscrimination Doctrine, Feminist Theory and Antiracist Politics. In: The University of Chicago Legal Forum 8 (1), S. 139-167.

De Coster, Claudia/Prenzel, Niklas/Zirkelbach, Nora (2016): Wieso ein Heft zu Intersektionalität in der Bildungsarbeit? In: Dies. (Hrsg.): Intersektionalität. Bildungsmaterialien der Rosa-Luxemburg-Stiftung, S. 4-7. Online: https://www.rosalux.de/fileadmin/rls_uploads/pdfs/Bildungsmaterialien/RLS-Bildungsmaterialien_Intersektionalitaet_12-2016.pdf [Stand: 2021-06-04].

Dhawan, Nikita/Castro Varela, María do Mar (2020): Die Migrantin retten!? Zum vertrackten Verhältnis von Geschlechtergewalt, Rassismus und Handlungsmacht. In: Hausbacher, Eva/Herbst, Liesa/Ostwald, Julia/Thiele, Martina (Hrsg.): geschlecht_transkulturell. Aktuelle Forschungsperspektiven. Wiesbaden: Springer, S. 303-321.

Dittmer, Cordula/Lorenz, Daniel F. (2016): Strukturelle Regellosigkeit in einer überregelten Welt. Was steht einer Partizipation geflüchteter Menschen in Deutschland entgegen? 10.03.2016. In: Netzwerk Fluchtforschung: FluchtforschungsBlog. Online: https://blog.fluchtforschung.net/strukturelle-regellosigkeit-in-einer-uberregelten-welt/ [Stand: 2021-06-03]

Foda, Fadia/Kadur, Monika (2005): Flüchtlingsfrauen – Verborgene Ressourcen. Berlin: Deutsches Institut für Menschenrechte.

Freudenschuss, Magdalena/Pagano, Simona (2016): Feministische Kämpfe zwischen Rassismus und Asylregime. Magdalena Freudenschuss und Simona Pagano im Gespräch mit Madeleine Mado und Mai Shutta. In: Feministische Studien. Zeitschrift für interdisziplinäre Frauen- und Geschlechterforschung 34 (2), S. 261-271.

Frieters-Reermann, Norbert/Sylla, Nadine (2017): Kontrapunktisches Lesen von fluchtbezogenen Bildungsmaterialien. Anfragen an die Bildungsarbeit über/mit/durch Geflüchtete(n) aus postkolonialer Perspektive. In: ZEP: Zeitschrift für internationale Bildungsforschung und Entwicklungspädagogik 40 (1), S. 22-26.

Herzberger-Fofana, Pierrette (2017): „Nein zu Sexismus – Nein zu Rassismus!". In: Da Migra e.V. (Hrsg.): Teilhabe Jetzt! Gleichberechtigte Teilhabe von Migrantinnen* in Deutschland. Dokumentation der DaMigra-Jahreskonferenz. Berlin, S.66-69. Online: http://damigra.de/wp-content/uploads/Teilhabe-Jetzt-Dokumentation-2016.pdf [Stand: 2021-06-04].

Kerner, Ina (2009): Alles intersektional? Zum Verhältnis von Rassismus und Sexismus. In: Feministische Studien. Zeitschrift für interdisziplinäre Frauen- und Geschlechterforschung 27 (1), S. 36-50.

Kerner, Ina (2014): Varianten des Sexismus. 07.02.2014. In: Bundeszentrale für politische Bildung (Hrsg.): Aus Politik und Zeitgeschichte (APuZ) 64 (8). Online: https://www.bpb.de/apuz/178678/varianten-des-sexismus [Stand: 2021-06-04].

Kessl, Fabian/Reutlinger, Christian (Hrsg.) (2010): Sozialraum. Eine Einführung. 2. durchgesehene Auflage. Wiesbaden: Springer.

Koch, Kolja (2018): Oder soll man es lassen..? Impulse für die rassismuskritische Bildungsarbeit im Kontext Migration und Flucht. In: Informations- und Dokumentationszentrum für Antirassismusarbeit in NRW (IDA-NRW) (Hrsg.): Überblick 24 (3), S. 12-16. Online: https://www.ida-nrw.de/fileadmin/user_upload/ueberblick/Ueberblick032018.pdf [Stand: 2021-06-04].

Kraus, Katrin/Stang, Richard/Schreiber-Barsch, Silke/Bernhard, Christian (2015): Erwachsenenbildung und Raum. Eine Einleitung. In: Dies. (Hrsg.): Erwachsenenbildung und Raum. Theoretische Perspektiven – professionelles Handeln – Rahmungen des Lernens. Deutsches Institut für Erwachsenenbildung – Leibniz-Zentrum für Lebenslanges Lernen. Bielefeld: W. Bertelsmann, S. 11-25.

Löw, Martina (2001): Raumsoziologie. Frankfurt am Main: Suhrkamp.

Markard, Nora (2015): Wer gilt als Flüchtling — und wer nicht? Rechtliche Grundlagen. In: Sozial Extra 39 (4), S. 24-27.

Rabe, Heike (2018): Geschlechtsbezogene Verfolgung – Rechtlicher Schutz. 14.11.2018. Bundeszentrale für politische Bildung. Online: https://www.bpb.de/gesellschaft/migration/kurzdossiers/280272/geschlechtsbezogene-verfolgung-rechtlicher-schutz [Stand: 2021-06-04].

Riegel, Christine (2016): Bildung – Intersektionalität – Othering. Pädagogisches Handeln in widersprüchlichen Verhältnissen. Bielefeld: transcript.

Salehi-Shahnian, Natascha (2014): Gemeinsam in Bewegung – Feminismen of Color in Deutschland. In: Franke, Yvonne/Mozygemba, Kati/Pöge, Kathleen/Ritter, Bettina/Venohr, Dagmar (Hrsg.): Feminismen heute. Positionen in Theorie und Praxis. Bielefeld: transcript, S. 373-383.

Schouler-Ocak, Meryam/Kurmeyer, Christine (2017): Study on Female Refugees. Repräsentative Untersuchung von geflüchteten Frauen in unterschiedlichen Bundesländern in Deutschland. Abschlussbericht. Online: https://female-refugee-study.charite.de/fileadmin/user_upload/microsites/sonstige/mentoring/Abschlussbericht_Final_-1.pdf [Stand: 2021-06-04].

Schweda, Anna/Schutter, Sabina (2016): Frauen und Kinder zuerst? Stereotype und Exotisierung im medialen Diskurs um geflüchtete Mädchen und Frauen. In: Betrifft Mädchen 29 (3), S. 112-118.

Trumann, Andrea (2002): Feministische Theorie. Frauenbewegung und weibliche Subjektbildung im Spätkapitalismus. Stuttgart: Schmetterling.

Trumann, Jana (2013): Lernen in Bewegung(en). Politische Partizipation und Bildung in Bürgerinitiativen. Bielefeld: transcript.

Welfens, Natalie (2016): „This Module is not only about Women and Gay People" – Gender Mainstreaming in der europäischen Asylpolitik: von einem essentialisierenden zu einem intersektionalen Genderverständnis? In: Femina Politica – Zeitschrift für feministische Politikwissenschaft 25 (2), S. 77-92.

Women in Exile & Friends (o.J.): Über Uns. Online: https://women-in-exile.net/ueber-uns/ [Stand: 2021-06-04].

Women in Exile & Friends (2017): Ein Rückblick auf die Arbeit von Women in Exile im Jahr 2017- mit Ausblick! 22.12.2017. Online: https://www.women-in-exile.net/ein-rueckblick-auf-die-arbeit-von-women-in-exile-im-jahr-2017-mit-ausblick/#more-3907 [Stand: 2021-05-01].

Women in Exile & Friends (2018a): Workshop-Angebote. 03.12.2018. On-line: https://www.women-in-exile.net/workshop-angebote/ [Stand: 2021-06-04].

Women in Exile & Friends (2018b): 24.7 – Frauen* sind hier gegen Abschiebungen – Leipzig. 26.07.2018. Online: https://www.women-in-exile.net/24-7-frauen-sind-hier-gegen-abschiebungen-leipzig/#more-4410 [Stand: 2021-06-04].

Women in Exile & Friends (2021): INTERNATIONALER FRAUENTAG 2021 IN COTTBUS! 10.03.2021. Online: https://www.women-in-exile.net/internationaler-frauentag-2021-in-cottbus/ [Stand: 2021-06-04].

Worbs, Susanne/Baraulina, Tatjana (2017): Geflüchtete Frauen in Deutschland: Sprache, Bildung und Arbeitsmarkt. BAMF-Kurzanalyse 1, 2017. Nürnberg: Bundesamt für Migration und Flüchtlinge (BAMF). Forschungszentrum Migration, Integration und Asyl (FZ).

Foto: K.K.

Catrin Opheys

catrin.opheys@uni-due.de

Catrin Opheys studierte Erziehungswissenschaft (B.A.) und Erwachsenenbildung/Weiterbildung (M.A.) an der Universität Duisburg-Essen. Seit 2021 ist sie dort als wissenschaftliche Mitarbeiterin im Fachgebiet Erwachsenenbildung/Politische Bildung tätig und hat u.a. folgende Arbeitsschwerpunkte: Studium, Habitus und soziale Ungleichheit; Erwachsenenbildung; politische Bildung, Partizipation (und Flucht); diskriminierungs- und ungleichheitskritische Bildung; qualitative Forschung. Daneben ist sie freiberuflich in der politischen Bildungsarbeit bei unterschiedlichen Trägern und zu verschiedenen Themenfeldern, u.a. Diskriminierung, Antisemitismus, Rassismus, Gender, tätig.

Visibility of Refugee Women and Their Initiatives?!

The significance of intersectional adult education

Abstract

The visibility of women in adult education depends in part on which perspectives and living situations are considered in its course offerings, content and methods and which are not. In the article, the author takes an intersectional approach to the question of the (in)visibility of women in adult education. She describes the living conditions of refugee women, which are frequently characterized by multiple, interlinked forms of discrimination such as sexism and racism. Based on the example of the "Women in Exile & Friends" initiative, the author stresses how to make empowerment, learning and educational processes possible—by revealing intersectional power structures and strengthening political participation. The author's conclusion: Adult education is called upon to think intersectionally and to establish an appropriate educational practice. Possibilities include working with initiatives/self-organized individuals who are affected and creating spaces for empowerment. At the same time, adult education must critically reflect on its own power structures, which influence and perpetuate its structures and offerings. (Ed.)

Die grenzüberschreitende Volksbildnerin Miss A. S. Levetus

Ein Porträt

Wilhelm Filla (†)

Zitation

Filla, Wilhelm (2021 [2001]): Die grenzüberschreitende Volksbildnerin Miss A. S. Levetus. Ein Porträt.
In: Magazin erwachsenenbildung.at. Das Fachmedium für Forschung, Praxis und Diskurs, Ausgabe 43.
Online: https://erwachsenenbildung.at/magazin/21-43/meb21-43.pdf.

Schlagworte: Wiener Volkshochschulen, Volksheim Ottakring, John Ruskin Club, Amelia Sarah Levetus, Volksbildung, englische Fachgruppe

Kurzzusammenfassung

Beim vorliegenden Beitrag handelt es sich um das Werk des 2016 verstorbenen Wilhelm Filla, das erstmalig 2001 in der „Spurensuche. Zeitschrift für Geschichte der Erwachsenenbildung und Wissenschaftspopularisierung" publiziert worden war und hier mit freundlicher Genehmigung der Rechteinhaber neu zugänglich gemacht wird. Der Autor zeichnet im Beitrag das Leben und Wirken von Amelia Sarah Levetus nach, die von 1901 bis 1938 als Kursleitende, Vortragende und Obfrau der englischen Fachgruppe (John Ruskin Club) an der Wiener Volkshochschule tätig war. Levetus hielt nach Gründung der englischen Fachgruppe im Volksheim Kurse und Vorträge vor allem zur britischen Kunst und Kunstgeschichte und initiierte ebenso verschiedenste Lehrveranstaltungen zu politischen und gesellschaftlichen Themen. Darüber hinaus hielt sie als erste Frau Vorträge an der Universität Wien, publizierte Zeit ihres Lebens und setzte progressive Akzente in der Volksbildung. 1938 verlaufen sich die Spuren dieser bemerkenswerten Persönlichkeit von vermutlich jüdischer Herkunft ins Ungewisse. (Red.)

04

Thema

Die grenzüberschreitende Volksbildnerin Miss A. S. Levetus

Ein Porträt

Wilhelm Filla (†)

Zu den wohl bemerkenswertesten Persönlichkeiten aus der Geschichte der Wiener beziehungsweise der österreichischen Volkshochschulen zählt eine Frau, die sich im wahrsten Sinn des Wortes der Volksbildung verschrieb: Miss A. S. Levetus. Bis vor wenigen Jahren war sie völlig vergessen. Nicht einmal ihre vollen Vornamen waren bekannt. Dafür scheint sie in allen Volkshochschulprogrammen, in denen ihr Name angeführt ist, als „Miss" auf.

Beim vorliegenden Beitrag handelt es sich um einen Wiederabdruck mit freundlicher Genehmigung des Österreichischen Volkshochschularchivs (http://archiv.vhs.at/vhsarchiv-home.html). Er wurde 2001 unter folgendem Titel publiziert: Miss A. S. Levetus – Kunsthistorikerin und Volksbildnerin. Portrait einer grenzüberschreitenden Pionierin. In: Spurensuche. Zeitschrift für Geschichte der Erwachsenenbildung und Wissenschaftspopularisierung, 12. Jg., 2001, H. 1-4, S. 24-39.

Wir entschieden uns für diesen Wiederabdruck aufgrund der Bedeutung der vorgestellten Erwachsenenbildnerin und der deutlich unterschiedlichen Zielgruppen des Magazin erwachsenenbildung.at (Meb) und der Zeitschrift des Österreichischen Volkshochschularchivs (Spurensuche. Zeitschrift für Geschichte der Erwachsenenbildung und Wissenschaftspopularisierung – http://archiv.vhs.at/index.php?id=vhsarchiv-spurensuche0).

[Das Bildmaterial der Erstveröffentlichung wurde nicht übernommen. Endnoten wurden in Fußnoten umgewandelt und tw. adaptiert.]

An Miss Levetus zu erinnern heißt, an Aktivitäten aus der Frühzeit der Volkshochschulen zu erinnern, die selbst heute noch zukunftsträchtig sind und die in den zwanziger Jahren zum Teil geradezu avantgardistischen Charakter hatten. An eine Persönlichkeit wie Levetus zu erinnern, bedeutet überdies, den personenbezogenen Diskurs der Volkshochschulhistorie um jene zu erweitern, die in der Volkshochschule letztlich entscheidend sind: die Lehrenden. Die bisherige personenbezogene Volkshochschulgeschichte weist ja – und zwar nicht nur in Österreich – ein Defizit auf: die Konzentration auf die sogenannten „großen Namen", zumeist jene aus dem Funktionärs- oder dem hauptberuflichen „Apparat", bei gleichzeitiger Vernachlässigung der Lehrenden.

Forschungsstand

Bis heute sind nicht einmal die Lebensdaten von Miss Levetus bekannt. Nach längeren Forschungsbemühungen konnten ihre – englische – Nationalität ebenso festgestellt werden wie ihre beiden Vornamen: Amelia Sarah.[1]

A. S. Levetus ist jedoch bei weitem nicht „nur" eine volkshochschulhistorisch relevante Persönlichkeit, die in der Wiener Volkshochschule Volksheim Ottakring von dessen Gründung 1901 bis 1938 als Kursleiterin, Vortragende und vor allem als Obfrau („Präsidentin") der englischen Fachgruppe tätig war, sondern auch wissenschaftshistorisch und frauenpolitisch von grosser Bedeutung ist [sic!]. Sie war die erste Frau, die an der Universität Wien – 1897 – einen öffentlichen Vortrag hielt. Vieles ist jedoch nach wie vor unbekannt: so die Motive für ihre 1891 erfolgte Übersiedlung nach Wien, ihre näheren Lebensumstände, ihre materiellen Verhältnisse und ihr Leben ab 1938.

Über das volksbildnerische Wirken von A. S. Levetus wie über ihre Persönlichkeit geben eine Festbroschüre aus den zwanziger Jahren, diverse Hinweise in den Tätigkeitsberichten des Volksheims sowie die Programme der englischen Fachgruppe des Volksheims im Ottakringer Stammhaus Auskunft. Über das Internet konnten in jüngster Zeit Publikationen von Levetus ermittelt werden, ebenso bei der Durchsicht einzelner Zeitschriften aus der Zeit der Wiener Moderne.[2] Als Kunsthistorikerin taucht Levetus mit einer Wiederveröffentlichung sogar in jüngster Zeit wieder als Autorin auf.[3]

Bemerkenswert erscheint auch, dass 1935 in der *Wiener Zeitung*, dem Organ des Staates, ein instruktiver Artikel aus der Feder des Kunsthistorikers und Bibliotheksleiters Hans Ankwicz-Kleehoven über Levetus erschien, zumal ihr durchaus „sozialistische

Neigungen" attestiert werden können, allerdings im Sinn der englischen Fabier.[4]

Notizen zu Leben und Persönlichkeit von Levetus

Amelia Sarah Levetus stammt aus der mittelenglischen Industriestadt Birmingham, wo sie nach Absolvierung der Mittelschule das Midland Institute und das Mason College besuchte. Danach studierte sie an den Universitäten in Birmingham, Cambridge und Aberdeen, aber nicht, wie auf Grund ihrer späteren publizistischen Aktivitäten zu vermuten wäre, Kunstgeschichte, sondern Volkswirtschaft.

Nach ihrer Übersiedlung nach Wien, wo sie – nach gegenwärtigem Wissen – zunächst noch nicht mit der institutionalisierten Volksbildung in Kontakt kam, hörte sie Vorlesungen an der Universität. Ein ordentliches Studium war Frauen noch nicht gestattet – dies war erst ab Herbst 1897 möglich, und da zunächst nur an der Philosophischen Fakultät.[5]

Im Februar 1897 hielt Levetus im Kleinen Festsaal der Universität Wien zwei öffentliche Vorträge über die Genossenschaftsbewegung in Großbritannien. Sie gelten als die ersten von einer Frau an der Universität Wien gehaltenen Vorträge. Zu dieser Zeit war sie bereits publizistisch aktiv. So veröffentlichte sie 1896 den Beitrag „Sociale Hilfsarbeit" in den *Mittheilungen der Ethischen Gesellschaft*, deren Geschichte noch zu schreiben wäre.[6]
Levetus muss auch sonst in der Wiener bürgerlichen Öffentlichkeit hervorgetreten sein, sonst wären ihre Vorträge an der Universität nicht zu erklären.

---

1 Der Vorname Amelia scheint beispielsweise auf in: Werner J. Schweiger, Wiener Werkstätte. Kunst und Handwerk 1903-1932, Augsburg 1995, S. 280; Hans Schindler, 50 Jahre Volksheim. Eine Festschrift zum 24. Februar 1951, Wien 1951, S. 25. Den Vornamen Sarah hat Christian H. Stifter bei Internet-Recherchen festgestellt und dem Verfasser dankenswerterweise mitgeteilt.

2 Vgl. A. S. Levetus, Sociale Hilfsarbeit. In: Mittheilungen der Ethischen Gesellschaft in Wien, Juli 1896, H. 13, S. 142-145.

3 Vgl. A. S. Levetus, Das Stoclethaus zu Brüssel von Architekt Professor Josef Hoffmann, Wien. In: Friedrich Kurrent/Alice Strobl, Das Palais Stoclet in Brüssel. Salzburg 1991, S. 24-64. Erstveröffentlichung: Das Stoclethaus zu Brüssel von Regierungsrat Professor Josef Hoffmann Wiener Werkstätte, Wien. Mit Text von A. S. Levetus (= Sonderdruck aus Moderne Bauformen 1914, H. 1), Wien 1914.

4 Vgl. Hans Ankwicz-Kleehoven, Miß A. S. Levetus. In: Wiener Zeitung vom 28. Juli 1935. Bei der „Gesellschaft der Fabier" handelte es sich um eine Gruppe britischer Intellektueller wie George Bernard Shaw und H. G. Wells, die zur Gründung der Labour Party und zur Entwicklung ihrer Ideologie beitrug. Der Name geht auf den römischen Konsul Fabius Maximus zurück, der den Beinamen „Zauderer" trug. Berühmt wurde er durch seine abwartende Haltung in der Kriegsführung. Beim Fabianismus handelt es sich um eine nicht-marxistische Spielart des Sozialismus. Vgl. J.-J. L. (Jean-Jaques Lecercle), Fabianismus. In: Georges Labica (Hrsg.), Kritisches Wörterbuch des Marxismus. deutsche Fassung hrsg. von Wolfgang Fritz Haug, Bd. 2, Berlin 1984, S. 330.

5 Zur sehr verspäteten Entwicklung des Frauenstudiums in Wien und Österreich vgl. Waltraud Heindl/Marina Tichy (Hrsg.), „Durch Erkenntnis zu Freiheit und Glück ...". Frauen an der Universität Wien (ab 1897), Wien 1990.

6 Vgl. ebd.

Bald danach trat ein grundlegender Interessenswandel ein. Sie verließ das Gebiet der Ökonomie und wandte sich der Kunstgeschichte und der modernen Kunst zu, deren Anfänge in Großbritannien sie durch John Ruskin und William Morris kennengelernt hatte. Beide sollte sie dann ab der Jahrhundertwende im Volksheim jahrzehntelang einer großen Zahl von Wienerinnen und Wienern näher bringen.[7]

In Wien fand Levetus in den Kreisen der 1898 gegründeten Secession und der neuorganisierten Kunstgewerbeschule ähnliche moderne künstlerische Bestrebungen vor wie in England. Als sie 1902 zur Wiener Berichterstatterin des *Studio* bestellt wurde, setzte sie sich „aufs wärmste" für die junge Kunstrichtung ein. Ein Forum fand sie dafür nicht nur im *Studio*, sondern auch in deutschen Kunstzeitschriften wie den *Modernen Bauformen*, der *Deutschen Kunst und Dekoration* und der *Textilen Kunst und Industrie*, in denen sie zahlreiche Beiträge publizierte. Auf der anderen Seite hielt sie durch Berichte über Ashbee, Boysey, die Guild of Handicrafts und die Birmingham-School die LeserInnen der Wiener Musealzeitschrift *Kunst und Kunsthandwerk* über britische Kunst auf dem Laufenden.

Im Jahr 1904, nachdem sie ihre Lehrtätigkeit im Volksheim bereits ausgebaut hatte, gab Levetus das von Erwin Puchinger illustrierte Buch „Imperial Vienna" heraus, in dem sie auch auf das Volksheim einging und es englischsprachigen LeserInnen vorstellte. Zwei Jahre später, 1906, beteiligte sie sich mit einem Beitrag über „Modern decorativ Art in Austria" an der *Studio*-Spezialausgabe „The Art Revival in Austria". 1911 verfasste sie gemeinsam

mit dem Volkskundler Michael Haberlandt[8] das für die Kenntnis der österreichischen Volkskunst lange Zeit als bahnbrechend geltende Werk „Peasant Art in Austria and Hungary".

Die Zeit während des Ersten Weltkriegs verbrachte Levetus in Wien, obwohl sie als Engländerin als „feindliche Ausländerin" galt. Darauf haben Exponenten des Volksheims mehrfach hingewiesen. Die Tatsache, dass Levetus ihre volksbildnerischen Aktivitäten ungehindert fortsetzen konnte, wurde von ihnen mit einer gewissen Berechtigung, aber auch mit Selbstzufriedenheit als Beleg für die Liberalität und Weltoffenheit des Instituts verstanden.

Der Volksheim-Obmann Friedrich Becke betonte in einer kurzen Würdigung von Levetus in einer Festbroschüre aus Anlass des 25-Jahr-Jubiläums des „John-Ruskin-Clubs", wie die englische Fachgruppe des Volksheims genannt wurde, dass sie stets nur als „die Freundin des Volksheims gesehen" wurde.[9]

1920 rief Levetus gemeinsam mit dem jüngst wieder entdeckten Soziologen und Historiker Friedrich Hertz[10] die dem Wiederaufbau Österreichs gewidmete Revue *Reconstruction* ins Leben und veröffentlichte 1924 eine Monographie über „Frank Brangwyn als Radierer". Sie bewog überdies ihren berühmten Landsmann dazu, sein gesamtes grafisches Werk der Wiener Albertina zu überlassen.[11]

Nach Ankwicz-Kleehoven war Levetus eine der ersten, die die große Begabung Kolo Mosers würdigte, die die Begabung des jungen Dagobert Peche erkannte und dem Meisterwerk Josef Hofmanns, dem

7   Zu John Ruskin (1819-1900), englischer Schriftsteller, Sozialreformer und Maler vgl. unter erwachsenenbildnerischen Gesichtspunkten Johann Dvořák; zu einigen Bemerkungen von John Ruskin über Erziehung. In: Erwachsenenbildung in Österreich, 44. Jg., 1993, H. 6, S. 25 f.; div. Stellen in Elisabeth Meilhammer, Britische Vor-Bilder. Interkulturalität in der Erwachsenenbildung des Deutschen Kaiserreichs 1871 bis 1918. Köln-Weimar-Wien 2000. Dass Ruskin, allerdings in Österreich, noch längst nicht vergessen ist, zeigen größere Artikel aus Anlass seines 100. Todestages in deutschsprachigen Zeitungen. Vgl. Christian Thomas, Spur der Steine. Heute vor 100 Jahren starb der Kunsthistoriker John Ruskin. In: Frankfurter Rundschau, 20. Januar 2000; Wolfgang Kemp, Ruskins Prosaistik: Apokalypse in Fortsetzungsform. In: Neue Zürcher Zeitung (Internationale Ausgabe vom 22./23. Januar 2000). Zum Dichter, Kunsthandwerker, Drucker und Sozialpolitiker William Morris (1834-1896) vgl. Hans-Christian Kirsch, William Morris – ein Mann gegen die Zeit, Köln 1996.

8   Michael Haberlandt (1860-1940) war Indologe, Volks- und Völkerkundler. Er habilitierte sich 1892. 1930 wurde ihm die Auszeichnung „Bürger der Stadt Wien" verliehen. Vgl. Felix Czeike, Historisches Lexikon der Stadt Wien, Wien 1994, Bd. 3, S. 7.

9   F(riedrich) Becke, Unsere Engländerin Miss Levetus. In: 1903-1928 John Ruskin Club in Volksheim Vienna XVI, Wien 1928, S. 5.

10 Friedrich Otto Hertz (1878-1964), Soziologe und Historiker, unter anderem 1922 Mitbegründer der „Wiener Internationalen Hochschulkurse", wurde erst jüngst von Christian H. Stifter wieder entdeckt. Levetus war Mitübersetzerin der 1928 in New York publizierten Schrift „Race and Civilisation". Vgl. Felix Czeike, Historisches Lexikon, a.a.O., Wien 1994, Bd. 3, S. 161; Christian H. Stifter: Rassismus und populäre Wissenschaft. Vorläufige Anmerkungen zur Position der neutralen Volksbildung 1890-1930. In: Spurensuche, 11. Jg. (NF), 2000, H. 3/4, S. 36-66, insbes. S. 52-59 u. S. 64.

11 Vgl. Frank Brangwyn, Der Radierer. Eine Würdigung von A. S. Levetus, Wien-Leipzig-München 1924. Nach Auskunft der Wiener Albertina (Frau Dr. Marie Luise Sternath) wurde das Material 1905 in einer Ausstellung gezeigt.

Palais Stoclet in Brüssel, ein literarisches Denkmal setzte.[12] Levetus hatte offenbar einen Blick für künstlerische Talente und nicht „nur" kunsthistorisches Wissen parat. Ankwicz-Kleehoven wies überdies darauf hin, dass Levetus 1935 „trotz ihres Alters" noch unermüdlich tätig ist und an ihren Memoiren arbeitet, die „demnächst in einem Londoner Verlag erscheinen sollen". Es ist nicht bekannt, ob dieses Werk je publiziert wurde.

Jahre zuvor, nämlich 1928, hob Becke in einer Würdigung der Volksbildnerin Levetus hervor: „Unsere Engländerin ist im Laufe der Jahre eine würdige Matrone mit weißen Haaren geworden. Jung geblieben ist aber ihr Herz und ihre Treue für unser Volksheim. Das wird jeder bezeugen, der beobachten kann, wie sie mit dem lebhaften Blick ihrer stahlblauen Augen den Beratungen im Ausschuß des Volksheims folgt."[13]

Die Wahl in den Volksheim-Ausschuss – das eigentliche Entscheidungsorgan war der Vorstand – war mehr die Anerkennung ihrer Leistungen für das Volksheim als eine Bühne für Levetus, um das Geschehen im Volksheim zu beeinflussen. Eine detaillierte Analyse der Sitzungsprotokolle könnte hier noch mehr Aufschluss geben. Volksheim-Schriftführer Emil Reich, der Levetus gleichfalls sehr verbunden war, betonte im Zusammenhang mit ihrer volksbildnerischen Tätigkeit interkulturelle Aspekte, „wenn die Erlernung der fremden Sprache vor allem Mittel wird, die Eigenart andern Volkstums in allen seinen Betätigungen zu ergründen". In einer heute zumindest eigenartig anmutenden Terminologie fügte Reich hinzu: „Das wertvolle Bildungsgut der angelsächsischen Rasse [sic] wurde im Volksheim zuerst Bevölkerungsschichten vermittelt, deren dürftige wirtschaftliche Lage sie bis dahin von solcher Erweiterung ihrer Bildung durch neue Kulturelemente ausgeschlossen hatte. Nicht wenige Dankbriefe von Wienern und Wienerinnen aus England und Nordamerika bezeugen, dass sie durch die in unserer Volkshochschule empfangenen Bildungselemente dort ihr Fortkommen fanden

und sich einlebten, aber mit treuer Liebe auch in der Ferne an unser Volksheim denken und es nach Kräften fördern. Weit größer und wichtiger aber ist die viele Tausende umfassende Schar jener in der Heimat Gebliebenen, denen englische Art und Sprache im Volksheim lieb und vertraut wurde als wertvolle Bereicherung ihres Innenlebens."[14]

Karl Zeman, vermutlich ein langjähriges Mitglied der englischen Fachgruppe, zog 1928 gleichfalls eine Bilanz über die Tätigkeit von Levetus, und zwar in jener Sprache, in der [in der sic!] von ihr geleiteten Fachgruppe konversiert und Wissensvermittlung betrieben wurde: „Miss Levetus was elected President. Our work began in real earnest a few days later. Since that time, Miss Levetus, whom we all revere, has been the very life and soul of our Club. During all these years she has never failed us: she has shown us all the different aspects of English life, given us an insight into manifold subjects in the vast field of English art and literature; she has led us in her lively, interesting manner through many a century of English history, backed by her personal experience and supported by her most admirable memory; she has brought before us graphic pictures of her own country and opened out new paths of knowledge to us."[15]

In einer mit F. M. gezeichneten Erinnerung heißt es: „I have been a member of the John Ruskin Club since 1912. I know how we worked in the pre-war time and how we work now. But I remember much better what the Club - I mean our President Miss Levetus - was for us during the war. Dearth of light, lack of fuel, everywhere a terrible hunger, a starving populace; wherever we went, the war stalked before and behind us, in the streets, in our homes, at work, in our offices and all around. Only one evening a week did we get away from it, during the two hours we were together at the John Ruskin Club. Those evenings were to us members as an oasis in the desert, we worked with a zeal, all personal sufferings being forgotten. In the light of our President's teaching, we have got nearer to England. We have learned to

12 Zu Dagobert Peche vgl. aus jüngster Zeit Peter Noever, Die Überwindung der Utilität. Dagobert Peche und die Wiener Werkstätte, Wien o. J. (1998). Darin ein Hinweis auf eine Publikation von Levetus über Peche; vgl. S. 357.

13 F(riedrich) Becke, Unsere Engländerin. In: 1903-1928, a.a.O., S. 5.

14 Emil Reich, Miss Levetus. In: 1903-1928, a.a.O., S. 5f.

15 Karl Zeman, Glimpses of Our Club Life. In: 1903-1928, a.a.O., S. 8.

appreciate and understand the manifold beauties of the English language, as expressed in the British dramatists, poets and prose writers, and elucidated and interpreted by our teacher."[16]

Volksbildnerisches Wirken im Volksheim

Miss A. S. Levetus scheint bereits im ersten Programm des am 24. Februar 1901 gegründeten Volksheims auf, das seine Bildungstätigkeit schon einige Monate später, am 25. April, mit einem fachspezifisch differenzierten Programm aufnehmen konnte. Angekündigt wurde schlicht und einfach „Englisch", und zwar jeweils am Montag und Donnerstag als Kurs. Anders als manche Legenden dies weismachen wollen, scheint der Sprachenunterricht schon im allerersten Programm jener Wiener Volkshochschule auf, die sich von Beginn an als Volkshochschule verstand.[17]

Der Name Levetus befand sich im ersten Volksheim-Programm in bester Gesellschaft. Er stand neben so prominenten oder prominent gewordenen Namen wie Dr. Eugenie Schwarzwald (Deutsche Sprache), Dr. Ernst Fanta (Mathematik), Univ.-Prof. Adolf Stöhr (Philosophie), Univ.-Doz. Ludo Moritz Hartmann (Geschichtliche Sprechstunden), Univ.-Doz. Anton Lampa (Physik), Univ.-Doz. Richard Wallaschek (Musikwissenschaft und musikalische Übungen), Univ.-Doz. Siegfried Mekler (Lectüre antiker Classiker, in deutscher Übersetzung), Dr. Friedrich Löhr (Besprechungen aus dem Gebiet der bildenden Künste).[18]

Auffällig am ersten Programm der Volkshochschule ‚Volksheim Ottakring' ist neben den „klingenden Namen" der Vortragenden, dass mit den Kursen längerfristige Veranstaltungsformen im Vordergrund standen und zugleich, über herkömmliche Kurse hinausgehend, Veranstaltungsformen angeboten

wurden, die Eigenaktivitäten der Teilnehmenden zur Voraussetzung hatten oder diese förderten. Das Volksheim Ottakring bot ab seiner Gründung ein modernes Volkshochschulprogramm und stellte nicht bloß moderne Überlegungen an, die es im Laufe der Zeit umzusetzen galt.[19]

Levetus war nicht Sprachkursleiterin im traditionellen Sinn der Sprachenvermittlung, sondern vielmehr Kulturvermittlerin im engeren und weiteren Sinn. Nach Gründung der englischen Fachgruppe hielt sie im Volksheim Kurse und Vorträge vor allem zur britischen Kunst und Kunstgeschichte und initiierte ebenso verschiedenste Lehrveranstaltungen zu politischen und gesellschaftlichen Themen.

Die Gründung der englischen Fachgruppe „John Ruskin Club"

Levetus ging es in ihren ersten Lehrveranstaltungen im Volksheim besonders um Konversation von bereits der englischen Sprache Mächtigen. Möglicherweise war sie sprachmethodisch eine Vorläuferin des kommunikativen Sprachenunterrichts, wie er erst in den siebziger Jahren des vorigen Jahrhunderts in Volkshochschulen besonders forciert wurde.

Der englische Konversationsklub konstituierte sich im Volksheim in den ersten Monaten des Jahres 1903 aus den einschlägigen Kursen heraus als John Ruskin-Club – mit weitgesteckten inhaltlichen und methodischen Zielen. Der Klub pflegte englische Konversation, begann eine Bibliothek anzulegen, veranstaltete sieben Ausflüge, die zu dieser Zeit, mangels alternativer Erlebnismöglichkeiten, von besonderer Attraktivität waren, und organisierte 14 Vorträge, davon nahezu alle in englischer Sprache. Themen waren unter anderen alte englische Balladen, der Namensgeber John Ruskin, William Shakespeare, aber auch modern klingende Themen

---

16 F. M., An Appreciation. In: 1903-1928, a.a.O., S. 11.

17 Die Gründer des Vereins Volksheim reichten im Spätherbst 1900 einen bereits gedruckten Statutenentwurf zur behördlichen Genehmigung ein, der mit der Bezeichnung „Volkshochschule" betitelt war. Die Verwendung dieses Namens, der anti-universitär und damit anti-staatlich klang, wurde untersagt, sodass der unverdächtig klingende Name „Volksheim" für den neuen Bildungsverein in Ottakring gewählt wurde.

18 Vgl. Das erste Kursprogramm. In: Hans Fellinger, Zur Entwicklungsgeschichte der Wiener Volksbildung. In: Norbert Kutalek/Hans Fellinger, Zur Wiener Volksbildung. Wien-München 1969, S. 292.

19 Im Sinn einer demonstrativen Aufzählung können als Kriterien moderner Volksbildung für den Lehrbetrieb gelten: längerfristige Veranstaltungsformen – im Gegensatz zu bloßer Vortragstätigkeit und anderen Einzelveranstaltungen – sowie die Aktivierung der Teilnehmenden, die nicht nur als passive Bildungskonsumenten gesehen werden.

wie „Sprache und Denken". Als Vortragende kamen Expertinnen und Experten zu Wort, Schriftsteller und „einfache" Klubmitglieder wie „Frl." Fleißig, die über Julius Caesar sprach.

Im Volksheim-Bericht über das Arbeitsjahr Ostern 1904 bis Ostern 1905 ist erstmals ausdrücklich von der „englischen Fachgruppe" die Rede, die „wie bisher" von Miss A. S. Levetus geleitet wurde, 51 Mitglieder zählte und über eine Bibliothek mit 134 Bänden verfügte. Auf dem Programm der Fachgruppe standen in diesem Jahr fünf Vorträge, von denen einige thematisch sehr spezialisiert und eher für ein Fach- als für ein Volksbildungspublikum geeignet waren. Neben "Modern English Theatre" wurden geboten: "Japanese women-writers in the 101h century", "The frozen deep by Wilkie Collins", "The seen lamps of architekture by John Ruskin" and "Elisabeth Barett-Browning".[20] An dieser Themenpalette wird ein zwar nicht gravierender, aber doch – im Sinn des Wortes – bemerkenswerter Zug der ungemein vielfältigen und intensiven Fachgruppentätigkeit deutlich: Gar nicht selten wurden dermaßen spezielle Themen aufgegriffen, mit denen gelegentlich die Grenze zum Irrelevanten, wenn nicht gar zum volksbildnerisch Abseitigen überschritten wurde.

Neben dem üblichen Vortrags- und Kursprogramm sowie den Klubabenden gab es in der Frühzeit der englischen Fachgruppe immer wieder Vorträge von Experten, in englischer Sprache geführte Diskussionen zu Themen wie „Learning and education" sowie die gemeinsame Lektüre literarischer Werke. Im Studienjahr 1904/05 wurde beispielsweise Shakespeares anspruchsvolles Stück „Coriolan" gelesen. Die Voraussetzung dafür waren seitens der TeilnehmerInnen beträchtliche Sprachkenntnisse.

Etablierung der Fachgruppendemokratie

Die englische Fachgruppe in Ottakring dürfte die erste von später mehr als zwei Dutzend allein im Volksheim gewesen sein, die über die Besetzung der Leitungsfunktion hinaus eine feste Struktur mit gewählten FunktionsträgerInnen etablieren konnte.

Dies ging unmittelbar auf eine Hörer-Initiative, also eine Initiative „von unten", zurück. Dazu heißt es im Volksheim-Jahresbericht für 1903 unter anderem: „Am 19. März 1903 berief der Hörer des Englisch-Kurses M. König eine konstituierende Versammlung zum Zwecke der Bildung eines englischen Klubs ein. [...] Es wurde ein aus 7 Personen bestehender Ausschuß gewählt, dem folgende Personen angehörten: Miss A. S. Levetus, Präsidentin, Professor Emil Reich und Maurice König, Vizepräsidenten, Frl. Pollak, Kassierin, Frl. Aschkenes, Bibliothekarin, Herr Track und Frl. Bodanzky, Sekretäre. Der Einberufer schlug den Namen John Ruskin als Titel des Klubs vor, was auch akzeptiert wurde. Ebenso wurde das proponierte Programm genehmigt, das die Fortbildung in der englischen Sprache durch Veranstaltungen von Vorlesungen, Diskussionen, wissenschaftliche Lektüre und Gründung einer Bibliothek umfaßte. Die Statuten wurden vom Volksheimausschusse approbiert. Anfang April 1903 begann der Klub seine Tätigkeit, die er nunmehr mit bestem Erfolg seit mehr als einem Jahr fortsetzt."[21] [Spat. im Original]

Die englische Fachgruppe hatte schon bald nach ihrer Gründung nicht nur ein sehr differenziertes Programm, sondern eine ebensolche Leitungsstruktur, die – Jahre vor der Einführung des allgemeinen Männerwahlrechts – auf demokratischen Wahlen durch die Mitglieder beruhte. Die englische Fachgruppe war damit eines von vielen Beispielen für den Modernitätscharakter der Wiener Volkshochschulen, insbesondere des Volksheims, im ersten Jahrzehnt des 20. Jahrhunderts. Volksbildung als Ausdruck und zugleich als ein bis in die Gegenwart von der Forschung unterschätztes Element der Moderne hielt sich in Wien über Jahrzehnte hinweg bis in die dreißiger Jahre und wurde erst vom Faschismus, zunächst in seiner österreichischen Spielart und dann endgültig vom deutschen zerstört.

Die englische Fachgruppe nach der Hauseröffnung

Die Eröffnung des Volksheim-Gebäudes, das „Haus der 100 Fenster", wie es der Arbeiter-Dichter

---

20 Zu Elizabeth Barrett-Browning vgl. unter vielen anderen: Briefe von Robert Browning und Elizabeth Barrett. Ins Deutsche übertragen von Felix Paul Greve, Berlin 1905.

21 Dritter Jahresbericht des Vereins „Volksheim" in Wien über seine Tätigkeit im Jahre 1903. In: Zentralblatt für Volksbildungswesen, 5. Jg., 1905, H. 1/2, S. 18.

und „Volksheimler" Alfons Petzold nannte, am 5. November 1905, brachte auch für die englische Fachgruppe stark verbesserte Arbeitsbedingungen und eine Reihe neuer Möglichkeiten, die von Anfang an voll genützt wurden.

Im Gegensatz zum Volksbildungsverein, wo dies vor dem Ersten Weltkrieg sehr wohl der Fall war, konnte im Volksheim keine französische Fachgruppe etabliert werden, so dass es im Volksheim lange Zeit mit der englischen nur eine Sprachenfachgruppe gab. Diese erwies sich allerdings von Anfang an als besonders aktiv, attraktiv und thematisch ebenso profiliert. Sie ging mit ihrem Programm weit über sprachliche Qualifizierung, die im üblichen Kursbetrieb möglich war, hinaus. Als „Präsidentin" und als „Seele" dieser Fachgruppe wirkte bis 1938 die „Nativ-speakerin" A. S. Levetus, die schon am ersten Unterrichtsabend des Volksheims „auf unserem Katheder"[22] stand.

Wie intensiv und – auch methodisch – vielfältig das Programm der von Levetus geleiteten Fachgruppe im neuen Haus von Anfang an war, zeigt der Volksheim-Bericht für das Studienjahr 1905/06: „Die englische Fachgruppe hielt ihre Abende jeden Montag und Donnerstag, die Präsidentin Miss Levetus sprach über verschiedene Themen, Herr Tomanetz unterrichtete in englischer Stenographie, es gab auch einen Zyklus von Vorträgen über englische Geschichte, Frl. Horowitz leitete gemeinsame Leseabende, Frau Freund Otterego* hielt einige Vorlesungen ab, 5 Klubausflüge wurden unternommen, die englische Konversation fleißig gepflegt. Miss Levetus und Schriftsteller Sil Vara veranstalteten eine Vorlesung."[23]

Im nächsten Studienjahr veranstaltete die Fachgruppe zusätzlich zu ihrem schon üblichen Programm eine Festakademie, die einen Reinertrag von 400 Kronen erbrachte. Damit wurden Freiplätze „für mittellose Bildungsstrebende" im Volksheim geschaffen. An dieser Festakademie, die mit einem gehörigen organisatorisch-konzeptionellen Aufwand verbunden war, der von den ehrenamtlich tätigen FunktionsträgerInnen der Fachgruppe geleistet wurde, nahmen eine Reihe guter KünstlerInnen teil, darunter die Hofburgschauspieler Gregori und Korff. Die Einschreibgebühr in der englischen Fachgruppe, die für manche InteressentInnen bereits eine Barriere bildete, betrug zu dieser Zeit 50 Heller und 30 Heller waren als Monatsbeitrag vorgesehen. Zu manchen Vorträgen hatten alle Mitglieder des Volksheims freien Zutritt.

Im Studienjahr 1907/08 konnte die englische Fachgruppe ihr Programm weiter ausbauen und profilieren. Unter anderem wurden vier Zyklen (Vortragsreihen) über englische und US-amerikanische Literatur sowie über englische Geschichte abgehalten, die von Mr. Willonghby und Mr. Silk, also offensichtlich Gästen und „Nativ-speaker", gestaltet wurden. Ein Essay von John Ruskin wurde gelesen, und ein Vortrag über Birmingham wies einen Besuch von 60 Personen auf. Um die Ferien zu nutzen, trafen sich die Mitglieder der Fachgruppe sogar während des Sommers im Türkenschanzpark zu Konversationsübungen im Freien.

In diesem Jahr brachte eine Konzertakademie der Fachgruppe 200 Kronen an Einnahmen. Dazu hielt Reich in seinem Jahresbericht fest: „Die ‚Engländer' wie die ‚Philosophen' empfangen also nicht vom Gesamtverein, sondern geben noch an ihn ab."[24]

Im Studienjahr 1909/10 zählte die englische Fachgruppe bereits 58 Mitglieder und ihre Bibliothek wies einen Bestand von 300 Bänden und 120 Zeitschriftenheften auf. Jeden Montag hielten die „Präsidentin" und Miss Funk Leseübungen mit literarischen Erläuterungen zu Ruskins „Modern painters" ab. Levetus hielt auch zwei Kurse ab, einen über englische Literatur, einen über Volkskunst in England und in Österreich-Ungarn. Darüber hinaus

---

22 Emil Reich, Miss Levetus. In: 1903-1928, a.a.O., S. 5.

* Die Schreibweise des Namens variierte offenkundig: so taucht der Name jener Frau, die von 1905 bis 1937/38 über 130 Englisch-(Konversations-)Kurse hielt, auch als (Mary) Freud-Ottorogo auf.

23 Bericht des Vereines „Volksheim" in Wien über seine Tätigkeit vom 1. Oktober 1905 bis 30. September 1906. In: Zentralblatt für Volksbildungswesen, 7. Jg., 1907, H. 4/5, S. 57.

24 Rechenschaftsbericht des Schriftführers, Universitätsprofessors Dr. Emil Reich. In: Bericht des Vereines „Volksheim" in Wien über seine Tätigkeit vom 1. Oktober 1907 bis 30. September 1908. In: Zentralblatt für Volksbildungswesen, 8. Jg., 1908, H. 11/12, S. 170 (Schreibweise im Orig.).

gab es 14 Einzelvorträge, die ein Gast-Ehepaar aus Chicago sowie einige Mitglieder der Fachgruppe bestritten. Dabei wurde unter anderen von „Frl." Bodansky Byron und von Herrn Haindl der Sozialutopist Robert Owen thematisiert. Gemeinsame Spaziergänge rundeten das Programm ab.

Nach der Gründungsphase bis 1905 und der Phase der endgültigen Etablierung und Festigung bis 1910, lässt sich als dritte Phase der englischen Fachgruppe eine des Ausbaus bis zum Ersten Weltkrieg unterscheiden. In dieser Phase entwickelte sich die englische Fachgruppe hervorragend, war aber keineswegs die einzige, deren Entwicklung in diesem Zeitabschnitt so charakterisiert werden kann.

Als vierte Phase lässt sich die Kriegszeit festhalten. Im ersten Kriegsjahr, dem Studienjahr 1914/15, hielt die „altbewährte Vorsitzende" mit „unvermindertem selbstlosem Eifer" zwei Kurse über englische Literatur im 19. Jahrhundert. Melitta Aschkenes, die im Volksbildungsverein Leiterin der dortigen englischen Fachgruppe wurde, trug über John Ruskin, den Dramatiker Bernard Shaw und den US-amerikanischen Lyriker Walt Whitman[25] vor, dem im alten Volksheim häufig Aufmerksamkeit gezollt wurde und der sich in sozialreformerischen Kreisen Wiens großer Beliebtheit erfreute.

Im zweiten Kriegsjahr waren immer noch 50 Mitglieder in der Fachgruppe eingeschrieben, die ihre Bibliotheksbestände ausbauen konnte. Die als „eifrig" bezeichnete „Präsidentin" hielt das ganze Jahr über Vorträge über Shakespeare und seine Zeitgenossen, englische Erziehung und Geschichte sowie zur Shakespeare Gedenkfeier ausnahmsweise in deutscher Sprache einen allgemein zugänglichen Vortrag über die Jugend des großen Dramatikers. Die Mitglieder hielten Sprechübungen ab und lasen gemeinsam Shakespeares berühmte Dramen „Hamlet" und „Ein Sommernachtstraum".

Im von Reich für das Studienjahr 1916/17 erstatteten Bericht heißt es: „Die englische Fachgruppe bewahrte sich die uns so gar nicht feindliche Ausländerin Miss A. S. Levetus als Leiterin und diese bewährte sich in Kursen über irische Literatur wie über die Artussagen in langgewohnter Weise".[26] Mitglieder hielten, wie immer in englischer Sprache, Vorträge über Oliver Goldsmith, Richard Brinsley Sheridan, Oscar Wilde und William Butler Yeats. Die Mitgliederzahl lag noch immer bei 50. Im letzten Kriegsjahr erlitt die Fachgruppe jedoch einen bald überwundenen Einbruch bei den Mitgliedern, deren Zahl auf 22 sank. Von den verbliebenen Mitgliedern wird berichtet, dass sie „treulich den Kursen folgten". Nach dem Ersten Weltkrieg konnte die englische Fachgruppe die Zahl ihrer Mitglieder in kurzer Zeit mehr als verdoppeln. Dies ist ein Beleg von vielen für die ungebrochene Attraktivität der Fachgruppe, die sich mit der Gründung von Volksheim-Zweigstellen dezentralisierte.

Angesichts der aus England kommenden Leiterin der Fachgruppe konnte sich der prononciert deutschnationale Reich in seinem Tätigkeitsbericht die Frage nicht verkneifen: „Es wäre doch wissenswert, ob irgendwo in Großbritannien oder Nordamerika eine Deutsche [sic] in ähnlicher Weise geschätzt wirken durfte?", um dann nicht ohne Selbstzufriedenheit festzustellen: „Hier überwand die Neigung der Zuhörer für ihre bewährte Lehrerin jedes Vorurteil und hatte keine Hemmnisse zu beseitigen, weil niemand solche bereitete."[27] In diesem Zusammenhang ließ Reich unerwähnt, dass es zu Kriegsbeginn sehr wohl eine Diskussion im Volksheim über die Lehrtätigkeit der „feindlichen Ausländerin" Levetus gegeben hatte, die von Hörern initiiert, von den Gremien jedoch ohne Zögern zurückgewiesen worden war.

Im ersten Nachkriegsjahr hielt Levetus Kurse über englische Literatur und Malerei im 19. Jahrhundert.

---

25 Heute ist Walt Whitman zwar in Österreich, nicht aber in Deutschland vergessen, wie dies Publikationen seiner Werke sowie Gedenkartikel in Zeitungen dokumentieren. Vgl. Walt Whitman, Grashalme. In Auswahl übertragen von Johannes Schlaf. Nachwort von Johannes Urzidil, Stuttgart 2000; Amerikanische Lyrik. Vom 17. Jahrhundert bis zur Gegenwart. Zweisprachig. Ausgew., hrsg. u. komm. von Franz Link, Stuttgart 1998, S. 140-173, S. 505, S. 618; Dorothee Baer-Bogenschütz, Long Island Liebe. Mit dem Dichter Walt Whitman auf Manhattans Hausinsel. In: Frankfurter Rundschau vom 12. Februar 2000. (In Erinnerung ist auch ein vor einigen Jahren von einem deutschsprachigen Kultursender gezeigter Film über Whitman).

26 Bericht des Vereins „Volksheim" in Wien über seine Tätigkeit vom 1. Oktober 1916 bis 30. September 1917. Erstattet in der Jahresversammlung am 17. November 1917, Wien 1917, S. 11.

27 Rechenschaftsbericht des Schriftführers Universitätsprofessors Dr. Emil Reich. In: Bericht des Vereins „Volksheim" in Wien über seine Tätigkeit vom 1. Oktober 1917 bis 30. September 1918. Erstattet in der Jahresversammlung am 15. Jänner 1919, Wien 1918, S. 11. (Schreibweise im Orig.)

Redeübungen und Diskussionen leitete Melitta Aschkenes, über deren Person leider nichts bekannt ist, die aber gleichfalls zu den qualifiziertesten Sprachenvermittlerinnen der Wiener Volkshochschulen in der Zwischenkriegszeit gehörte. Aschkenes und Levetus hielten auch Vorträge über John Ruskin und Walt Whitman. Ein Gast aus China sprach über das in Österreich kaum bekannte Land und über chinesisches Leben.

Zeitüberdauernde Impulse und Innovationen

Die englische Fachgruppe war unter anderem deshalb so bemerkenswert, weil sie im sich unpolitisch gebenden neutralen Volksheim häufig gesellschaftspolitische Themen aufgriff und zur Diskussion stellte. Besonders ausgeprägt war dies im Studienjahr 1919/20, was vor allem dem überragenden gestalterischen Einfluss von Levetus zu verdanken war. Möglicherweise lief allerdings diese Prägung der Fachgruppe der auch auf die Inhalte zielenden Mitbestimmung der Mitglieder zuwider.

Die, wie angedeutet, politisch vermutlich den „Fabiern" nahe gestandene Levetus teilte friedenspolitische Positionen der streng pazifistischen Quäker, aus deren Reihen immer wieder einzelne Vertreter in der Fachgruppe mit Vorträgen zu Wort kamen. Allein im Studienjahr 1919/20 wurden von diesen zehn Vorträge in der englischen Fachgruppe gehalten. Dabei wurden Themen wie Gewerkschaften, Gildensozialismus oder Erziehung in England angeschnitten. Zwei Quäker schilderten ihre Strafjahre, die sie wegen Kriegsdienstverweigerung „verbüßen" mussten. An alle Vorträge schlossen sich in englischer Sprache geführte Diskussionen an.

Während das bisher dargestellte Programm der englischen Fachgruppe des Volksheims zwar bemerkenswert und in seiner Fülle und Vielfältigkeit ungewöhnlich war, aber sich trotzdem im Rahmen herkömmlicher Volksbildung bewegte, kam es nach dem Ersten Weltkrieg zu Akzentsetzungen, die zwar quantitativ nicht ins Gewicht fielen, jedoch völlig neue Möglichkeiten für die Volksbildung eröffneten, an die es sich gerade heute angesichts ungleich fortgeschrittener technologischer Möglichkeiten anzuknüpfen lohnen würde.

Ein Gast aus England initiierte einen Briefwechsel der Fachgruppe mit einer von ihm gegründeten Adult School. Überdies widmete er dem Volksheim, „von dem er entzückt war", 1000 Kronen. Der berühmte Romancier H. G. Wells spendete der Fachgruppenbibliothek Bücher.

Vom volksbildnerischen, sprachmethodischen und völkerversöhnenden Aspekt her besonders interessant war der Anschluss der Fachgruppe an das „Korrespondenzbureau" der englischen Adult Schools, so dass viele „Volksheimler" wenige Jahre nach dem Krieg einen regen Briefwechsel mit Engländerinnen und Engländern pflegen „und sich dabei unterhalten" konnten. Mit Wien-Besuchern der English Workman's Travelling Association entwickelte sich ein „reger Verkehr". Die Korrespondenz mit einer Adult School, deren Organ überdies zwei Beiträge über das Volksheim veröffentlichte, wurde über Jahre fortgesetzt. Die Korrespondenz-Aktivitäten wurden in der Folge sogar auf die USA ausgedehnt.

In der Fachgruppe wurden auch Gespräche mit Arbeitern geführt, die aus Großbritannien nach Wien zu Besuch kamen.

Als Höhepunkt der Aktivitäten zu einer nicht bloß deklarativen Völkerverständigung wurden zwei Mitglieder der englischen Fachgruppe des Volksheims von Quäkern für vierzehn Tage unentgeltlich nach England geholt, untergebracht und verpflegt. So etwas wie einen grenzüberschreitenden Austausch von Lernenden auf der Basis von Stipendien oder unentgeltlichen Aufenthaltsmöglichkeiten gibt es in systematisierter Form in der Erwachsenenbildung bis heute nicht, wäre aber in einer umfassend entwickelten Erwachsenenbildung mehr als nur einer Überlegung wert. Gleiches gilt für systematische Korrespondenz-Aktivitäten, für die sich in den Zeiten des Internet noch ungeahnte Möglichkeiten auftun.

Die von Levetus geleitete englische Fachgruppe des Volksheims hat jedenfalls mit ihren vielfältigen Aktivitäten einen Kontrapunkt zur bis 1920 überwiegend unpolitischen Fachgruppenarbeit gesetzt, der allerdings nie parteipolitisch oder agitatorisch gefärbt war. Durch die Verbindung mit praktischen Aktivitäten – Austauschreisen, Korrespondenzen – gewannen diese Formen und Inhalte der Bildungstätigkeit erheblich an Nachhaltigkeit und Prägewirkung.

Volksbildnerisches Engagement von Levetus

Eine Analyse der Intensität der Mitarbeit der Lehrenden von Fachgruppen des Volksheims, die hier im Einzelnen nicht näher auszuführen ist, weist Levetus einen Spitzenplatz zu.[28] Bei ihr hat sich die Quantität der Aktivitäten mit der Qualität in geradezu optimaler Weise verbunden. Levetus blieb in ihrer jahrzehntelangen Tätigkeit für das Volksheim dessen Haupt- und Stammhaus in Ottakring „treu" und war in den ab 1920 gegründeten Zweigstellen in den Bezirken Brigittenau, Landstraße, Leopoldstadt und Simmering nicht wesentlich und vor allem nicht kontinuierlich aktiv. Auch in den beiden anderen Wiener Stammvolkshochschulen, dem Volksbildungsverein und der Urania, hat sich Levetus nicht nennenswert engagiert.

Besondere Angebotsvielfalt in den zwanziger Jahren

Englisch war selbst im Rahmen der anspruchsvollen Fachgruppen so populär, dass schon zu Beginn der zwanziger Jahre eine zweite Gruppe in der Leopoldstadt gegründet werden konnte. Dabei stand Levetus Pate. Benannt wurde diese Fachgruppe wie ihr Ottakringer Pendant nach John Ruskin. Den Eröffnungsvortrag am 23. Jänner 1921 hielt Levetus – selbstverständlich über Ruskin. Im Volksbildungsverein gab es schon seit der Vorkriegszeit eine englische Fachgruppe, die allerdings nie an die Ottakringer Fachgruppe herankam.

In Ottakring zählte die von Levetus geleitete Fachgruppe im Studienjahr 1920/21 58 Mitglieder, ihre Bibliothek 570 Bände. Die „Präsidentin" sprach unter anderem über John Keats, einen der großen Lyriker der englischen Romantik, über schottische Literaten und über englische Städtebilder. Gäste

aus England sprachen mit ihren Vorträgen explizit gesellschaftspolitische Themen an: „Capital and Interest", „Education", „Progress", „Civilisation" und „Utopia". Lichtbildervorträge gab es gleichfalls. Im Studienjahr 1922/23 hielt Levetus in „ihrer" Fachgruppe Kursvorträge über Frank Brangwyns Arbeitskollegen und Freund William Morris und über die geschichtlichen Grundlagen der Hauptgestalten der Dramen Shakespeares. Eine Irin sprach über ihre Heimat und das Mitglied Hans Schindler, später selbst Kursleiter und nach dem Zweiten Weltkrieg sogar stellvertretender Obmann des Wiener Volksbildungsvereins, berichtete über eine Reise nach England. Erziehungsfragen und die eminent politische „Irische Frage" waren weitere Themen von Vorträgen in der Fachgruppe, die am 18. März 1923 ihr 20-Jahr-Jubiläum mit einem großen Fest feierte. Dabei würdigte Volksheim-Obmann Friedrich Becke in einer Ansprache die großen Verdienste von Levetus um das Volksheim.

In der inzwischen auf 78 Mitglieder angewachsenen Fachgruppe besprach Levetus im Rahmen eines Kurses im Studienjahr 1923/24 „Loyalty" von Galsworthy und außerdem „die führenden Männer des heutigen England". Melitta Aschkenes widmete sich dagegen sozialen und wirtschaftlichen Tagesfragen in England. Eine schottische Schulärztin sprach über Indien und „Ärztliches", die Frau eines Londoner Theaterdirektors über „dessen" Bühne und ihre Wiener Eindrücke. Weitere Vortragsthemen waren in diesem Jahr die Arbeiterfrage in England und das Alkoholverbot in den USA.

Die breite Themenvielfalt wurde in den darauf folgenden Jahren ungebrochen fortgesetzt. Dabei baute sowohl die englische Fachgruppe in Ottakring wie die Parallelgruppe in der Leopoldstadt auf einem im Rahmen des üblichen Kursbetriebes in beiden „Häusern" gestuften Kursangebot auf, das von Anfängerkursen über die Stufen II. und III. bis zur Konversation reichte.

In den beiden Fachgruppen selbst wurden allein zwischen 1925 und 1930 zu verschiedenen Themen

---

28 Levetus leitete nicht „nur" über weit mehr als dreieinhalb Jahrzehnte die englische Fachgruppe im Volksheim, sondern war zugleich eine der am intensivst tätigen Lehrenden innerhalb der – am Höhepunkt mehr als zwei Dutzend – Fachgruppen des Volksheims. Vgl. Wilhelm Filla, Wissenschaft für alle – ein Widerspruch? Bevölkerungsnaher Wissenstransfer in der Wiener Moderne. Ein historisches Volkshochschulmodell, Innsbruck 2001, insbes. S. 631f.

für bereits Sprachkundige insgesamt 28 Kurse und Arbeitsgemeinschaften abgehalten, die neben Levetus und Marguerite Sharland noch von Frank Litwin und Karl Zeman geleitet wurden.

In den Veranstaltungen von Levetus waren häufig „auswärtige Gäste" präsent, ebenso hielten immer wieder Mitglieder Vorträge. Inhaltlich hatte das Programm in beiden mitgliederstarken Fachgruppen – allein in Ottakring bewegte sich die Zahl der Mitglieder in diesen Jahren zwischen 71 und 90 – einen ausgeprägten literaturwissenschaftlichen beziehungsweise -historischen Schwerpunkt. Politische Themen wurden vor allem von Levetus besprochen. Reich hielt dazu in einem seiner Tätigkeitsberichte fest, dass „die englischen Fachgruppen im 16. und 2. Bezirk die genaueste Vertrautheit mit englischer Gegenwart und Vergangenheit" bewirken. Politische Inhalte wurden in der zweiten Hälfte der zwanziger Jahre jedoch deutlich seltener angesprochen als dann in der Nachkriegszeit.

Im 25-Jahr-Jubiläum spiegelt sich die besondere Bedeutung der englischen Fachgruppe wider

1928 beging die englische Fachgruppe in Ottakring ihr 25-Jahr-Jubiläum. Dies war Anlaß für eine „erhebende Feier", in deren Mittelpunkt die „verehrte Präsidentin"[29] stand. Welche, aus heutiger Sicht kaum nachvollziehbare, öffentliche Bedeutung einer Volksheim-Subeinrichtung wie der englischen Fachgruppe zukam, zeigt sich daran, dass zum Jubiläum Bürgermeister Karl Seitz sowie zahlreiche Einzelpersonen und Körperschaften Glückwunschschreiben übermittelten. Es wurde sogar eine Festbroschüre herausgebracht, die Beiträge von Mitgliedern der Fachgruppe, von Volksheim-Spitzenfunktionären und von Levetus selbst enthielt.

Die Bedeutung der englischen Fachgruppe in Ottakring kommt noch in einem Detail zum Ausdruck. Gegen Ende der zwanziger Jahre verfügte sie über eine Bibliothek mit englischsprachiger Literatur, die weit mehr als zweitausend Bände zählte. Die

kleinere Fachgruppenbibliothek in der Leopoldstadt brachte es immerhin auf knapp 450 Bände.

Im März 1933 wurde in den *Mitteilungen der Volkshochschule Volksheim Wien* aus Anlass eines neuerlichen Jubiläums des John Ruskin Clubs eine Würdigung der englischen Fachgruppe und besonders ihrer „Präsidentin" publiziert. Dabei konnte sogar auf die internationale Bedeutung dieser Volksheim-Einrichtung hingewiesen werden. „Nur wenig andere Fachgruppen können sich des Glücks erfreuen, durch so lange Zeit hindurch dasselbe Oberhaupt zu besitzen; es ist Miss Levetus, die seit damals mit immer gleicher Energie und Umsicht die Fachgruppe leitet und sie in zielbewußter Arbeit im Laufe dieser drei Jahrzehnte zu einer Institution ausgebaut hat, deren Ruf über die Grenzen Österreichs bis zu den Volksbildungseinrichtungen Englands und Amerikas gedrungen ist. Unabsehbar ist die Zahl derer, die während der 30 Jahre des Bestandes Mitglieder der Fachgruppe waren und die sich, wenn sie auch das Leben von der Volkshochschule weggeführt hat, im Geiste immer noch engst verbunden wissen mit Miß Levetus und ihrem Kreis."[30]

Levetus, die sich bereits im fortgeschrittenen Alter befand, erhielt 1934 mit Fred Bradley einen zweiten Obmann an die Seite gestellt, der sie in ihrer Fachgruppentätigkeit offensichtlich entlasten sollte. Ob hier auch politische Gründe eine Rolle spielten und Levetus kontrolliert werden sollte, lässt sich auf Basis der bisher erschlossenen Quellen nicht zweifelsfrei feststellen. Es dürfte eher nicht der Fall gewesen sein, da Levetus die Leitung der englischen Fachgruppe bis 1938 inne hatte und in der Öffentlichkeit nicht politisch exponiert tätig war.

1938 verlaufen sich Levetus' Spuren ins Ungewisse

Das Volksheim hat für das Sommerhalbjahr 1938 einen schon im Herbst 1937 zusammengestellten und im Winter 1938 gedruckten „Arbeitsplan" herausgebracht, für dessen Erscheinen die im Austrofaschismus tätigen VolksbildnerInnen die Verantwortung

---

29 Bericht der Volkshochschule Wien Volksheim über ihre Tätigkeit vom 1. Oktober 1927 bis zum 30. September 1928, erstattet in der Jahresversammlung vom 5. Jänner 1929, Wien 1929, S. 46.

30 30 Jahre „John-Ruskin-Club". In: Mitteilungen der Volkshochschule Wien Volksheim, 5. Jg., 27. März 1933, H. 12, S. 1.

trugen. Unter Pkt. D „Kurse der Fachgruppen" sind allein für Ottakring 19 Fachgruppen angeführt. Auf einem im früheren Archiv der Volkshochschule Ottakring gefundenen Programm („Arbeitsplan") sind Kurse von vier Fachgruppen – Philosophie, Erziehungswesen, Staatswissenschaften und Englisch – mit Bleistift durchgestrichen. In der Fachgruppe für Zeichnen und Malen ist der Name Matejka-Felden (in der Zweiten Republik Gründerin und langjährige Leiterin der Künstlerischen Volkshochschule in Wien), in der mathematischen Fachgruppe der Name von HS-Prof. Ernst Fanta durchgestrichen. (Nicht deren Kurse.) Durchgestrichen sind in der englischen Fachgruppe der Name Levetus und die von ihr angekündigten Kurse, in denen ausgewählte Themen diskutiert und Autoren wie Charles Dickens und Rudyard Kipling besprochen werden sollten.[31]

Die Streichungen wurden offensichtlich nach dem Einmarsch der Nazis in der Zeit der kommissarischen Verwaltung des Volksheims vorgenommen, da, neben anderen, der Kurs „Weltanschauungsprobleme", den mit Leo Gabriel ein ideologischer Repräsentant des austrofaschistischen Regimes hätte leiten sollen, gleichfalls gestrichen wurde.

In Bezug auf Levetus sind diese Streichungen insofern noch von Bedeutung, als sie auf eine jüdische Herkunft hindeuten. Ihr zweiter – und nie ausgeschriebener – Vorname Sarah muss für sich genommen noch nicht auf eine jüdische Herkunft hindeuten. Christian Stifter hat jedoch jüngst im Internet in einem jüdischen Persönlichkeiten gewidmeten internationalen Lexikon den Namen Levetus entdeckt, allerdings ohne nähere biographische Hinweise. Man wird aus den hier dargelegten Anzeichen davon ausgehen können, dass A. S. Levetus jüdischer Herkunft war. Mit dem erwähnten „Arbeitsplan" des Volksheims für das Sommerhalbjahr 1938 verlaufen sich jedoch ihre Spuren zur Gänze. Später ist ihr Name in keinem bisher bekannt gewordenen Zusammenhang aufgetaucht. Es ist auch nicht bekannt, ob sie in ihr Heimatland Großbritannien zurückgekehrt ist. Ebenso wenig ist eine – mögliche – Annahme der österreichischen Staatsbürgerschaft bekannt – wahrscheinlich ist dies jedenfalls nicht. Bis heute sind die näheren Lebensumstände von Amalia Sarah Levetus nicht bekannt, gleiches gilt für den Zeitpunkt ihres Todes.

Die bisher erschlossenen biografischen Hinweise und ihre dokumentierbaren volksbildnerischen und publizistischen Aktivitäten legen eine nähere Beschäftigung mit dieser Frau nahe, die von ihren Zeitgenossen als außergewöhnlich beschrieben wurde.

---

31 Vgl. Filla, Wissenschaft für alle, a.a.O., S. 692.

Foto: K.K.

Univ.-Doz. Dr. Wilhelm Filla († 2016)

Wilhelm Filla studierte Soziologie an der Universität Wien. 1972 bis 1973 war er als freier Mitarbeiter am Institut für angewandte Soziologie (IAS) in Wien tätig. 1974 wurde er zum provisorischen und mit 1. Jänner 1975 zum Direktor der Volkshochschule Hietzing bestellt (bis 1984). 1984 bis 2012 war er Generalsekretär des Verbandes Österreichischer Volkshochschulen (VÖV) und Redakteur der Fachzeitschrift „Die Österreichische Volkshochschule – Magazin für Erwachsenenbildung". 1992 bis 2004 war er Vorsitzender der Österreichischen Gesellschaft für Politische Bildung. Er war außerdem Universitätsdozent für Weiterbildung an der Universität Klagenfurt und Mitglied des Aufsichtsrates der VHS Stuttgart.

Miss A. S. Levetus,
an Adult Educator Who Crossed Boundaries

A portrait

Abstract

This article is concerned with the work of Wilhelm Filla (died 2016), which was first published in 2001 in *Spurensuche. Zeitschrift für Geschichte der Erwachsenenbildung und Wissenschaftspopularisierung* and has been made available again with the kind permission of the holders of the rights to his work. In the article, the author traces the life and work of Amelia Sarah Levetus, who was active as a course instructor, lecturer and chair of the English club (John Ruskin Club) at the *Wiener Volkshochschule* (Vienna Adult Education Centre) from 1901 to 1938. After an English club was founded at the *Volksheim* educational association, Levetus held courses and lectures above all on British art and art history, initiating a wide variety of courses on topics relating to politics and society. The first woman to hold lectures at the University of Vienna, she published her entire lifetime and set progressive trends in adult education. In 1938 all traces of this remarkable person presumed to be of Jewish origin disappeared. (Ed.)

Die Beteiligung von Frauen an Angeboten der gewerkschaftlichen Weiterbildung in der Steiermark

Brigitte Kukovetz, Ute Sonnleitner und Annette Sprung

Kukovetz, Brigitte/Sonnleitner, Ute/Sprung, Annette (2021): Die Beteiligung von Frauen an Angeboten der gewerkschaftlichen Weiterbildung in der Steiermark.
In: Magazin erwachsenenbildung.at. Das Fachmedium für Forschung, Praxis und Diskurs, Ausgabe 43.
Online: https://erwachsenenbildung.at/magazin/21-43/meb21-43.pdf.

Schlagworte: Gewerkschaftsschule, gewerkschaftliche Bildungsarbeit, BetriebsrätInnenakademie, Geschlechterverhältnis, Geschichte, Umfrage, Barrieren

Kurzzusammenfassung

Der vorliegende Beitrag beleuchtet die Repräsentanz von Frauen in gewerkschaftlichen Weiterbildungsangeboten am Beispiel der Gewerkschaftsschule und der BetriebsrätInnen-Akademie in der Steiermark. Nach einem historischen Abriss zur Entwicklung der gewerkschaftlichen Bildung in Österreich sowie einer Vorstellung der Strukturen dieses Weiterbildungssegmentes in der Gegenwart werden erste Ergebnisse einer aktuellen Studie präsentiert. Die Daten wurden mittels einer Online-Befragung von AbsolventInnen erhoben. Während sich das Geschlechterverhältnis in der Gewerkschaftsschule als nahezu ausgewogen erweist, sind Männer in den weiterführenden Bildungsangeboten deutlich überrepräsentiert. Erste Analysen des empirischen Materials zeigen mögliche Barrieren ebenso wie förderliche Aspekte für die Teilnahme von Frauen an gewerkschaftlicher Weiterbildung auf. (Red.)

05

Thema

Die Beteiligung von Frauen an Angeboten der gewerkschaftlichen Weiterbildung in der Steiermark

Brigitte Kukovetz, Ute Sonnleitner und Annette Sprung

Frauenpolitische und geschlechterpolitische Agenden sind in Geschichte wie Gegenwart wichtige Anliegen gewerkschaftlicher Arbeit. Dabei geht es einerseits um die Erhöhung von Geschlechtergerechtigkeit in der Arbeitswelt sowie in der Gesellschaft insgesamt, andererseits um die Rolle von Frauen innerhalb der Gewerkschaften.

Die Geschichte gewerkschaftlicher Arbeit zeugt von einschlägigen Aktivitäten, Kämpfen, Reformen und vielfach erfolgreich umgesetzten Maßnahmen (vgl. Sorger 2017, S. 171ff.). Dennoch gibt es nach wie vor auch innerhalb der gewerkschaftlichen Organisationen noch Handlungsbedarf (je nach Bereich mehr oder weniger) in Bezug auf die Umsetzung von Geschlechtergerechtigkeit.

Die Situation von Frauen in den österreichischen Gewerkschaften wurde bislang nur in einigen (wenigen) wissenschaftlichen Studien beleuchtet (siehe Blaschke 2008; Blaschke/Menrad 2017; Sorger 2017). Noch seltener scheint die Perspektive auf Frauen als Teilnehmende in der gewerkschaftlichen Weiterbildung Gegenstand – insbesondere empirischer – Forschung zu sein. Hier setzt der vorliegende Beitrag an.

Stefan Vater (2019) weist in einem Blog-Beitrag der REFAK[1] darauf hin, dass der emanzipatorische Anspruch gewerkschaftlicher Bildungsarbeit mit der bloßen Frage nach der Repräsentation von Frauen in der Teilnehmendenstatistik keinesfalls hinreichend adressiert wäre. Es gehe ebenso um Inhalte, Methoden sowie einschlägige Kompetenzen der TrainerInnen. Dennoch ist es zunächst auch relevant zu fragen, welche Barrieren Frauen bereits im Zugang zu gewerkschaftlicher Weiterbildung benachteiligen. Im vorliegenden Beitrag versuchen wir uns dieser Frage empirisch anzunähern.

Wir präsentieren erste Ergebnisse einer Studie, welche vom Bildungsreferat der Steirischen Arbeiterkammer (AK) in Auftrag gegeben wurde, nachdem BildungsreferentInnen von AK und Österreichischem Gewerkschaftsbund (ÖGB) einen einschlägigen Forschungsbedarf konstatiert hatten. Ziel der Studie war es, Barrieren sowie förderliche Bedingungen für die Teilnahme von Frauen an Angeboten der gewerkschaftlichen Weiterbildung in der Steiermark, v.a. der Gewerkschaftsschule

---

1   Die ReferentInnen-Akademie (REFAK) ist ein Kooperationsprojekt von Arbeiterkammer (AK) und dem Verband Österreichischer Gewerkschaftlicher Bildung (VÖGB).

(GS), bzw. an weiterführenden Programmen wie der BetriebsrätInnen-Akademie (BRAK) zu identifizieren. Die Erkenntnisse aus der zum Zeitpunkt des Verfassens dieses Beitrages noch laufenden Forschung sollen als Grundlage zur Weiterentwicklung von Bildungsangeboten bzw. sonstiger Gleichstellungsmaßnahmen dienen.

Das Projekt wurde am Institut für Erziehungs- und Bildungswissenschaft (Arbeitsbereich Migration – Diversität – Bildung) der Universität Graz im Zeitraum 09/2020 bis 04/2021 durchgeführt. Das Forschungsdesign umfasste eine Fragebogenerhebung sowie Interviews mit unterschiedlichen AkteurInnen (Bildungsbereich von AK und ÖGB, AbsolventInnen gewerkschaftlicher Bildung). Die Befragung richtete sich an Männer und Frauen, welche in den vergangenen zehn Jahren die Gewerkschaftsschule (GS) und/oder die BetriebsrätInnen-Akademie (BRAK) in der Steiermark besuchten.

Bevor wir ausgewählte empirische Ergebnisse präsentieren und zur Diskussion stellen, wird einleitend eine kurze historische Einführung in die Thematik sowie eine Vorstellung der Struktur gewerkschaftlicher Bildung im ÖGB/VÖGB, insbesondere in der GS und der BRAK in der Steiermark, vorgenommen.

Historische Aspekte: Arbeiter(innen)-bildung und gewerkschaftliche Weiterbildung

Erste Vorläufer der gewerkschaftlichen Bildungsarbeit[2] reichen bis zurück in das 19. Jahrhundert, als im Jahr 1848 der „Erste Allgemeine Arbeiterverein" in Wien gegründet wurde, der unter anderem auch einen Bildungsanspruch verfolgte (vgl. Rosenberg 2017, S. 13ff.). Ab 1867 ermöglichte das Vereinsrecht die Etablierung von Arbeiter-Bildungsvereinen, von welchen allerdings Frauen prinzipiell ausgeschlossen waren. Die Statuten für einen ersten Arbeiterinnen-Bildungsverein wurden 1871 in Wien verabschiedet (vgl. Letz 2017b, S. 45; Rosenberg 2017, S. 24).

In der Ersten Republik etablierte die Sozialdemokratie ihre Bildungsorganisationen und -programme sukzessive und in systematischer Weise. Das Angebotsspektrum erstreckte sich vom Büchereiwesen über Vorträge und Kurse, Arbeiter- und Parteischulen, Kunstvermittlung bis hin zu eigenen Frauenschulen. Neben politischen Inhalten wurden hier auch „frauenspezifische" Themen behandelt (vgl. Sandner 2017, S. 29ff.).

Zur Gründung der ersten GS kam es im Jahr 1926 auf Initiative des Bildungsfunktionärs Richard Wagner in Wien (vgl. Letz 2017b, S. 52ff.). Im ersten Jahrgang nahmen daran 17 Männer und 7 Frauen teil, in den Folgejahren sank der Frauenanteil jedoch (vgl. Pühringer 2019, S. 22). 1927 erfolgte zudem die Einrichtung einer GS für Frauen (vgl. ÖGB o.J., S. 16). Ab 1932 installierte die Frauensektion der Freien Gewerkschaften eine zweijährige Funktionärinnenschule in Wien, um einmal pro Woche frauenspezifische Anliegen in der Gewerkschaftsarbeit zu thematisieren (vgl. Pühringer 2019, S. 23). Mit den Februarkämpfen 1934 und der Auflösung der freien Gewerkschaften nahm die Tätigkeit der Gewerkschaftsschulen vorerst ein Ende.

Im Jahr 1945 wurde der überparteiliche ÖGB gegründet und ein paar Monate später auch eine zentrale Frauenabteilung etabliert (vgl. Sorger 2017, S. 171). Im selben Jahr erfolgte die Wiedererrichtung der Arbeiterkammern und schließlich ein Neuaufbau der gewerkschaftlichen Bildungsarbeit, welche in dieser Zeit stark dezentral strukturiert wurde (vgl. Pühringer 2019, S. 20). Die erste GS in der Steiermark nahm 1949 ihre Tätigkeit auf (vgl. ÖGB o.J., S. 28).

In den 1970er Jahren kamen zahlreiche Reformen der gewerkschaftlichen Bildung zur Umsetzung. Nicht zuletzt vernetzte sich die gewerkschaftliche Bildungsarbeit mit anderen Weiterbildungsträgern der KEBÖ (Konferenz der Erwachsenenbildung Österreichs).

Bedeutsame frauenpolitische Akzente in der Gewerkschaftsarbeit datieren aus den 1980er und 1990er Jahren. Irmgard Schmidleithner, welche ab 1988 das ÖGB-Bildungsreferat leitete, kann hier als wegweisende Persönlichkeit genannt werden, die u.a. die Unterrepräsentanz von Frauen

---

2 Zur Geschichte der gewerkschaftlichen Bildungsarbeit siehe ausführlicher Pühringer (2019).

in gewerkschaftlichen Bildungsmaßnahmen zum Thema machte. In dieser Zeit wurden neue Kursangebote für Frauen eingeführt, frauenpolitische Inhalte verstärkt bzw. neu etabliert und wurde begleitende Kinderbetreuung bei Kursen angeboten (vgl. ÖGB o.J., S. 42).

Im Lauf der folgenden Jahrzehnte entwickelte sich die gewerkschaftliche Bildungsarbeit in inhaltlicher und didaktischer Hinsicht stetig weiter. Heute sind geschlechterpolitische Inhalte fixer Bestandteil in den Bildungsangeboten. Der Anteil der weiblichen Teilnehmenden hat sich erhöht, Frauen sind aber noch immer nicht – weder in den Bildungsprogrammen (im Gesamtbild) noch in gewerkschaftlichen Funktionen – im gleichen Ausmaß wie Männer repräsentiert. Allerdings kann erwähnt werden, dass sich die Situation in einigen Gewerkschaften, u. a. durch die Einführung von Quoten, mittlerweile deutlich verbessert hat (vgl. Pühringer 2019, S. 67 u. S. 78; siehe auch Blaschke/Menrad 2017).

Gewerkschaftliche Bildungsarbeit in der Gegenwart

Die gewerkschaftliche Bildungslandschaft in Österreich ist äußerst vielfältig. Neben dem Verband Österreichischer Gewerkschaftlicher Bildung (VÖGB) bieten sieben Fachgewerkschaften den insgesamt rund 1,2 Millionen Mitgliedern diverse Seminare, Kurse und spezifische Lehrgänge an.

Der VÖGB organisiert in Kooperation und Abstimmung mit der AK, teilweise in Wien zentralisiert, teilweise in allen Bundesländern regional strukturiert, Gewerkschaftsschulen, Seminare, komplexe Lehrgänge und die Weiterbildung für ReferentInnen (REFAK). Daneben bestehen als Vollzeitausbildung die Lehrgänge der BRAK (Niederösterreich, Steiermark, Wien; in Tirol und Oberösterreich unter anderen Namen) für „Betriebsräte in Leitungsfunktion" und der Sozialakademie (Wien) für „Führungskräfte der Arbeitnehmervertretung" (vgl. Letz 2018, S.16).

In der Steiermark wird die BRAK von der AK organisiert und findet über den Zeitraum von drei Monaten einmal jährlich in der Otto-Möbes-Akademie in Graz statt.

Gewerkschaftliche Bildung in Österreich versteht sich explizit als Politische Bildung (siehe Letz 2017a). In Entsprechung zu den Grundsätzen des ÖGB, die besagen, überparteilich zu agieren, jedoch keinesfalls unpolitisch zu sein, werden auch Teilnehmende der GS aktiv an politisches Grundlagenwissen sowie Überlegungen zu politischem Handeln herangeführt.

Inhalt und Aufbau der Gewerkschaftsschulen (GS)

Die Inhalte der GS basieren auf den drei Säulen „Soziale Kompetenz" (z.B. Rhetorik und Kommunikation), „Sachkompetenz" (z.B. Arbeitsrecht) und „Handlungskompetenz" (z.B. Zeitmanagement). ReferentInnen von ÖGB und AK und erfahrene externe TrainerInnen stehen den Teilnehmenden als ExpertInnen zur Verfügung. Neben den vermittelten Kompetenzen ist der Aufbau eines Netzwerks von enormer Bedeutung: Denn neben den Vortragenden werden insbesondere auch die Teilnehmenden als ExpertInnen verstanden. Der Austausch untereinander, die Herstellung und Pflege von Kontakten sind wesentliche Elemente des langfristigen Erfolges.

Sämtliche Mitglieder des ÖGB und seiner Gewerkschaften haben die Möglichkeit, an der GS teilzunehmen; meist sind es – angehende – BetriebsrätInnen, die das Bildungsangebot für sich in Anspruch nehmen. Für die Teilnehmenden sind mit ihrer Ausbildung keinerlei monetäre Kosten verbunden. Sehr wohl muss aber ein hoher Einsatz im Sinne der Bereitstellung von freier Zeit und Engagement erbracht werden. Die Erlangung des Abschlusszertifikats beruht auf dem Nachweis regelmäßiger Anwesenheit (mindestens 75%) und der Erarbeitung eines Abschlussprojekts in Kleingruppen.

Die Teilnehmenden treffen einander einmal pro Woche am Abend für drei Stunden. Zudem finden während der vier Semester der Ausbildung an mindestens fünf Samstagen Unterrichtseinheiten statt.

In der Steiermark starten in Graz jährlich im Spätsommer neue Jahrgänge der GS. In den Regionen bilden sich Gruppen meist alle zwei bis drei Jahre. So haben in den vergangenen zehn Jahren neben den neun Grazer Gewerkschaftsschulen in neun Bezirkshauptstädten zwölf Gewerkschaftsschulen stattgefunden.

TeilnehmerInnenzahlen der GS

Die Grundidee der GS besteht darin, Zugang zu gewerkschaftlicher (Aus-)Bildung für alle Interessierten anzubieten. Der gerade auch aus demokratiepolitischer Sicht äußerst begrüßenswerte Ansatz möglichst großer Niederschwelligkeit birgt jedoch auch eine gewisse Gefahr potentieller Beliebigkeit sowie des strukturellen Ausschlusses bestimmter Gruppen.

Dem Ansatz der Studie entsprechend wird im Folgenden der Blick auf die Teilnahme von Frauen gelenkt. Die Zahlen sind Ergebnis der Auswertung von Teilnehmenden-Listen der steirischen Gewerkschaftsschulen der vergangenen zehn Jahre. Jene Teilnehmenden, die zwischen 2010 und 2020 die GS begonnen und abgeschlossen haben, wurden erfasst.

444 Teilnehmende besuchten zwischen 2010 und 2020 die insgesamt 21 Gruppen der GS in der Steiermark, davon waren 182 Frauen (bzw. trugen einen in Österreich als weiblich deklarierten Vornamen). Somit waren rund 41% der Teilnehmenden Frauen. Die Zahlen der Jahrgänge zeigen auf, dass der Anteil der Teilnehmenden immer wieder Schwankungen unterlegen ist (zwischen 29% und 48%), wobei ein einheitlicher Trend nicht feststellbar ist.

Als interessanter Vergleich können Zahlen der Gewerkschaftsmitglieder für das Bundesland Steiermark herangezogen werden. 2010 waren von 163.284 Mitgliedern im Bundesland 49.275 Frauen, das entspricht rund 30,2%. 2019 steigerte sich die Zahl der Mitgliedschaften auf 168.903 Personen, davon 53.137 Frauen und somit ein leichter Anstieg des Frauenanteils auf 31,5% (internes statistisches Material ÖGB Steiermark).

Die Teilhabe von Frauen an der GS ist somit überproportional zur Gewerkschaftsmitgliedschaft. Dies könnte als Erfolg gelesen werden, regt aber darüber hinaus vor allem dazu an, das „Warum" zu analysieren: denn andere Angebote gewerkschaftlicher Ausbildung weisen einen weitaus geringeren Frauenanteil auf (z.B. waren nur 25,8% der BRAK-Teilnehmenden zwischen 2010 und 2020 Frauen). Es gilt, die förderlichen Aspekte der Teilhabe von Frauen – wie auch die Hinderungsgründe – zu eruieren. Diese könnten Anwendung auf weitere Bildungsangebote

finden – und in der GS zu einer weiteren Steigerung des Frauenanteils genutzt werden.

Zwischenergebnisse der Umfrage unter AbsolventInnen der GS und der BRAK

Die Grundgesamtheit unserer Erhebung in der Steiermark, AbsolventInnen der Gewerkschaftsschule (GS) und der BetriebsrätInnen-Akademie (BRAK) der letzten 10 Jahre, beläuft sich auf insgesamt 698 Personen. Der Rücklauf der am Jahresende 2020 durchgeführten Online-Befragung lag bei rund 23% (153 Datensätze).

Insgesamt waren 44,4% der an den Weiterbildungen Teilnehmenden Frauen und 55,6% Männer. Abbildung 1 verdeutlicht die Geschlechterverteilung über die unterschiedlichen Angebote der Gewerkschaft und/oder AK, die auf die Betriebsratsarbeit abgestimmt sind.

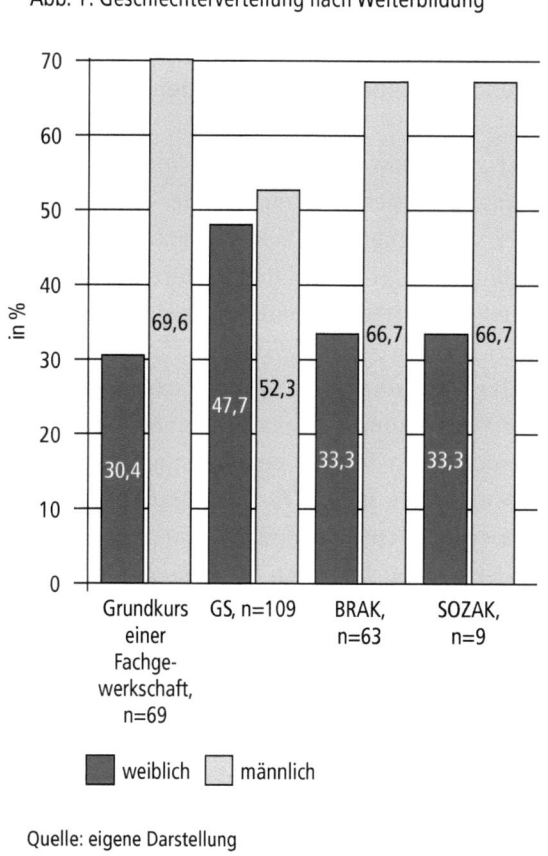

Abb. 1: Geschlechterverteilung nach Weiterbildung

Quelle: eigene Darstellung

Da bei der Vollerhebung über die Teilnehmenden der GS und der BRAK die Anteile der teilnehmenden

Abb. 2: Erwartungen an die Gewerkschaftsschule

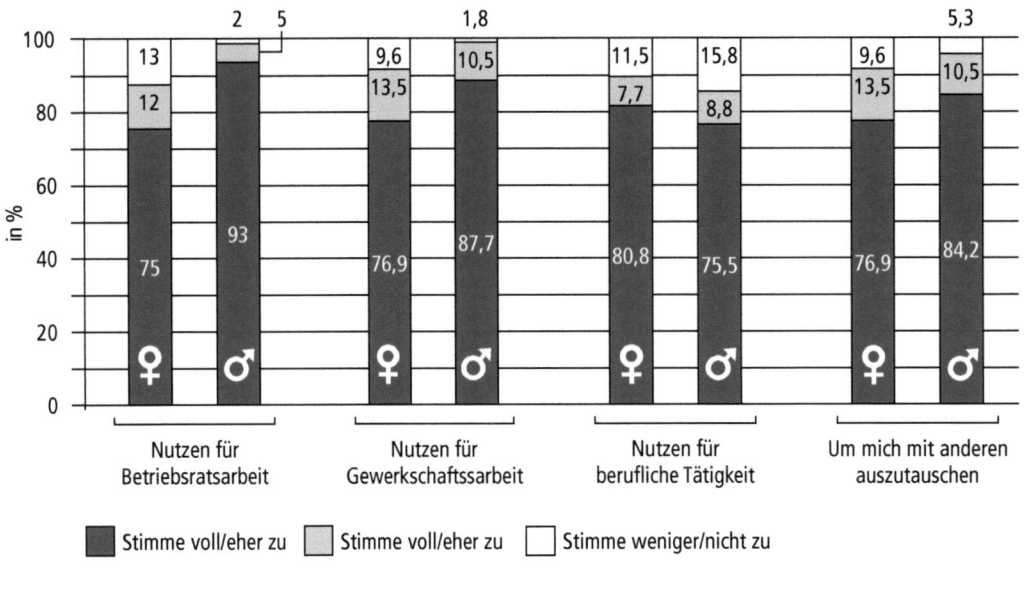

Quelle: eigene Darstellung

Frauen niedriger sind (siehe oben), bedeutet dies, dass die Umfrage öfters von Frauen als von Männern beantwortet wurde.

Gründe für eine Teilnahme an der GS

Fast alle AbsolventInnen der GS (98,2%) meldeten sich an, um sich persönlich weiter zu entwickeln, sehr viele (über 90%) auch wegen interessanter Inhalte und Vortragender. Ebenfalls ein großer Anteil erwartete sich einen Nutzen für die eigene Betriebsratsarbeit (84,4%) sowie für die eigene Gewerkschaftsarbeit (82,6%). Unterschiede nach dem Geschlecht konnten bei vier Gründen festgestellt werden. Mehr Männer als Frauen erwarteten sich einen Nutzen der GS für ihre Betriebsrats- oder Gewerkschaftsarbeit, sowie um sich mit anderen KollegInnen austauschen zu können. Einen Nutzen für die eigene berufliche Tätigkeit erwarteten sich hingegen mehr Frauen als Männer (siehe Abb. 2).

Förderliche Bedingungen und Barrieren

Die meisten Frauen erfuhren von der GS über den Betriebsrat (40% der Frauen), über Aussendungen bzw. die Webseite des VÖGB/ÖGB (17,8%) und/oder über die OrganisatorInnen der Gewerkschaftsschule (15,6%)[3]. Ein weitaus größerer Anteil der Männer (72%) als jener der Frauen (28%) erhielt die Informationen über die OrganisatorInnen der Gewerkschaftsschule.[4] Noch größer ist der Unterschied bei jenen, die von den betreuenden SekretärInnen der Fachgewerkschaft von der GS erfuhren (76% der Männer versus 24% der Frauen)[5]. Ebenfalls tendenziell mehr Männer als Frauen erhielten die Informationen über den Betriebsrat, doch kann der Unterschied nicht als signifikant eingeschätzt werden. Um Frauen zu erreichen, die noch nicht im Betriebsrat aktiv tätig sind, sind besonders die Aussendungen und Webseiten des VÖGB/ÖGB wichtig.

Als förderlich für die Teilnahme können auch die Strukturen der GS bewertet werden. Über 85% der Befragten schätzten die Dauer als passend ein, ebenso viele waren mit der Entfernung zum Veranstaltungsort zufrieden (rund 10% fanden ihn jedoch als zu weit entfernt und fast 5% als zu wenig zentral). Hier waren keine nennenswerten Unterschiede nach Geschlechtern festzustellen.

---

3   Es waren Mehrfachantworten möglich.
4   Pearson-Chi-Quadrat (df=1): 5.050, p=0,025.
5   Pearson-Chi-Quadrat (df=1): 7.308, p=0,007.

Abb. 3: Vereinbarkeit der BRAK mit versch. Aspekten, in Prozent aller weiblichen bzw. männlichen befragten BRAK-Teilnehmenden, die erschwerende Faktoren benannten, n=39 (62% der BRAK-Teilnehmenden)

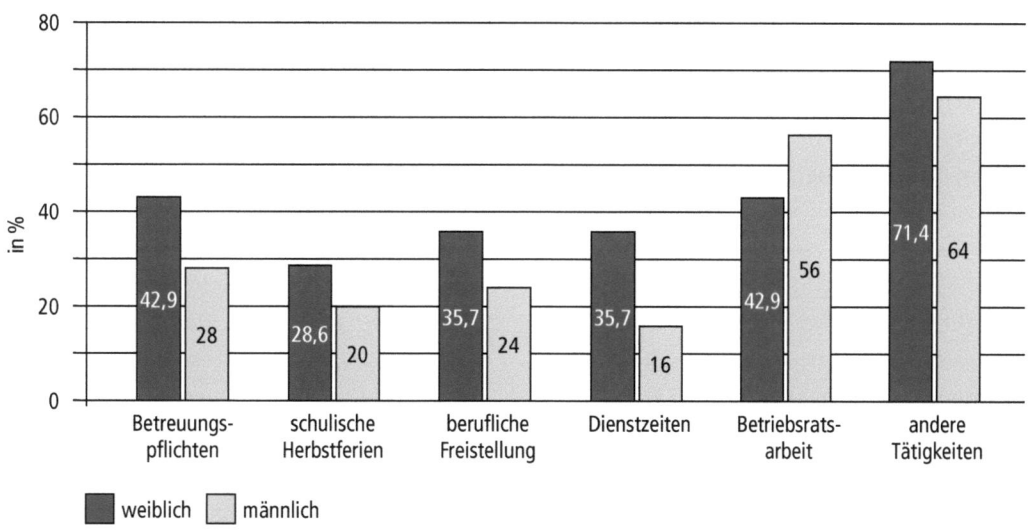

Quelle: eigene Darstellung

Rund 30% der Befragten gaben an, dass ihnen verschiedene Faktoren die Teilnahme an der GS erschwerten: Dies waren v.a. Schwierigkeiten im Beruf (19,3%; bei 21,1% der Männer; 17,3% der Frauen), aber auch Probleme hinsichtlich Betreuungspflichten (8,3%; leicht höherer Anteil unter den Frauen) und private Schwierigkeiten (5,5%; leicht höherer Anteil unter den Männern).[6] Die Ergebnisse deuten somit nicht darauf hin, dass Veränderungen in diesen Feldern eine größere Repräsentanz an Frauen mit sich bringen würden.

Mögliche Gründe für die geringere Frauenbeteiligung in der BRAK

Während das Geschlechterverhältnis in der Gewerkschaftsschule noch einigermaßen ausgeglichen ist, nimmt der Frauenanteil in weiterführenden Programmen ab. So betrug der durchschnittliche Frauenanteil in der BetriebsrätInnen-Akademie (BRAK) Steiermark in den letzten zehn Jahren 25,8% (siehe oben) und in der für ganz Österreich in Wien durchgeführten Sozialakademie (2012-2019), der höchsten Stufe gewerkschaftlicher Ausbildung, 22%[7].

Insofern interessieren uns die Gründe, warum in der Steiermark die BRAK seltener als die Gewerkschaftsschule von Frauen besucht wird. Ein Grund könnte im größeren Informationsmangel bei den Frauen liegen. Unter den Personen, die die BRAK zwar prinzipiell kannten, aber noch nicht an ihr teilgenommen hatten, sahen sich 88% der Männer über Ziele, Zweck und Nutzen der BRAK hinreichend bis gut informiert, aber nur 59% der Frauen. Über die Inhalte bzw. Rahmenbedingungen zeigten sich 74% bzw. 68% der Männer, aber nur 57% der Frauen informiert.

Eine große Anzahl der Befragten gab die Einschätzung ab, dass Mehrfachbelastung und Kinderbetreuung ein besonderes Hindernis für die Teilnahme von Frauen an der BRAK darstellen könnten – dies war auch eine unserer Thesen. Während in etwa gleich große Anteile an Frauen wie Männern, die noch nicht an der BRAK teilgenommen hatten, es als

---

6   Als weitere Faktoren wurden jeweils einmal genannt: Corona (m), gleichzeitig verpflichtende berufliche Fortbildungen (w), Schichtarbeit und Vereinstätigkeiten (m), schlechtes Wetter (m), Terminkollisionen (w).

7   Quellen für die Daten zur Sozialakademie sind die Tätigkeitsberichte des VÖGB 2012-2018 (https://www.voegb.at/cms/S08/S08_5.7/infobereich/der-voegb).

schwierig einschätzten, eine Teilnahme an der BRAK in Hinblick auf familiäre Betreuungspflichten zu organisieren, waren größere Unterschiede bei den BRAK-AbsolventInnen erkennbar. Abbildung 3 zeigt unterschiedliche Aspekte möglicher Vereinbarkeitsproblematiken unter den Teilnehmenden der BRAK. Vorab sei jedoch festgehalten, dass insgesamt nur von weniger als einem Viertel der Teilnehmenden Faktoren benannt wurden, die eine Teilnahme für sie erschwerten.

Es wird deutlich, dass nur die Vereinbarkeit mit der Betriebsratsarbeit von vergleichsweise mehr Männern als Frauen als belastend angesehen wird. Familiäre Betreuungspflichten als auch die Vereinbarkeit mit Dienstzeiten und berufliche Freistellungen sind für einen größeren Anteil der Frauen erschwerende Faktoren. Probleme mit beruflichen Freistellungen könnten sich entweder darauf beziehen, dass die Arbeitnehmerinnen es als eine Herausforderung ansehen, drei Monate beruflich nicht verfügbar zu sein, oder dass die Freistellung von den DienstgeberInnen nicht gewährt wird. Gründe für Schwierigkeiten hinsichtlich der Dienstzeiten könnten in der Organisation der BRAK als Vollzeitausbildung liegen, obwohl dieses Format nur von sehr wenigen Personen (unabhängig vom Geschlecht) als zeitlich zu umfangreich kritisiert wurde.

Sowohl von unseren InterviewpartnerInnen in den ExpertInneninterviews als auch von mehreren Befragten der Online-Erhebung wurde die These geäußert, dass die Geschlechterzusammensetzung der BRAK jene der BetriebsrätInnen allgemein widerspiegelt. Dies ist vor dem Hintergrund interessant, dass die einzelnen Fachgewerkschaften unterschiedliche Frauenanteile aufweisen.

Konklusion

Wie erste Ergebnisse unserer Erhebung zeigen, ist das Geschlechterverhältnis in der Gewerkschaftsschule (GS) relativ ausgewogen, während die Beteiligung von Frauen an gewerkschaftlicher Weiterbildung in den weiterführenden Lehrgängen nach der GS,

wie etwa der BetriebsrätInnen-Akademie (BRAK), noch ausgebaut werden könnte. Die Gründe für eine geringere Teilnahme an der BRAK liegen nicht nur in der erschwerten Vereinbarkeit mit Betreuungspflichten, auch die Überschneidung mit Dienstzeiten und die berufliche Freistellung scheinen besondere Herausforderungen für Frauen darzustellen.

Bei den Überlegungen zur Akquise von Weiterbildungsteilnehmenden und zur Gestaltung des Auswahlprozederes sollten daher auch Dynamiken innerhalb der Betriebe und BetriebsrätInnen berücksichtigt werden. Denn gerade, wenn eine Weiterbildung nicht als Freizeitaktivität (wie die GS) konzipiert ist, könnten hier etwa bestehende Männerbündnisse oder andere Faktoren eine stärkere Rolle spielen als die aktive Förderung von Frauen. Dies wäre in weiterführenden Forschungen näher zu untersuchen.

Insgesamt können aus den präsentierten Ergebnissen für beide der näher untersuchten gewerkschaftlichen Weiterbildungen (GS ebenso wie BRAK) folgende erste Schlussfolgerungen gezogen werden: Die Förderung der Frauenbeteiligung sollte eine Reflexion der Informationsvermittlung über bestehende Angebote und über die Praxis persönlicher Ansprachen potentieller Teilnehmerinnen, weiters eine aktive Förderung von Betriebsrätinnen innerhalb der einzelnen Betriebe sowie eine Erleichterung der Vereinbarkeit mit dem Familien- ebenso wie dem Berufsleben beinhalten. Weitere Erkenntnisse werden aus den noch ausstehenden Feinanalysen der erhobenen Daten erwartet.

Eine umfassende, systematische Reflexion der Zusammensetzung der Teilnehmenden gewerkschaftlicher Weiterbildung wäre aus unserer Sicht jedenfalls wünschenswert. Der Fragestellung dieser Studie entsprechend fokussierten wir hier lediglich auf die Teilhabe von Frauen. Der Faktor Geschlecht wird dabei aber keineswegs als „Masterkategorie" verstanden (siehe Dietze/Haschemi Yekani/Michaelis 2012). So wäre es in Zukunft auch wichtig, den Blick auf Kategorien wie Alter, Staatsangehörigkeit, Religion, Behinderung (um nur einige mögliche Aspekte von Interdependenzen anzusprechen) zu lenken.

Literatur

Blaschke, Sabine (2008): Frauen in Gewerkschaften. Zur Situation in Österreich und Deutschland aus organisationssoziologischer Perspektive. München und Mering: Rainer Hampp.

Blaschke, Sabine/Menrad, Martin (2017): Einführung und Umsetzung gewerkschaftlicher Frauenquoten: Befunde zu zwei österreichischen Gewerkschaften. In: Industrielle Beziehungen 1(24), S. 75-99.

Dietze, Gabriele/Haschemi Yekani, Elahe/Michaelis, Beatrice (2012): Intersektionalität und Queer Theory. Online: http://portal-intersektionalitaet.de/uploads/media/Dietze_HaschemiYekani_Michaelis_01.pdf [Stand: 2020-05-17].

Letz, Sabine (2017a): Gewerkschaftliche Bildungsarbeit – was ist das überhaupt? Online: https://erwachsenenbildung.at/aktuell/nachrichten/11780-gewerkschaftliche-bildungsarbeit-was-ist-das-ueberhaupt.php [Stand: 2021-05-17].

Letz, Sabine (2017b): Kämpfen für ein gutes Leben. Blitzlichter gewerkschaftlicher Bildungsarbeit von 1848 bis zur Ersten Republik. In: Österreichischer Gewerkschaftsbund (Hrsg.): Bildung & Gerechtigkeit. 150 Jahre ArbeiterInnenbildungsbewegung in Österreich. Wien: ÖGB-Verlag, S. 42-56.

Letz, Sabine (2018): Gewerkschaftliche Bildungsarbeit in Österreich. Mitgestalten, mitbestimmen und kämpfen. In: Weiterbildung – Zeitschrift für Grundlagen, Praxis und Trends 1, 2018, S. 14-17.

ÖGB – Österreichischer Gewerkschaftsbund (Hrsg.) (o.J.): Miteinander voneinander lernen. 70 Jahre Gewerkschaftsschule Wien. Wien. Online: https://70jahre.wienergewerkschaftsschule.at/files/2017/10/70Jahre-GS-Broschuere-A4_WEB.pdf [Stand: 2021-05-17].

Pühringer, Gabriele (2019): Gewerkschaftliche Bildungsarbeit im Wandel. Eine historisch-analytische Betrachtung (Masterarbeit). Online: https://epub.jku.at/obvulihs/download/pdf/3569510?originalFilename=true [Stand: 2021-01-05].

Rosenberg, Barbara (2017): Wissen ist Macht – Macht ist Wissen. Zu den Anfängen der Arbeiterbildungsbewegung in Österreich. In: Österreichischer Gewerkschaftsbund (Hrsg.): Bildung & Gerechtigkeit. 150 Jahre ArbeiterInnenbildungsbewegung in Österreich. Wien: ÖGB-Verlag, S. 10-27.

Sandner, Günther (2017): Sternstunden der Arbeiterbildungsbewegung: Erste Republik und Rotes Wien. In: Österreichischer Gewerkschaftsbund (Hrsg.): Bildung & Gerechtigkeit. 150 Jahre ArbeiterInnenbildungsbewegung in Österreich. Wien: ÖGB-Verlag, S. 28-41.

Sorger, Claudia (2017): Gleichstellungspolitische Strategien österreichischer Gewerkschaften: Auf dem Weg zur Geschlechtergerechtigkeit? In: Österreichische Zeitschrift für Soziologie 42, 2017, S. 167-182.

Vater, Stefan (2019): Zwischen „Schade, dass so wenige Frauen da sind!" und „Da können Frauen häkeln lernen!" Online: https://blog.refak.at/thedi_12-frauen-in-der-erwachsenenbildung-und-der-gewerkschaftlichen-erwachsenenbildung/#more-11977 [Stand: 2021-05-17].

Foto: Foto Baldur

Dr.in Brigitte Kukovetz

brigitte.kukovetz@uni-graz.at
https://erziehungs-bildungswissenschaft.uni-graz.at
+43 (0)316 380-8043

Brigitte Kukovetz ist Universitätsassistentin am Institut für Erziehungs- und Bildungswissenschaft der Karl-Franzens-Universität Graz, Arbeitsbereich „Migration – Diversität – Bildung". Als Sozial- und Bildungswissenschafterin liegen ihre Schwerpunkte in den Feldern politische Bildung, gesellschaftliche Partizipation, Migration, Diversität, Geschlechtergerechtigkeit und institutionelle Öffnungsprozesse.

Dr.[in] Ute Sonnleitner

ute.sonnleitner@uni-graz.at
www.voegb.at
+43 (0)664 6145164

Ute Sonnleitner leitet seit 2016 das Bildungsreferat des ÖGB/VÖGB Steiermark. Sie war wissenschaftliche Mitarbeiterin und Lektorin am Institut für Geschichte / Zeitgeschichte der Karl-Franzens-Universität Graz. Ihre Forschungsschwerpunkte umfassen Frauen und Geschlechterforschung, Mobilitäts-/Migrationsforschung, Theatergeschichte und Widerstand.

Univ.-Prof.[in] Mag.[a] Dr.[in] Annette Sprung

annette.sprung@uni-graz.at
https://erziehungs-bildungswissenschaft.uni-graz.at
+43 (0)316 380-2548

Annette Sprung ist Professorin für Migration und Bildung am Institut für Erziehungs- und Bildungswissenschaft der Karl-Franzens-Universität Graz und leitet den Arbeitsbereich „Migration – Diversität – Bildung". Ihre Schwerpunkte in Forschung und Lehre sind Migration und Erwachsenenbildung, Diversität, Rassismus/Diskriminierung und politische Bildung/ Citizenship.

Women's Participation in Continuing Education Courses Offered by Trade Unions in Styria

Abstract

This article sheds light on the representation of women in continuing education courses offered by trade unions focusing on the example of the Trade Union School and the Employee Representative Academy in Styria. Following a historical outline of the development of trade union education in Austria and an introduction to the current structures of these continuing education branches, the first findings of a recent study are presented. An online survey of graduates provided the data. While women are well represented at the Trade Union School (especially compared to their proportion of all trade union members), men are clearly overrepresented in the continuing education courses. An initial analysis of empirical material has revealed potential barriers as well as aspects that promote women's participation in trade union continuing education. (Ed.)

Gedanken zur politischen Frauenbildungsarbeit der Volkshochschulen in Deutschland

Mit Rückblick auf fünf Jahrzehnte Frauengesprächskreise

Florence Hervé

Zitation

Hervé, Florence (2021): Gedanken zur politischen Frauenbildungsarbeit der Volkshochschulen in Deutschland. Mit Rückblick auf fünf Jahrzehnte Frauengesprächskreise.
In: Magazin erwachsenenbildung.at. Das Fachmedium für Forschung, Praxis und Diskurs, Ausgabe 43.
Online: https://erwachsenenbildung.at/magazin/21-43/meb21-43.pdf.

Schlagworte: Frauenbildungsarbeit, Frauengesprächskreis, politische Frauenbildung, Frauenbewegung, Deutschland, Volkshochschulen

Kurzzusammenfassung

Mitte der 1970er Jahre waren in den meisten Volkshochschulen Deutschlands Frauengesprächs-kreise fixer Bestandteil des Erwachsenenbildungsangebots. Alleine 1977 gab es in der damaligen Bundesrepublik Deutschland 3.000 Frauengesprächskreise, ein Jahr später waren es bereits 15.000. Und heute? In den letzten zwanzig Jahren wurde, so die Argumentation des vorliegen-den Beitrages, die politische Frauenbildung aus den deutschen Volkshochschulen zunehmend verdrängt. Die Autorin, seit vielen Jahrzehnten als Lehrende und Schreibende in der europäi-schen und internationalen Frauenbewegung tätig, verwebt in ihrer essayistischen Rückschau wesentliche Eckpfeiler der mehr als hundert Jahre alten Tradition politischer Frauenbildungs-arbeit an den deutschen Volkshochschulen mit einem Rückblick auf fünf Jahrzehnte Frauen-gesprächskreise und macht dabei eines besonders deutlich: Frauenbildungsarbeit ist weder obsolet noch überholt. Vielmehr ist sie Grundlage für Demokratie, Gleichberechtigung und gesellschaftspolitisches Engagement; Frauengesprächskreise sind Orte solidarischer Auseinan-dersetzungen und stärkendes soziales Netz. Sie sollten eine Zukunft haben. (Red.)

06

Thema

Gedanken zur politischen Frauenbildungsarbeit der Volkshochschulen in Deutschland

Mit Rückblick auf fünf Jahrzehnte Frauengesprächskreise

Florence Hervé

Frauen machten sich und ihre Situation einschließlich ihrer privaten Beziehungen zum Thema. Viele erkannten das Gemeinsame und die Wichtigkeit solidarischen Handelns. Sie bauten Konkurrenz ab und gewannen Selbstwertgefühl. Frauen wurden motiviert, sich mit allgemein- und lokalpolitischen Fragen und Ereignissen zu beschäftigen. Und sie wurden ermutigt, in BürgerInneninitiativen oder in Fraueninitiativen aktiv zu werden bzw. als Multiplikatorinnen selbst zu wirken. Politische Bildung führte zur politischen Handlungsfähigkeit.

Zur Geschichte[1]

Frauenbildung allgemein ist eine relativ junge Errungenschaft, wenn man von einzelnen Emanzipationsversuchen absieht, beispielsweise von den autodidaktischen Schriftstellerinnen Christine de Pisan (1365-1430) und Marie de Gournay (1565-1645).

Der Zugang von Frauen zur allgemeinen wie auch zur beruflichen Bildung wurde im 19. Jahrhundert von den proletarischen und bürgerlichen Frauenbewegungen erkämpft. Beide forderten Bildung für Frauen sowie die Einmischung der Frauen in die gesellschaftlichen Anliegen.

In der Weimarer Republik, nach der Erringung des Frauenstudiums und des Frauenwahlrechts, erfuhr die allgemeine Erwachsenenbildungsarbeit einen Höhepunkt. Der Frauenanteil unter den Teilnehmenden lag zwischen 40 und 60 Prozent. Es entstanden besondere Frauenkurse u.a. in Heimvolkshochschulen, Volkshochschulen und gewerkschaftlichen Einrichtungen. Je nach Bildungseinrichtung orientierte man sich an der traditionellen Frauenrolle oder auch an einer emanzipatorischen Frauenbildungsarbeit.

Der Nationalsozialismus bildete einen Tiefpunkt für die Frauenbildung: Kursorisch genannt sei u.a. die Einführung eines numerus clausus für

---

1 Grundlage für diesen Beitrag sind das unveröffentlichte Manuskript eines Vortrags der Autorin in der Volkshochschule Leverkusen am 15. September 2010 sowie 40 Jahre Erfahrungen als Dozentin von Frauengesprächskreisen u.a. an der VHS Düsseldorf.

Studentinnen, deren Anteil an der Studentenschaft 10% nicht überschreiten durfte; dass keine Frau für eine studentische Wahl kandidieren durfte; dass Studentinnen eine Prüfung über ihre Haushaltskenntnisse ablegen mussten; das Verbot von Frauenorganisationen, die Frauenbildung anboten. Hinzu kamen die NS-Weiblichkeitsideologien, wonach der eigentliche Beruf der Frau in der Mutterschaft liege (vgl. Hervé-Murray 1968, S. 22).

Unmittelbar nach dem Zweiten Weltkrieg gab es einen Aufschwung in der Frauenbildungsarbeit. Die Westalliierten sahen eine wichtige Aufgabe insbesondere der politischen Bildung in der Herausbildung demokratischen Bewusstseins und demokratischer Strukturen. Der Aufschwung selbiger nahm jedoch in der Bundesrepublik mit der Orientierung auf die drei Ks (Kinder, Kirche, Küche) der sogenannten Wohlstandsgesellschaft bald ab.

Insgesamt wurden Frauenrollen kaum thematisiert. Bis in die 1960er Jahre hinein diente die bürgerliche Mädchenbildung vor allem der Vorbereitung auf die Aufgaben der Gattin, Hausfrau und Mutter. Diese Aufgaben entsprachen – so hieß es – der „Naturbestimmung der Frau".

Erst mit der neuen Frauenbewegung Ende der 1960er/Anfang der 1970er Jahre und mit der damit verbundenen Entwicklung vieler Frauenprojekte entstanden neue Ansätze für die Frauenbildungsarbeit – verstanden als allgemeine, politische und berufliche Bildung.

Im Zusammenhang mit dem erklärten Bildungsnotstand und dem wirtschaftlichen Aufschwung der 1960er Jahre und mit der Entwicklung von Reformpolitik und Frauenbewegung wurden die Grundlagen für eine neue Frauenbildungsarbeit gelegt. Im Gutachten des Deutschen Ausschusses für das Erziehungs- und Bildungswesen (1960, S. 20) heißt es: *„Gebildet im Sinne der Erwachsenenbildung wird jeder, der in der ständigen Bemühung lebt, sich selbst, die Gesellschaft und die Welt zu verstehen und diesem Verständnis gemäß zu handeln."*

Und vor allem: Die Wirtschaft brauchte qualifizierte Frauen. Günter Buttler stellte in der Broschüre „Beiträge des deutschen Industrieinstituts" 1970 fest: Frauen seien ein bemerkenswertes ungenutztes inländisches Arbeitskräftepotential (siehe Buttler 1970). Die Berufstätigkeit der Frau sei förderlich für die Persönlichkeitsentwicklung des Kindes. Es sollten also genügend Ausbildungsmöglichkeiten und geeignete Arbeitsbedingungen zur Entlastung geschaffen werden. Spezielle Programme und Lehrgänge seien erforderlich bei der Wiedereingliederung älterer Frauen in den Beruf. Die Anpassung an veränderte gesellschaftliche Bedingungen erforderte eine bessere Qualifikation.

Schließlich kamen viele Impulse aus der neuen Frauenbewegung.

Politische Frauenbildung der 1970er Jahre – der Frauengesprächskreis

Für engagierte Dozentinnen der Erwachsenenbildung und Aktivistinnen der neuen Frauenbewegung stand fest: Bildung ist eine wichtige Voraussetzung für Veränderung und Befreiung, und es müssen geeignete Formen geschaffen werden, um Frauen einzubeziehen.

Ausgegangen wurde von den Erfahrungen der Frauen selbst – unter dem Motto: Das Private ist politisch. Dabei wurde der gängige Politikbegriff erweitert: d.h., über die Politik in den Parlamenten hinaus wurde auch der Alltag einbezogen. Eine gesonderte Frauenbildungsarbeit erschien notwendig.

Festgestellt wurde: Männer werden in gemeinsamen Lernsituationen bevorzugt und bestärkt, Frauen werden in ihren Lernmöglichkeiten dadurch behindert. Außerdem seien Inhalte nicht geschlechtsneutral, es gebe unterschiedliche Lebensrealitäten. Viele Familienfrauen waren isoliert, hatten Verpflichtungen zu meistern und wenig Zeit zur Verfügung. Sie erwarteten nicht zuletzt aus diesem Grund einen unmittelbaren Nutzen von Weiterbildung. Daraus leitete sich die Notwendigkeit unterschiedlicher Bildungsangebote ab, sozusagen als Ort für Selbstverständigungsprozesse.

Um diese Lebenssituation stärker zu berücksichtigen, fanden in den 1970er Jahren viele VHS-Kurse im Stadtteil mit Kinderbetreuung statt. Die Themen waren: Kindererziehung, Schulprobleme, Arbeitslosigkeit, Hausfrauendasein, Muttersein.

> Politische Frauenbildung schuf einen Rahmen, in dem Frauen ihren Alltag reflektierten und gemeinsam analysierten. Frauen wollten ihre Fertigkeiten vertiefen und analytisches Werkzeug hinzugewinnen. In der kritischen und solidarischen Auseinandersetzung mit der eigenen gesellschaftlichen Lage wurden Möglichkeiten der Bewältigung sichtbar. In der Bildungspraxis ging es immer wieder neu darum, die Verbindung von Individuellem und Gesellschaftlichem, von Subjektivem und Objektivem herzustellen.

In den Volkshochschulen wurde leidenschaftlich über Aufgaben und Ziele debattiert: Die VHS solle zur Aneignung von Kenntnissen und Fertigkeiten beitragen, zur Orientierung und Urteilsbildung, zur Eigenständigkeit. Im Deutschen Volkshochschulverband und in der Politik wurde in den Weiterbildungsgesetzen Bremens, Hessens und NRWs 1974/75[2] „die Emanzipation des Menschen" als wesentliche Aufgabe von Weiterbildung bestimmt. Aufgaben seien Humankompetenz (allgemeine Bildung), Sozialkompetenz (politische Bildung) und Sachkompetenzen (berufliche Bildung). Der VHS-Landesverband NRW sah die Aufgaben darin, Menschen zu befähigen und zu motivieren, sich aktiv an der Ausgestaltung der demokratischen Ordnung zu beteiligen.

Es gab zwei Ansätze, so die Soziologin Renate Wurms (1992, S. 32f.), die jahrelang in der Dortmunder VHS-Frauenbildungsarbeit tätig war:

- Emanzipatorische Frauenbildung im Rahmen der Erwachsenenbildung, die sich in der Tradition sozialistischer Frauen- und ArbeiterInnenbildung sah. Frauenbildung wurde hier als Vehikel der Veränderung gesehen.
- Feministische Bildung ausgehend von der Auseinandersetzung mit der Frauenunterdrückung und den patriarchalischen Strukturen – im Sinne einer Politik der Subjektivität.

Die allgemeinen Ziele für die Frauenbildung hießen:

- Diskriminierung bewusst machen und damit Voraussetzungen zu ihrer Überwindung schaffen
- den weiblichen Zusammenhang thematisieren

- die individuelle Lage als gesellschaftlich bestimmt erkennen
- Anregung geben zu Selbst- und Fremdveränderung
- Kompetenz und Handlungsfähigkeit entwickeln
- Autonomie und Selbstbestimmung gewinnen

Die Form wurde der Frauengesprächskreis, dessen inhaltliche Bandbreite von Selbsterfahrungsgruppen bis zu politischen Zirkeln reichte.

Bildungsangebote dienten der Wissensvermittlung und Wissensaneignung, der Gewinnung und dem Austausch von Argumenten zur aktuellen Frauenpolitik. Das politisch Brisante war, dass Frauen sich und ihre Situation einschließlich ihrer privaten Beziehungen zum Thema machten.

Viele erkannten das Gemeinsame und die Wichtigkeit solidarischen Handelns. Sie bauten Konkurrenz ab und gewannen Selbstwertgefühl.

Frauen wurden motiviert, sich mit allgemein- und lokalpolitischen Fragen und Ereignissen zu beschäftigen. Und sie wurden ermutigt, in BürgerInneninitiativen oder in Fraueninitiativen aktiv zu werden bzw. als MultiplikatorInnen selbst zu wirken.

Politische Bildung führte zur politischen Handlungsfähigkeit. Sie war auch verbunden mit der Entstehung von Freundschaften, trug auch dazu bei – wie es die Mailänderinnen mit dem Affidamento-Begriff 1987 ausdrücken –, fördernde und unterstützende Beziehungen unter Frauen herzustellen (siehe Libreria delle donne in Milano 2001 [1987]).

Der erste Frauengesprächskreis entstand 1970 in Frankfurt. In Dortmund wurde ab 1972 ein gesondertes Frauenprogramm in der VHS aufgebaut, das durch die neue Frauenbewegung gefördert wurde. In der politischen Weiterbildungsarbeit wurde der Anspruch vertreten, die vielfältigen Formen der Frauendiskriminierung in Beruf, Familie, Politik und Gesellschaft genauso wie andere Wissensstoffe der politischen Bildung zu vermitteln und zu diskutieren (siehe Koch 1992). Politische Frauenbildungsarbeit sollte dazu beitragen, eine Gegenkultur zu entwickeln, individuell wie gesellschaftlich

---

2 Eine detaillierte Listung der Weiterbildungsgesetze der einzelnen Länder findet sich u.a. im Beitrag „Weiterbildungsrecht" von Anke Grotlüschen und Erik Haberzeth im Handbuch Erwachsenenbildung/Weiterbildung (2015); Anm.d.Red.

Veränderungen zu schaffen, damit Frauen zu Recht, Gleichheit und Selbstbestimmung gelangen können.

Wochenendseminare zur Bedeutung der politischen Bildung für Frauen wurden vom Landesvorstand der VHS von NRW für die Fortbildung der DozentInnen organisiert. So diskutierten rund 30 Teilnehmerinnen z.T. sehr kontrovers über Konzepte und Themen wie Lohn für Hausarbeit oder Berufstätigkeit (Notizen der Autorin, Bergisch-Gladbach 1977).

Das Interesse war groß. Im März 1979 fand das Frauenforum im Revier in Dortmund statt, unter besonderer Beteiligung der VHS und unter dem Motto: „Frauen, kommt aus Euren Schneckenhäusern. Frauen begreifen ihren Alltag". 5.000 Frauen kamen. Die Widerstände gegen politische Frauenbildung waren ebenfalls groß: In den Medien wurde von Damenkränzchen berichtet – manche Männer erstürmten die Räume, in denen getagt wurde –, sie konnten sich nicht vorstellen, was Frauen abends ohne sie machen würden.

Mitte der 1970er Jahre waren Frauengesprächskreise Bestandteil des Angebots in den meisten Volkshochschulen. 1977 bestanden 3.000 Frauengesprächskreise in der damaligen Bundesrepublik Deutschland, ein Jahr später waren es bereits 15.000. Eine Institutionalisierung fand in den 1980er Jahren statt. Ende der 1980er Jahre gab es kaum noch Institutionen der Erwachsenenbildung, die keine eigenständigen Angebote für Frauen auswiesen. Solche Angebote wurden bis Mitte der 1990er Jahre ausgeweitet.

Die Bilanz der Frauenbildungsarbeit war insgesamt positiv. Aus der Sicht vieler Dozentinnen waren solche Frauengesprächskreise zudem auch Teil eines eigenen Emanzipationsprozesses. Die Frauenbildungsarbeit wurde zwar oft als zeitaufreibende und schwierige, aber auch als dankbare Aufgabe betrachtet, da wichtige Entwicklungs- und Veränderungsprozesse festzustellen und zu fördern waren.

Auslaufmodell?

Seit Anfang des 21. Jahrhunderts sind Stagnation und Einbrüche festzustellen, ebenfalls ein Teilnehmerinnenrückgang in der Frauenbildung – vor allem bei politischen, aber auch bei beruflichen

und berufsbezogenen Bildungsangeboten. Frauengesprächskreise werden wieder in Frage gestellt: Sie seien überholt. *„Frauen weichen auf Gesundheit und Befindlichkeitstrainings aus, und junge Frauen betreiben eher ihre berufliche Fortbildung, als daß sie sich auf ,zusätzliche', also nicht berufsorientierte, politische Bildungsaktivitäten einlassen"*, stellte Helga Foster (2001, S. 364) fest. *„Die Politische Bildung für Frauen ist deshalb zum Randgebiet in der Weiterbildung geraten"* (ebd.).

Die wirtschaftlichen, sozialen und kulturellen Entwicklungen der letzten Jahre scheinen zunächst die Notwendigkeit und Berechtigung solcher Frauenbildung tatsächlich infrage zu stellen. Denn die Zahl der Familienfrauen, die zu Beginn das Gros der Teilnehmerinnen bildete, schwindet mit der zunehmenden Frauenerwerbstätigkeit gegenüber den 1970er und 1980er Jahren. Die sogenannte Familienphase ist zudem kürzer. Berufstätige Mütter haben kaum mehr Zeit übrig, und der Konkurrenzdruck um Arbeit hat sich verschärft. Aufgrund der auf dem Arbeitsmarkt erforderten Mobilität ist es für viele Frauen schwierig, sich für ein oder mehrere Semester festzulegen.

Außerdem haben Mädchen und Frauen im Bildungsbereich mächtig aufgeholt, gar Männer überholt. Das Ziel der Gleichstellung sei z.T. erreicht. Gender sei gefragt, Geschlechterdialoge und Gendertrainings. Die Angebote der Erwachsenenbildung sollen geschlechtergerecht gestaltet werden.

Mit der Individualisierung der Bildung bieten zum anderen Medien, Fernsehen und Internet dem/der Einzelnen angepasste Möglichkeiten der Qualifizierung.

Die bei vielen Menschen zu beobachtende Politik- und Parteienverdrossenheit wirkt sich schließlich in einer Abstinenz gegenüber politischen Bildungsangeboten aus. Drei neue Ks haben die alten ersetzt: Karriere, Konsum, Konkurrenz.

Zum anderen wird Erwachsenenbildung oft auf Weiterqualifizierung reduziert, nicht zuletzt in Folge öffentlicher Sparpolitik. Erwachsenenpädagogische Erwägungen und emanzipatorische Zielvorstellungen sind nicht mehr ausschlaggebend für das Angebot, sondern finanzielle Kalkulation,

Wirtschaftlichkeit und Effektivität. Fitnesstrainings, Sprachkurse, auch wenn diese durch kommerzielle Anbieter Konkurrenz erfahren, sind eben rentabler für die VHS. Zudem verfügt die politische Bildung, wie Helga Foster (2001) ausführt, über kein Konzept zu Fragen der Demokratisierung im Geschlechterverhältnis.

Fragen an und für die Zukunft

Werden solche Kurse nicht gerade weiter gebraucht, weil sich die Situation geändert hat? Und müssen sie nicht ihren berechtigten Platz verteidigen?

Diese Orte gemeinsamer Reflexion sind wichtiger denn je:

Denn es existieren heute widersprüchliche Frauenbilder, die nicht nur zu mehr Wahlfreiheit führen, sondern auch zu einer Überforderung, die jede einzelne als persönliches Versagen erlebt. Selbstbestimmung und Freiheit, Begriffe, die der Frauenbewegung entwendet oder umgedreht wurden, sind mehrdeutig geworden.

Wir sind zum anderen mit Informationen überschüttet. Diese zu verknüpfen und zu deuten, ist nur möglich in der Auseinandersetzung mit anderen, in einem vertrauten Kreis.

Außerdem, und trotz der Fortschritte der letzten 50 Jahre, erfahren Frauen nach wie vor vielfältige subtile Diskriminierungen und Benachteiligungen. Frauenbildungsarbeit ist daher weder obsolet noch überholt.

Solche Aufgaben bleiben wichtig:

Weiterbilden, Informieren. Zusammenhänge erkennen. Durchblicken.
Argumente sammeln. Gleichstellung fördern.
Austauschen mit Andersgesinnten. Vorurteile abbauen. Toleranz gegenüber Andersdenkenden,

Vertrauen und Wertschätzung erlernen. Konfliktfähigkeit entwickeln.
Demokratie – und mündige BürgerInnen – brauchen schließlich Information und Diskussion, Aufklärung und Dialog.

Als Grundlage für partizipative Demokratie, für emanzipatorische Gleichberechtigung und für ehrenamtlich gesellschaftspolitisches Engagement bleiben Frauengesprächskreise unerlässlich. In der öffentlichen Auseinandersetzung können private Ansichten zu begründeten Urteilen, Interessenkonflikte ausgetragen werden.

Der VHS-Gesprächskreis als Ort solidarischer Auseinandersetzungen und stärkendes soziales Netz, weg von hierarchisch-wettbewerbsorientiertem Lehren und Lernen, weg von passiver Wissensvermittlung und hin zum interaktiven Erwerb von Handlungskompetenz, sollte eine Zukunft haben.
In einer Zeit der Verunsicherung, wo das Desinteresse von Menschen und insbesondere von Jugendlichen für Politik beklagt wird, wo eine Vereinsamung vieler älterer Frauen stattfindet, wo arbeitslose Frauen, Migrantinnen, Seniorinnen Anschluss, Gespräch und Dialog suchen, wären eine Aufwertung solcher Kurse sowie ein Nachdenken über neue Formen und Inhalte gerade erforderlich. (Erstaunlich ist, dass es in den letzten Jahren kaum neue Überlegungen und Untersuchungen zu diesem Thema gibt).

Frauenbildungsarbeit bleibt eine ständige Herausforderung. Dabei sollte über deren Inhalte und Formen sowie deren Adressatinnen reflektiert werden: Gibt es z.B. nicht gerade angesichts der Alterung der Gesellschaft neue Schichten von Frauen, die sich mit ihrer Zeit auseinandersetzen und mitmischen möchten?

Wir sind alle gefordert zu überlegen: Was hat sich in der Frauenbildung bewährt, was muss verändert werden? Oder mit den Worten der Dichterin Rose Ausländer: *„Mit neuen Gedanken alt werden. Jung bleiben an uralten Gedanken."*

Literatur

Buttler, Günter (1970): Frauenerwerbstätigkeit im internationalen Vergleich. Köln: Deutsche Industrieverlags-GMBH (= Beiträge des deutschen Industrieinstituts 8/9).

Deutscher Ausschuss für das Erziehungs- und Bildungswesen (Hrsg.) (1960): Gutachten des Deutschen Ausschusses für das Erziehungs- und Bildungswesen „Zur Situation und Aufgabe der Erwachsenenbildung". Bonn, den 29. Januar 1960. In: Empfehlungen und Gutachten des Deutschen Ausschusses für das Erziehungs- und Bildungswesen 1953-1964. Gesamtausgabe. Stuttgart 1966, S. 857-928.

Foster, Helga (2001): Politische Bildungsarbeit für Frauen – Schlussfolgerungen aus den Ergebnissen einer empirischen Untersuchung bei Politikerinnen. In: Wiltrud, Gieseke (Hrsg.): Handbuch zur Frauenbildung. Leverkusen: Leske + Budrich, S. 363-380.

Hervé, Florence (1979): Politische Bildung für Frauen. In: Doormann, Lottemi (Hrsg.): Keiner schiebt uns weg. Zwischenbilanz der Frauenbewegung in der Bundesrepublik. Weinheim und Basel: Beltz.

Hervé-Murray, Florence (1968): Die Frau im deutschen Faschismus. In: Das Argument. Berliner Hefte für Politik und Kultur, Heft 24, Berlin, S. 19-22.

Libreria delle donne in Milano (2001 [1987]): Wie weibliche Freiheit entsteht. Eine neue politische Praxis. Berlin: Orlanda.

Koch, Gisela (1992): „Mit zwei Angeboten fing es an!" In: Arbeitsgruppe Frauenbildung und Politik (Hrsg.in): Von Frauen für Frauen. Ein Handbuch zur politischen Frauenbildungsarbeit. Zürich-Dortmund Ebersbach: eFeF-Verlag, S. 43-48.

Wurms, Renate (1992): „Von heute an gibt's mein Programm"– Zur Entwicklung der politischen Frauenbildungsarbeit. In: Arbeitsgruppe Frauenbildung und Politik (Hrsg.in): Von Frauen für Frauen. Ein Handbuch zur politischen Frauenbildungsarbeit. Zürich-Dortmund Ebersbach: eFeF-Verlag, S. 11-41.

Foto: Thomas A. Schmidt

Dr.in Florence Hervé

https://www.florence-herve.com

Florence Hervé arbeitet als freie Autorin, Journalistin und Dozentin. Sie lebt im Rheinland und im Finistère. Schwerpunkte: Frauenbiografien, Frauengeschichte, Frauenwiderstand, Faschismus. Sie ist seit 1979 Herausgeberin des Kalenders wir frauen.

Thoughts on Women's Political Education at the Adult Education Centres in Germany

A review of five decades of women's discussion groups

Abstract

In the mid-1970s, women's discussion groups were an integral part of the adult education courses offered in most adult education centres in Germany. In 1977 alone, there were 3,000 women's discussion groups in the former West Germany, and one year later there were 15,000. And today? This article argues that over the past twenty years, women's political education has been increasingly driven out of the German adult education centres. Active in the European and international women's movement as a teacher and writer for many decades, the author weaves together the cornerstones of the over one hundred year old tradition of women's political education at the adult education centres in her essay. Her review of five decades of women's discussion groups makes one particular thing clear: Women's education is neither obsolete nor outdated. In fact, it is the basis for participatory democracy, emancipatory equality and sociopolitical commitment by volunteers; women's discussion groups are places of solidarity that strengthen social networks. They should have a future. (Ed.)

Von „Mathematischen Scherzen" und „Liebe und Verständnis für die Natur"

Naturwissenschafterinnen an den Wiener Volkshochschulen 1900-1938

Brigitte Bischof

Zitation

Bischof, Brigitte (2021): Von „Mathematischen Scherzen" und „Liebe und Verständnis für die Natur". Naturwissenschafterinnen an den Wiener Volkshochschulen 1900-1938.
In: Magazin erwachsenenbildung.at. Das Fachmedium für Forschung, Praxis und Diskurs, Ausgabe 43.
Online: https://erwachsenenbildung.at/magazin/21-43/meb21-43.pdf.

Schlagworte: Naturwissenschafterinnen, VHS-Kursleiterinnen, Wiener Volkshochschulen, bürgerliche Frauenbewegung, Botanikerinnen, Mathematikerinnen, Zoologinnen, Physikerinnen

Kurzzusammenfassung

Dass Frauen eher Sprache, Literatur und Geisteswissenschaften bevorzugen, ist ein verbreitetes Stereotyp, das sich auch in der Erwachsenenbildung widerspiegelt: Frauen werden eher mit der Leitung von Sprach- oder Literaturkursen als von mathematischen oder naturwissenschaftlichen Fächern assoziiert. Die Autorin zeigt, dass Frauen im Gegensatz dazu während der Habsburgerzeit sowie in der Zwischenkriegszeit im mathematischen und naturwissenschaftlichen Bereich als Kursleitende an den Wiener Volkshochschulen tätig waren. Sie waren in ihren jeweiligen Fachbereichen zumeist bestens ausgebildet und zum überwiegenden Teil promoviert. Anhand biografischer Skizzen werden im Beitrag zahlreiche Physikerinnen, Mathematikerinnen, Biologinnen, Botanikerinnen, Zoologinnen sowie in geringerem Ausmaß Chemikerinnen, Meteorologinnen, Astronominnen und Geologinnen vorgestellt und sichtbar. (Red.)

07

Praxis

Von „Mathematischen Scherzen" und „Liebe und Verständnis für die Natur"

Naturwissenschafterinnen an den Wiener Volkshochschulen 1900-1938

Brigitte Bischof

Gesellschaftliche Stereotype gehen davon aus, Frauen hätten eine besondere Affinität zu Sprache, Literatur und Geisteswissenschaften, aber weniger zu Mathematik, Naturwissenschaft und Technik. So mag es nicht verwundern, Frauen in der Erwachsenenbildung als Kursleiterinnen von Sprach- und Literaturkursen zu finden, aber als Kursleiterinnen mathematischer und naturwissenschaftlicher Kurse?

Ein Blick in die Geschichte der Volksbildung zeigt, dass Frauen durchaus und schon sehr früh Kurse in Mathematik, Physik und Biologie hielten. Diese Frauen und ihr Beitrag zur naturwissenschaftlich ausgerichteten Volksbildung in Wien beginnend in den Jahren der Habsburger Monarchie bis hin zur Zwischenkriegszeit werden auf den folgenden Seiten kursorisch vorgestellt, geht es im vorliegenden Beitrag ja um ein Wirken gegen die Unsichtbarkeit von Frauen und gegen das Vergessen weiblicher Geschichten[1].

Naturwissenschafterinnen in der Wiener Volksbildung: nur eine „Ausnahme"?

Das Neben- und Miteinander gesellschaftlicher Emanzipationsbewegungen äußerte sich im Wien der Jahrhundertwende nicht zuletzt in einer Institutionalisierung der Erwachsenenbildung. So kam es u.a. 1893 zur Verselbstständigung des Wiener Volksbildungsvereins, 1895 zur Einrichtung volkstümlicher Universitätskurse, 1897 zur Gründung der Wiener Urania und 1901 zur Gründung des Volksheims Ottakring (siehe Stifter 2006). Nahezu zeitgleich, nämlich ab dem Wintersemester 1897/98, kam es zur Zulassung von Frauen als ordentliche Hörerinnen an der Philosophischen Fakultät der Universität Wien (siehe Heindl/Tichy 1990).

Diese „geistige Stadterweiterung" (Eduard Leisching zit. in Stifter 2006) Wiens wurde von Vertreterinnen der bürgerlichen Frauenbewegung nicht nur unterstützt, sie finden sich, wie auch die ersten Universitätsabsolventinnen, unter den Vortragenden der Volkshochschulen. Neben Beispielen aus Kunstgeschichte, Literaturwissenschaft und Romanistik kann dabei auch auf eine prominente Naturwissenschafterin – die später international anerkannte Kernphysikerin Lise Meitner – verwiesen werden (siehe Stifter 2006).

---

1 Eine umfangreichere Publikation der Biografien ist geplant.

Lise Meitner (1878-1968) promovierte 1906 an der Universität Wien und war nach ihrer Promotion am Wiener Volksbildungsverein, im Volksheim Ottakring und nach ihrer Habilitation an der Wiener Urania tätig.[2] Entgegen der Vorstellung, dass Meitner als erste und einzige Studentin in Vorlesungen saß und im Labor forschte, ergaben Recherchen zu den Biografien und zur Geschichte von Naturwissenschafterinnen (an) der Universität Wien (siehe Bischof 2008a), dass vor ihr bereits 25 Studentinnen ein Studium abgeschlossen hatten, darunter etwa die Hälfte in Naturwissenschaft oder Mathematik. Eine Entwicklung, die sich etwas abgeschwächt bis in die Zwischenkriegszeit fortsetzte. Viele dieser Naturwissenschafterinnen wurden später Lehrerinnen, etliche versuchten aber auch, einen anderen, ihrem Studium entsprechenden Beruf einzuschlagen. Eine Möglichkeit, neben der eher begrenzten Aussicht, direkt im akademischen Feld Fuß zu fassen, war die Tätigkeit in der Volksbildung. Nicht nur konnten Frauen hier die ihnen gesellschaftlich zugesprochenen Fähigkeiten in der Lehre einsetzen, sondern sie konnten auch ihre wissenschaftliche Tätigkeit fortsetzen, da die neuen wissenschaftsorientierten Volksbildungseinrichtungen mit sehr guten naturwissenschaftlichen Laboratorien ausgestattet waren.

Frauen sichtbar machen: Herangehensweise und erste Ergebnisse

Ausgehend vom Modul „Naturwissenschafterinnen" des Projektes „biografiA – biografische Datenbank und Lexikon österreichischer Frauen" wurden die gesammelten Namen und biografischen Hinweise (siehe Bischof 2008a; auch Keintzel/Korotin 2002; Korotin 2016; Korotin/Stupnicki 2018) mit der Bestands-Datenbank des österreichischen Volkshochschul-Archives abgeglichen, welche es u.a. ermöglicht, nach Vortragenden, Kursleiter*innen und ihren Veranstaltungen zu suchen. Die Ergebnisse wurden dann aktualisiert und mittels Online-Recherche ergänzt. Die systematische Recherche

im Bestandsverzeichnis des VHS-Archives umfasste demnach die Doktorandinnen im Bereich Naturwissenschaft und Mathematik (Naturwissenschafterinnen-Sample) bis 1938 und auch ihre Tätigkeit in diesem Bereich und Zeitraum.[3]

Insgesamt waren 50 Frauen des Samples als Kursleiterinnen und/oder Vortragende der Wiener Volkshochschulen in den genannten Fächern zu finden. Dies sind in etwa fünfeinhalb Prozent des Naturwissenschafterinnen-Samples. Dieses Ergebnis mag im Vergleich zum Kursangebot im Bereich Naturwissenschaft insgesamt (siehe Ganglbauer 2014) bzw. im Vergleich zur Gesamtzahl der Personen, die an Volksbildungseinrichtungen vor 1938 tätig waren[4], auf den ersten Blick nicht beeindrucken. Auf den zweiten Blick wird deutlich, dass jede einzelne dieser Frauen eine außergewöhnliche Geschichte verkörpert und zugleich ihre Vielfalt dem Narrativ der „Ausnahme" widerspricht.

Die ersten Kursleiterinnen sind bereits früh, nämlich um 1902 zu finden. Zeitlich verteilen sie sich recht unregelmäßig über die Jahre hinweg; auch die Zahl der Kursleiterinnen variiert. Mehr Frauen gleichzeitig sind an den Wiener Volkshochschulen in den Jahren unmittelbar vor und nach dem Ersten Weltkrieg sowie mit Schwankungen in den 1920er Jahren tätig. 1931 und wieder ab 1934 sinkt die Anzahl der Kursleiterinnen. Wobei dies nicht mit der Zahl der Kurse korrelieren muss. So finden sich Lehrende, die nur einzelne Veranstaltungen anbieten, aber auch Kursleiter*innen, die im Lauf der Zeit mehrere hundert Angebote zu verzeichnen haben.

Bemerkenswert sind neben dem zeitlichen Verlauf die Unterschiede der einzelnen Fachbereiche. Im Bereich der Mathematik und der Botanik sind mehr Kursleiterinnen zu finden als im Bereich der Zoologie und Physik; auffallend ist das praktische Fehlen von Chemikerinnen unter den Kursleiterinnen, repräsentieren die Chemikerinnen unter den Dissertantinnen doch immerhin die zahlenmäßig größte Gruppe. In absoluten Zahlen haben bis 1938 fast fünfmal

---

2 Siehe auch den Eintrag zu Lise Meitner auf der Informationsplattform Knowledgebase Erwachsenenbildung unter: https://adulteducation.at/historiografie/personen/89/

3 Berücksichtigt wurden nur jene Fächer, die an der Naturwissenschaftlichen Fakultät der Universität Wien zum Startzeitpunkt des biografiA-Moduls „Naturwissenschafterinnen" vertreten waren. Kurs- und Vortragsangebote in anderen Fächern wurden nicht mitgerechnet.

4 Christian Stifter und Robert Streibel kommen bei ihrer Auswertung auf 8.442 Personen (vgl. Stifter/Streibel 2019, S. 57).

so viele Frauen eine Chemiearbeit zur Promotion eingereicht als im Bereich der Mathematik.

Naturwissenschafterinnen an Wiener Volkshochschuleinrichtungen – biografische Skizzen

Die Pionierinnen

Margarete Furcht (1879-1976), die erste Chemikerin der Universität Wien, taucht 1902 als Dr. Grete Furcht, Leiterin des Kurses Anorganische Chemie am Volksheim Ottakring auf. Sie hält in Summe vier Kurse zu Chemie. Bis 1906 erscheinen mehrere ihrer Publikationen im Blatt „Das Wissen für Alle. Volkstümliche Vorträge und populärwissenschaftliche Rundschau" sowie im „NÖ Volksbildungsblatt" (siehe Furcht 1903a, 1903b, 1903c, 1904 u. 1906). In der Zwischenkriegszeit ist sie in einer Radioröhrenfabrik tätig und veröffentlicht gemeinsam mit anderen mehrere Patente. Margarete Furcht emigriert Anfang 1939 nach England (vgl. Bischof 2014, S. 28f.).

Die erste Physikerin, **Olga Steindler**, verh. Ehrenhaft-Steindler (1879-1933), die spätere Gründerin und Direktorin der ersten Handelsakademie für Mädchen, ist ebenfalls ab 1902 als Kursleiterin zu finden. Sie leitet insgesamt elf Kurse aus allen Bereichen der Physik am Wiener Volksbildungsverein und am Volksheim Ottakring, zuletzt auch das Physikalische Praktikum gemeinsam mit Lise Meitner. 1905/06 resp. 1907/08 wird sie als Vorstandsmitglied des Physikalischen Kabinetts am Volksheim Ottakring verzeichnet (vgl. Gebhardt 2016, S. 69).

Flora Hochsinger (1878-1942), die erste Absolventin aus dem Bereich Meteorologie und Geophysik, ist die am längsten tätige Kursleiterin. Ab 1906/07, also bereits während ihres Studiums, ist sie am Volksheim Ottakring, insbesondere im Bereich Mathematik als Kursleiterin verzeichnet. Nach Abschluss ihres Studiums (Promotion 1910) findet sich 1911/12 und wieder 1920/21 je ein Kurs zu Meteorologie. Bis zu ihrem letzten Jahr am Volksheim Ottakring (1937/38) ergeben sich in Summe 225 Treffer in der Archiv-Datenbank der Volkshochschulen im Bereich Kurse/Vorträge. Sie unterrichtet verschiedenste Mathematik-Themen, so z.B. Elementares Rechnen, aber auch Zinseszinsen, Versicherungsrechnung und mathematische Scherze. 1916/17 übernimmt Hochsinger von Eduard Helly die Leitung der Fachgruppe Mathematik (vgl. Gebhardt 2016, S. 82). Daneben publiziert sie zahlreiche Beiträge im Organ des Allgemeinen Österreichischen Frauenvereins „Neues Frauenleben". Nach dem „Anschluss" Österreichs an das Deutsche Reich bemüht sich Flora Hochsinger vergeblich um Ausreise aus Österreich und eine Möglichkeit der Emigration, dokumentiert in einem Briefwechsel mit der ihr unbekannten Harriet Postman (vgl. Stifter/Streibel 2019, S. 61-63). Im Juni 1942 wird sie nach Maly Trostinec deportiert und ermordet.

Emma Lampa, Ehefrau des Physikers und Volksbildners Anton Lampa, und **Malvine Löwy** boten ab 1904/05 bzw. 1906/07 als erste Kurse mit biologischen Fragestellungen an. Beide gehören streng genommen nicht in das Naturwissenschafterinnen-Sample, da sie kein Fachstudium abschlossen. Die erste Akademikerin, die als Kursleiterin in diesem Fachbereich tätig war, ist die Botanikerin **Margarethe Zemann** (1883-1970), verh. Watzl-Zemann. Sie promoviert 1907 und ist im Herbst darauf am Volksheim Ottakring mit dem Kurs „Übungen im Bestimmen von Pflanzen" für zwei Semester vertreten. Später unterrichtet Zemann an der Schule des Vereins für erweiterte Frauenbildung Geografie und Naturgeschichte. Auch nach ihrer Heirat bleibt sie als Lehrerin tätig.

Kursleiterinnen im Bereich Mathematik

Im Bereich Mathematik boten die Wiener Volksbildungseinrichtungen verschiedenste Kurse, die vom elementaren Rechnen bis hin zur fortgeschrittenen Mathematik reichten.

Ebenso wie **Flora Hochsinger** waren einige andere Kolleginnen bereits als Studentinnen als Kursleiterin tätig (siehe Tab. 1). Besonders erwähnenswert in diesem Zusammenhang ist die Mathematikstudentin **Hilda Geiringer**, die ihre wissenschaftliche Laufbahn nach Studienabschluss in Deutschland fortsetzte und u.a. 1920 „Gedanken zur Lehrweise an Volkshochschulen" (siehe Geiringer 1920a, 1920b, 1920c) publizierte. Es finden sich aber auch mehrere „Rechen-Kursleiterinnen", die nicht zum Sample der

Naturwissenschafterinnen zu zählen sind, sei es, dass sie ihr Studium nicht mit einem Doktorat abschlossen, wie z.B. die Naturgeschichte-Lehrerin **Dora Singer**, oder ein anderes Studium absolvierten, wie die spätere Medizinerin **Martha Brünner-Ornstein**, oder (noch) nicht eindeutig zuordenbar sind, wie die Bürgerschuldirektorin **Olga Täubler**.

Sind in den Jahren des Ersten Weltkrieges relativ viele Kursleiterinnen im Bereich Mathematik zu finden, so verringert sich die Zahl deutlich in der Zwischenkriegszeit (siehe Tab. 1). Nachfolgend sollen zwei längerfristig tätige Mathematikerinnen kurz vorgestellt werden:

Friederike Krenn (1884-1944?), eine studierte Zoologin und Lehrerin am Döblinger Cottage-Lyceum, beginnt ein Jahr nach ihrer Promotion (1912) mit ersten Kursen am Wiener Volksbildungsverein und am Volksheim Ottakring. In der Stöbergasse bietet sie einen Kurs ihrem Promotionsfach entsprechend an, am Volksheim Ottakring leitet sie gleich vier Kurse zu „grundlegendem Rechnen". Der Rechenkurs wird im folgenden Jahr unter dem Titel „Rechnen (Elementar)" und wieder 1918/19 bis 1920/21 gemeinsam mit Kolleginnen fortgesetzt. Insgesamt ist Krenn mit Pausen mehr als zehn Jahre am Volksheim tätig und hält 19 Kurse, u.a. auch „Algebra und Geometrie 1" und „Praktisches Rechnen".

Noch länger engagiert sich **Malvine Antscherl** (1890-1944) am Volksheim. Die Recherche in der Datenbank ergibt 57 Treffer zwischen 1917/18 und 1930/31. Antscherl promovierte Ende 1914 mit einer mathematischen Dissertation, publiziert in den Sitzungsberichten der Wiener Akademie der Wissenschaften. In der Österreichischen Volkszeitung wie auch in der Neuen Freien Presse ist bereits Anfang Oktober 1916 der Kurs „Einführung in die Geometrie von Dr. Malvine Antscherl von ¼ 8 bis ¼ 9 im Volksbildungshaus V, Stöberg.13" angekündigt. Bis 1925/26 bietet sie in Summe 32 Kurse an, d.h. jährlich mehrere Angebote, u.a. zu Geometrie, Raumlehre und Funktionen. Bis auf wenige Kurse in den ersten Jahren in der Stöbergasse sind alle Schulungen dem Volksheim Ottakring zugeordnet. Mitte der 1920er Jahre verringert sich die Zahl der Kurse ein wenig, dafür kommt die „Mathematische Sprechstunde" der Fachgruppe Mathematik (mit

Tab. 1: Kursleiterinnen im Bereich Mathematik

Name	Diss. Jahr	Volkshoch-schuleinrichtung*	Erster Kurs	Letzter Kurs
Flora Hochsinger (1878-1942)	1910	VHO	1906/07	1937/38
Lili Minor (1885-1978)	1909	VHO	1906/07	
Marie Katz (1881-?)	1906	VHO	1909/10	
Dora Singer	-	VBV	1910/11	
Friederike Salzmann (1886-1942)	1922	VHO, VBV	1911/12	1913/14
Emma Schwarz (1891-1959)	1914	VBV	1912/13	
Lisa Bloch (1892-1992)	1915	VBV	1913/14	1914/15
Hilda Geringer (1893-1973)	1917	VBV	1913/14	
Friederike Krenn (1884-1944?)	1912	VHO	1913/14	1924/24
Martha Brünner (1895-1982)	?	VHO	1914/15	1919/20
Martha Müller	-	VHO	1914/15	
Alice Bing	-	VHO	1915/16	1918/19
Gerda Laski (1893-1928)	1917	VBV	1915/16	
Marianne Bardach	-	VHO, VBV	1916/17	1917/18
Malvine Antscherl (1890-1944)	1914	VHO	1917/18	1930/31
Hedwig Brunner (1897-1957)	1924	VBV	1918/19	
Olga Täubler	?	VHO	1921/22	
Margarethe Müller (1893-1974)	1916	Urania	1921/22	1922/23
Auguste Kraus (1910-1993)	1934	VHO	1937/38	1938/39

* VHO (Volksheim Ottakring), VBV (Wiener Volksbildungsverein)

Quelle: eigene Darstellung

Johann Wehr, Ernst Fanta und Flora Hochsinger) hinzu. Gleichzeitig ist Antscherl Lehrerin am Realgymnasium für Mädchen im Zweiten Wiener Bezirk, bis sie in Folge des „Anschlusses" Österreichs die Schule verlassen muss. Von Mai 1938 bis Februar 1941 lehrt sie an der Hauptschule Kleine Sperlgasse 2a, einer Schule für jüdische Kinder, die nicht mehr mit ihren „arischen" Klassenkamerad*innen unterrichtet werden dürfen (siehe Brosch 2012). Malvine Antscherl wird 1942 nach Theresienstadt deportiert und 1944 ermordet.

Botanikerinnen unter den Kursleiterinnen[5]

Die Botanikerinnen bilden die zahlenmäßig größte Gruppe der Kursleiterinnen im naturwissenschaftlichen Bereich. Eine frühe Vertreterin ist **Erna Abranowicz** (1889-1915), die bereits als Studentin 1909/10 das Pflanzenanatomische Praktikum für Anfänger im Stammhaus des Volksheims Ottakring leitet. Als Veranstalterin ist die Naturhistorische Fachgruppe angegeben. Der Kurs wird drei Jahre gehalten. Nach ihrer Promotion im März 1913 mit einer am Ersten Pflanzenphysiologischen Institut durchgeführten Arbeit bietet sie noch einen Mikroskopischen Kurs für Anfänger an. Abranowicz, Lehrerin am Mädchenlyceum im neunten Wiener Bezirk, wird im Schuljahr 1914/15 krankheitsbedingt beurlaubt und stirbt Anfang November 1915.

Gehäuft finden sich die Botanikerinnen unter den Kursleiterinnen, anders als bei den Mathematikerinnen, in den Jahren der Ersten Republik (siehe Tab. 2). Darunter finden sich mit **Margarete Erban**, **Helene Spengler**, verh. Marchet, und **Olga Beck** drei früh an einem Hochschul-Institut angestellte Botanikerinnen.[6] Ab 1923/24 bietet **Käthe Roth** für die nächsten zehn Jahre zahlreiche Kurse an, ab 1929/30 kommt **Malvine Koditschek-Bendiener** hinzu. Ebenfalls eine größere Anzahl an Kursen (in Summe 17 in fünf Jahren) bot **Mathilde Demant** (1902-?) am Volksheim Ottakring und später an der Urania Wien an. Gleich 24 Veranstaltungen an der Urania, insbesondere botanische Wanderungen und Führungen, weist **Hedwig Ebner** (1898-?), verh. Kuntschik-Ebner, auf.

Nachfolgend werden zwei Naturwissenschafterinnen herausgegriffen und vorgestellt, deren Kursangebot noch größer war.

Am Wiener Volksbildungsverein ist mit **Helene Sporer** (1884-?) eine langjährige Vortragende und Kursleiterin zu finden. Sporer, 1913 an der Universität Wien im Bereich Botanik promoviert und 1920 zur Bürgerschullehrerin ernannt, ist als Fachlehrerin im „Österreichischen Lehrerverein für Naturkunde" als „Bezirksobmann" engagiert und Mitglied im Zoologisch-botanischen Verein. In der

Tab. 2: Kursleiterinnen im Bereich Botanik

Name	Diss. Jahr	Volkshochschuleinrichtung*	Erster Kurs	Letzter Kurs
Emma Lampa (1873-1938)	-	VHO, VBV	1904/05	1908/09
Malvine Löwy	-	VBV	1906/07	1910/11
Margarete Zemann (1883-1970)	1906	VHO	1907/08	
Erna Abranowicz (1889-1915)	1913	VHO, VBV	1909/10	1913/14
Herzfeld Stefanie (1868-1933)	1922	VHO	1914/15	
Hedwig Weithofer (1891-)	1914	VHO	1914/15	1919/20
Adele Wiener (1891-1924)	1917	Urania	1917/18	1918/19
Margarete Erban (1892-?)	1917	VBV	1921/22	1922/23
Helene Sporer (1884-?)	1913	VBV	1921/22	1948/49
Helene Spengler (1896-?)	1920	VHO, Urania	1921/22	1926/27
Käthe Roth	?	VHO	1923/24	1932/33
Mathilde Demant (1902-?)	1924	VHO	1925/26	1930/31
Helene Jacobi (1878-1942)	-	VHO	1925/26	
Olga Beck (1894-1936)	1918	VBV	1927/28	1928/29
Hedwig Ebner (1898-?)	1921	Urania	1927/28	1933/34
Elfriede Sanchez-Jülg (1891-?)	1917	Urania	1928/29	
Rosa Jahoda (1905-2004)	1927	VHO	1928/29	1933/34
Gertrud Soos (1905-1992)	1930	VHO	1928/29	
Malvine Koditschek-Bendiener	-	VHO	1929/30	1935/36
Renate Stasser (1904-?)	1930	VHO	1936/37	

* VHO (Volksheim Ottakring), VBV (Wiener Volksbildungsverein)

Quelle: eigene Darstellung

---

5   Die Dissertationen der Universität Wien werden in Botanik und Zoologie getrennt gelistet; die vorliegende Darstellung folgt dieser Trennung.

6   Margarete Erban war am Pflanzenphysiologischen Institut und Helene Spengler am Botanischen Institut der Universität Wien, Olga Beck an der Lehrkanzel für Phytopatologie an der Hochschule für Bodenkultur tätig.

Datenbank des VHS-Archives sind 46 Kurs-Treffer zwischen 1921/22 und 1948/49 verzeichnet. Sie ist bis auf wenige Ausnahmen fast durchgehend am Wiener Volksbildungsverein als Kursleiterin, Vortragende oder mit Führungen vertreten. Eine Lücke zeigt sich nur in den Jahren des Austrofaschismus. Interessant ist, wie sich ihr Angebot entsprechend den historischen und politischen Rahmenbedingungen ändert – zumindest im Titel. Die Bezeichnungen wechseln von „regionalen Pflanzen", bezogen auf Wien oder auch einzelne Bezirke, wie Grinzing, Döbling, Hütteldorf, zu „Deutschlands Heilpflanzen – ein Volksgut" 1938/39, zu „Heil- und Nährpflanzen" Anfang der 1940er hin zu „Kräfteauffrischung durch Wildkräuter" in den späteren Kriegsjahren. Mit ihren Kursen gestaltete Sporer zwei Fünftel des NS-Volksbildungsangebots im Bereich Biologie (siehe Ganglbauer 2014, S. 109).

Bislang wenig Aufmerksamkeit erhielt **Rosa Kürti-Jahodas** (1905-2004) engagierte Tätigkeit als Volkshochschulkursleiterin und -vortragende. Zwischen 1928/29 und 1933/34 ergibt die Suche im VHS-Archiv 32 Einträge zu verschiedenen Angeboten aus dem Bereich der Botanik. Danach ist es für die engagierte Sozialdemokratin wohl nicht mehr möglich, die Kurse hier fortzusetzen. Wissenschaftlich forscht Jahoda, die auch als Lehrerin an einem Gymnasium unterrichtet, nach ihrer Promotion an der biologischen Station in Lunz am See und von 1929 bis 1931 an der Biologischen Versuchsanstalt (BVA) der Akademie der Wissenschaften. 1938 als Gymnasialprofessorin entlassen, emigriert sie zunächst nach London und im August 1938 in die Türkei, wo sie Vorlesungen an der Biologischen Fakultät der Universität Istanbul hält. 1939 gelingt ihr die Weiterreise zu ihrem Mann in die USA, wo sie weiter in der akademischen Lehre tätig ist[7].

Zoologinnen unter den Kursleiterinnen

Die geringe Anzahl der Dissertantinnen im Bereich der Zoologie korrelierte mit dem geringen Anteil an Kursleiterinnen in diesem Themenbereich (siehe Tab. 3). Am Wiener Volksbildungsverein finden sich nur in den Jahren der Habsburgermonarchie Kursleiterinnen im Bereich Zoologie.

Tab. 3: Kursleiterinnen im Bereich Zoologie

Name	Diss. Jahr	Volkshoch-schulein-richtung*	Erster Kurs	Letzter Kurs
Hedwig Gottlieb (1885-?)	1913	VBV	1912/13	1913/14
Grete (?) Meisel	?	VBV	1912/13	1913/14
Friederike Krenn (1884-1944?)	1912	VBV	1913/14	
Olga Janowitz (1891-1977)	1914	VHO	1915/16	1936/37
Martha Weithofer (1894-1959)	1916	VHO	1919/20	
Leonore Brecher (1886-1942)	1916	VHO, Urania	1920/21	1934
Therese Rappeport (1887-?)	1914	VBV, VHO, Urania	1928/29	1929/30
Susanne Kann (1904-1996)	1926	VHO	1929/30	1931/32
Gerda Kreibich (1910-?)	1934	Urania	1935/36	

* VHO (Volksheim Ottakring), VBV (Wiener Volksbildungsverein)

Quelle: eigene Darstellung

Am Volksheim Ottakring besonders prägend für den Bereich Biologie ist die langjährig engagierte Erwachsenenbildnerin **Olga Janowitz** (1891-1977). Sie besucht die Schwarzwaldschule am Kohlmarkt und legt 1909 am Staats-Obergymnasium in Klagenfurt als Externistin die Maturaprüfung mit Auszeichnung ab. 1914 promoviert sie an der Universität Wien in Zoologie, zudem legt sie die Lehramtsprüfungen für Mathematik, Physik und Naturgeschichte ab. 1915 ist sie als Probekandidatin an der Mädchenschule des Vereins für realgymnasialen Mädchenunterricht und in derselben Schule ab 1916/17 als Lehrkraft verzeichnet. Sie bleibt an dieser Schule bis zum „Anschluss" Österreichs, kümmert sich nicht nur um ihre Schülerinnen, sondern auch um zahlreiche Lehramtskandidatinnen. Von Anfang an ist sie für die Naturhistorische Sammlung verantwortlich. Ab 1915/16 ist sie auch am Volksheim Ottakring in der biologischen Abteilung tätig. Bis 1937/38 bietet sie fast durchgängig mehrere Kurse jährlich an, u.a. zur Entwicklung von Tier und Mensch, zum Ursprung des Lebens, zur Liebe und zum Verständnis für die

---

7   Siehe hierzu das Gedenkbuch der Österreichischen Akademie der Wissenschaften

Natur und auch zur Stammesgeschichte. Mithilfe der Unterstützung der American Association of University Women gelingt Janowitz die Emigration in die USA, wo sie zur biologischen Forschung (Plankton Forschung am Hull College) wechseln kann. 1943 erhält sie eine temporäre Anstellung als Assistentin an der Scripps Institution of Oceanography in LaJolla, Californien, später ist sie in der Erziehungsberatung tätig (siehe von Oertzen 2000; Gold 1966).

Zwischen 1920/21 und 1924/25 ist **Leonore Brecher** (1886-1942) mit sieben Kurse am Volksheim Ottakring vertreten. Brechers Forschungsweg führte sie, unterstützt von diversen Stipendien (z.B. der American Association of University Women, der Notgemeinschaft Deutscher Wissenschaftler oder dem Yarrow Research Fellowship am Girton College) an zahlreiche Institutionen im Ausland, in Wien hat sie an der Biologischen Versuchsanstalt (Vivarium) einen Platz. Der Versuch der Forscherin, sich 1926 an der Universität Wien in Zoologie zu habilitieren, scheitert. 1934 scheint im Programm der Urania eine Führung Brechers durch das Vivarium im Prater auf. Trotz ihrer Bemühungen, wieder im englischsprachigen Ausland unterzukommen, und eines kurzfristigen Aufenthaltes am biochemischen Institut in Cardiff 1938, muss Brecher nach Wien zurückkehren und wird Opfer der nationalsozialistischen Verfolgung. 1942 wird sie nach Maly Trostinec deportiert und ermordet (vgl. Bischof 2008a, S 9f.; siehe auch Taschwer 2012).

Ebenfalls ein paar Jahre wissenschaftliche Erfahrung gesammelt hat **Susanne Kann** (1904-1996), bevor sie ab 1929/30 für drei Jahre biologische Kurse im Stammhaus des Volksheims Ottakring, aber auch in der Zweigstelle Leopoldstadt anbietet. Im Anschluss an ihr Studium schließt sie 1927 und 1928 nicht nur an ihrer ehemaligen Schule ihre Lehramtsausbildung ab, sondern forscht gleichzeitig am physiologischen Institut der medizinischen Fakultät mit Ferdinand Scheminsky. Ihre Kurse am Volksheim Ottakring befassen sich mit allgemeiner Biologie, aber auch spezielleren Fragestellungen, wie elektrische Erscheinungen bei Tieren oder andere physikalische und chemische Vorgänge im Organismus. 1938 emigriert Kann in die USA. Sie kann ihre Arbeit fortsetzen und heiratet ihren Wiener Kollegen Walter Fleischmann.

Eine weitere Kursleiterin, **Therese Rappeport** (1887-?), die 1928/29 und 1929/30 insgesamt acht Vorträge/Kurse an allen drei Wiener Volksbildungseinrichtungen zum Bergland in Java anbietet, verlässt 1938 Österreich. Die 1914 promovierte Zoologin ist im Ersten Weltkrieg als Bakteriologin in Feldlaboratorien tätig und später einige Jahre im Gesundheitsdienst in Batavia bei der holländisch-indischen Regierung (heute Jakarta) als Zoologin und Parasitologin an der Ärzteschule von Surabaja (Java, Indonesien). Rappeport wechselt Anfang der 1930er Jahre ihr Tätigkeitsfeld und gründet einen Kindergarten mit Sprachheilschule. Sie flüchtet 1938 nach Tschechien und versucht anschließend als Dienstbotin nach Großbritannien zu kommen (siehe Bollauf 2009).

Das Angebot von **Gerda Kreibich** an der Wiener Urania sticht heraus. Es handelt sich um eine Arbeitsgemeinschaft der Jugendgruppe „Jung-Urania". Diese Jugendgruppe gilt als nationalsozialistisch dominiert. Direkte Rückschlüsse auf die Inhalte des Kurses sind jedoch nicht zulässig (vgl. Ganglbauer 2018, S. 133).

Kursleiterinnen im Bereich Physik

Im Bereich Physik finden sich bis 1914 abgesehen von Olga Steindler und Lise Meitner nur zwei weitere Kursleiterinnen (siehe Tab. 4).

Darunter **Friederike Friedmann** (1882-1968), die bereits während ihres Studiums an Wiener Volkshochschulen unterrichtet. Friedmann studiert an der Universität Wien Physik und LA für Mathematik und Physik, promoviert 1913 und absolviert 1914/15 das Probejahr am Mädchengymnasium des Vereins für erweiterte Frauenbildung. 1911/12 leitet sie einen Kurs zu elementarer Geometrie am Volksheim Ottakring, das Jahr darauf gemeinsam mit Philipp Frank und Josef Scholz am Wiener Volksbildungsverein praktische Übungen im Physikalischen Kabinett und 1913/14, jetzt mit „Dr.", Kurse zu Elektrizität resp. Grundzüge der Elektrizität mit Experimenten an beiden Einrichtungen. Ein Ansuchen auf Zulassung als außerordentliche Hörerin oder Hospitantin zu Vorlesungen aus Elektrotechnik wird abgelehnt (vgl. Mikoletzky et al. 1997, S. 36). 1920/21 findet sich ein letzter Kurs aus Physik am Volksheim Ottakring. Sie widmet sich nun ganz dem Lehramt,

Tab. 4: Kursleiterinnen im Bereich Physik

Name	Diss. Jahr	Volkshoch-schulein-richtung*	Erster Kurs	Letzter Kurs
Olga Steindler (1879-1933)	1903	VBV, VHO	1902/03	1906/07
Lise Meitner (1878-1968)	1905	VBV, VHO, Urania	1906/07	1923/24
Marie Katz (1881-?)	1906	VHO	1910/11	
Friederike Friedmann (1882-1968)	1913	VHO, VBV	1911/12	1920/21
Gerda Laski (1893-1928)	1917	VHO	1919/20	
Else Norst (1892-1969)	1917	vUV	1920/21	1921/22
Franziska Seidl (1892-1983)	1923	Urania	1924/24	1937/38
Marie Anna Schirmann (1893-1941)	1918	Urania, VHO.	1925/25	1933/34
Herta Leng (1903-1997)	1926	VHO	1930/31	1933/34
Käthe Schiff (1909-1981)	1933	VHO	1933/34	1934/35

* VHO (Volksheim Ottakring), VBV (Wiener Volksbildungsverein), vUV (volkstümlicher Universitätsvortrag)

Quelle: eigene Darstellung

wird Bürgerschuldirektorin und engagierte Individualpsychologin. Nach dem Zweiten Weltkrieg finden sich dazu über 100 Kurse der rückgekehrten Emigrantin (vgl. Kenner 2007, S. 114f.).

In den ersten Jahren der Zwischenkriegszeit finden sich einige Vorträge von Physikerinnen: Ein prominentes Beispiel ist der erste Vortrag zu Einsteins Relativitätstheorie[8] 1919/20 in Wien am Volksheim Ottakring im Rahmen einer Samstagsvorlesung – gehalten von der Physikerin **Gerda Laski** (1893-1928). Laski setzt ihre wissenschaftliche Tätigkeit in Deutschland, u.a. als Assistentin von Heinrich Rubens, und später an Kaiser Wilhelm Instituten fort.

Die erste Akademikerin, die einen volkstümlichen Universitätsvortrag im naturwissenschaftlichen Bereich hält, ist **Else Norst** (1892-1969), verh.

Rubinowicz, Assistentin am Ersten Physikalischen Institut. Sie referiert und experimentiert 1919/20 am Physikalischen Institut zu Wärmelehre und 1921/22 zu Optik. Norst ist zudem in der Fachgruppe Physik im Wiener Volksbildungsverein tätig (vgl. Bischof 2008b, S. 27-29).

1922/23 und 1923/24 kommt **Lise Meitner**, inzwischen Universitätsdozentin für Physik in Berlin, an die Wiener Urania, um Vorträge zu ihren Forschungsschwerpunkten zu halten.

Franziska Seidl (1892-1983), die erste Physikerin, die eine akademische Laufbahn an der Universität Wien antreten und 1933 habilitieren kann, bietet 1924/25 bis 1925/26 drei Veranstaltungen an der Urania an, zwei Kurse zu „Elektrische Grenzflächenerscheinungen. Ihre Bedeutungen für Physik und Technik" und „Die Welt der Töne (mit Experimenten)". 1937/38 hält Seidl, mittlerweile Privatdozentin, einen Kurs zur Frage „Was ist Ultraschall?", ihrem Spezialgebiet.

Die Assistentin am Dritten Physikalischen Institut der Universität Wien **Marie Anna Schirmann** (1893-1941) widmet 1925/26 einen Kurs an der Urania der „Physik der Röntgen- und Radioröhren", abgehalten am Physikinstitut. Schirmann, seit 1922 Assistentin bei Felix Ehrenhaft, sucht 1930 um ihre Habilitation an. Dieses Ansuchen wird aber abgelehnt und sie setzt ihre Tätigkeit in einem physikalisch-technischen Privatlabor für Hochvakuumforschung und Elektromedizin fort und hält 1932/33 bis 1934/35 Kurse an der Urania, zunächst wieder am Physikinstitut, später an der Urania. Ihr Angebot, den 1933/34 am Volksheim Ottakring gehaltenen Vortrag zu „Radiowellen, ein neues Heilmittel" 1934 zu wiederholen, wird abgelehnt, da „Experimentalkurse keinen Anklang mehr finden" (VHS-Archiv, Archivalia Korrespondenz B-VHO 3/23/4789-4964/4929). Ihr Versuch, nach 1938 über das Emergency Commitee in Aid of Displaced Foreign Scholars zu emigrieren, scheitert. Sie wird im März 1941 nach Polen deportiert (vgl. Bischof 2008a, S. 10).

Zwei jüngeren Kolleginnen, Herta Leng und Käthe Schiff, verh. Boll-Dornberger, gelingt die Emigration. **Herta Leng** (1903-1997) versucht nach Abschluss

---

8   Siehe hierzu auch: https://adulteducation.at/de/historiografie/ausstellung/323/

ihres Studiums ihre Forschung am Radium-Institut fortzusetzen, da aber keine Anstellung in Aussicht ist, wechselt sie ins Lehramt. Nach der Lehramts-Prüfung und dem Probejahr an dem Gymnasium, an dem auch Janowitz unterrichtet, wird sie hier als Hilfslehrerin geführt. 1930 beginnt ihre Tätigkeit am Volksheim Ottakring. Es finden sich bis 1933/34 elf Experimental-Kurse aus unterschiedlichen Bereichen der Physik. Nach dem „Anschluss" Österreichs wird Leng vom Schuldienst entlassen. Im Jänner 1939 kann sie nach England und im November weiter in die USA emigrieren. Mit einem Forschungsstipendium der American Association of University Women kehrt Leng 1940/41 zur wissenschaftlichen Forschung zurück, beginnt eine wissenschaftliche Laufbahn und wird 1966 erste Professorin am Rensselaer Polytechnic Institute.

Käthe Schiff (1909-1981), später verh. Boll-Dornberger, leitet 1933/34 am Volksheim Ottakring einen Kurs zu Experimenten aus allen Gebieten der Physik. Sie hat ab 1928 zunächst in Wien, später in Göttingen, Physik studiert. Nach der Machtergreifung Hitlers kehrt sie nach Wien zurück und beendet hier ihr Studium. Anschließend arbeitet sie beim Chemiker Philipp Groß als Assistentin. 1934/35 finden sich ein Vortrag zum Thema „Physik im Dienst der Technik" und der Kurs „Der Umsturz in den exakten Naturwissenschaften (von Galileo bis Einstein)", beide an der Zweigstelle Simmering. Weitere Kurse sind für die politisch aktive Wissenschafterin nicht mehr möglich. Schiff emigriert noch vor 1938 nach England und kann ihren akademischen Weg fortsetzen.

Chemikerinnen?

Abgesehen von der ersten Chemikerin **Margarete Furcht** ist dieser Bereich durchgehend unter männlicher (Kurs-)Leitung. Am Volksheim Ottakring wirkte z.B. bis 1938 der Chemiker Fritz Feigl.

In der Zwischenkriegszeit findet sich ein einziger Beitrag einer Chemikerin: Die langjährige Assistentin am Zweiten Chemischen Laboratorium der Universität Wien **Rautgundis Rotter** (1892-1972) hält 1923/24 den volkstümlichen Universitätskurs „Chemie (4): Chemische Vorgänge im lebenden Organismus (mit

Experimenten und Vorweisungen)" am Chemischen Institut der Universität (vgl. Bischof 2014, S. 42f.). Ein ähnliches Bild zeigt sich in diesen Jahren in den kleinen naturwissenschaftlichen Disziplinen – klein gemessen an den Studierendenzahlen, nicht am Angebot an den Wiener Volksbildungshäusern: Als Kurleiterinnen scheinen einzig die Geologin **Maria Kober** (1888-1968) und die Astronomin **Gertrud Kremser** (1907-?) auf.[9]

Erst nach 1938 findet sich mit **Ruth Wenzelburger** (1911-?) wieder eine Chemikerin. Wenzelburger reicht 1937 ihre Dissertation ein und hält 1939 einen Vortrag an der Wiener Urania, ab 1941/42 leitet sie praktische Arbeiten im Chemischen Laboratorium der 1938 in „Deutsches Volksbildungswerk" umbenannten Institution in Ottakring.

Tab. 5: Kursleiterinnen im Bereich Chemie

Name	Diss. Jahr	Volkshoch-schulein-richtung*	Erster Kurs	Letzter Kurs
Margarete Furcht (1879-1976)	1902	VHO	1902/03	1903/04
Rautgundis Rotter (1892-1972)	1919	vUV	1923/24	
Ruth Wenzelburger (1911-?)	1937	Urania, VHO	1939	1950/51

* VHO (Volksheim Ottakring),
 vUV (volkstümlicher Universitätsvortrag)

Quelle: eigene Darstellung

Schlussbemerkung

Wenige der hier genannten Frauen sind langfristig im Gedächtnis geblieben. Nicht wenige waren von Vertreibung und Vernichtung durch den Nationalsozialismus betroffen. Ähnlich wie der bemerkenswerte Frauenanteil in den naturwissenschaftlichen Studienrichtungen vergessen ist, so scheint nicht nur der wissenschaftsorientierte Fokus der Erwachsenenbildung der Anfangs- und Zwischenkriegsjahre, sondern vor allem die Beteiligung von Frauen an diesen Einrichtungen kaum gesellschaftlich in Erinnerung. Hier gibt es noch reichlich zu tun.

---

9 Mit Maria Wähnl (1908-1989) ist nach 1945 an der Sternwarte der Urania eine Astronomin in leitender Funktion tätig.

Literatur

Bischof, Brigitte (2008a): Naturwissenschafterinnen an der Universität Wien, biografische Skizzen und allgemeine Trends. In: Korotin, Ilse (Hrsg.): 10 Jahre „Frauen sichtbar machen". BiografiA – Datenbank und Lexikon österreichischer Frauen (= Mitteilungen des Institutes für Wissenschaft und Kunst 1–2), S. 5-12. Online: https://www.iwk.ac.at/wp-content/uploads/2014/06/Mitteilungen_2008_1-2_zehn_jahre_biographia.pdf [Stand: 2021-06-13].

Bischof, Brigitte (2008b): Wiener Mathematikerinnen in der ersten Hälfte des 20. Jahrhunderts (= Broschüre, hrsg. von X2-Frauenförderungsprojekt der Fakultät für Mathematik der Universität Wien).

Bischof, Brigitte (2014): Chemikerinnen an der Universität Wien. In: Blumesberger, Susanne/Kanzler, Christine/Nusko, Karin (Hrsg.): Mehr als nur Lebensgeschichten. 15 Jahre biografiA. Eine Festschrift für Ilse Korotin. Wien: Präsens, S. 27-58.

Bischof, Brigitte (2019): Vertrieben und vergessen? Die Meteorologin Gertrud Perl. In: Korotin, Ilse/Stern, Ursula (Hrsg.): Das Exil der Frauen. Historische Perspektive und Gegenwart. Wien: Präsens, S. 110-127.

Bollauf, Trude (2009): Dienstbotenemigration. Wie jüdische Frauen aus Österreich und Deutschland fliehen konnten (= publiziert 2010 unter Dienstmädchen-Emigration, Wiener Studien zur Zeitgeschichte Bd3. Wien: LIT, Universität Wien).

Brosch, Markus (2012): Jüdische Kinder und LehrerInnen zwischen Hoffnung, Ausgrenzung und Deportation. VS/HS Kleine Sperlgasse 2a, 1938 – 1941 (= unveröff. Diplomarbeit, Universität Wien).

Furcht, Margarete (1903a): Die geistige Gärung. In: Das Wissen für Alle. Volkstümliche Vorträge und populärwissenschaftliche Rundschau. Jg. 3, 1903, Heft 3, S. 12-13.

Furcht, Margarete (1903b): Eine wichtige Änderung in der Seifenindustrie. In: Das Wissen für Alle. Volkstümliche Vorträge und populärwissenschaftliche Rundschau. Jg. 3, 1903, Heft 21, S. 3-5.

Furcht, Margarete (1903c): Gefäße aus Bergkristall. In: Das Wissen für Alle. Volkstümliche Vorträge und populärwissenschaftliche Rundschau. Jg. 3, 1903, Heft 25, S. 8.

Furcht, Margarete (1904): Entwicklung der modernen Sprengstofftechnik. In: Das Wissen für Alle. Volkstümliche Vorträge und populärwissenschaftliche Rundschau. Jg. 4, 1904, Heft 38, S. 5-6.

Furcht, Margarete (1906): Feuer. In: Niederösterreichische Volksbildungsblätter. Jg. 21, 1906, Heft 289, S. 169-171.

Ganglbauer, Stefan (2014): Die Naturwissenschaften an den Wiener Volkshochschulen – ein volksbildnerisches „Glanzstück". In: Spurensuche, 23. Jg., Heft 1-4, 2014, S. 103-123.

Ganglbauer, Stefan (2018): Gesundheitsbildung als Aufklärung und Disziplinierung In: Spurensuche, 27. Jg., 2018, S. 124-154.

Gebhardt, Johanna (2016): Frauen an der Volkshochschule Volksheim Ottakring von der Gründung 1901 bis zum Ende des Ersten Weltkrieges (= unveröff. Magisterarbeit, Universität Graz).

Geringer, Hilda (1920a): Gedanken zur Lehrweise an Volkshochschulen. In: Erwachsenenbildung zwischen Romantik und Aufklärung. Dokumente zur Erwachsenenbildung der Weimarer Republik. o.O.: o.V., S. 184-199.

Geiringer, Hilda (1920b): Gedanken zur Lehrweise an Volkshochschulen (Teil I). In: Die Arbeitsgemeinschaft. Monatsschrift für das gesamte Volkshochschulwesen, Jg. 2, Heft 1, 1920, S. 13-24.

Geiringer, Hilda (1920c): Gedanken zur Lehrweise an Volkshochschulen (Teil II und Schluss). In: Die Arbeitsgemeinschaft. Monatsschrift für das gesamte Volkshochschulwesen, Jg. 2, Heft 3-4, 1920, S. 94-108.

Gold, Hugo (1966): Geschichte der Juden in Wien. Tel Aviv: Olamenu.

Heindl, Waltraud/Tichy, Marina (Hrsg.) (1990): „Durch Erkenntnis zu Freiheit und Glück...". Frauen an der Universität Wien (ab 1897). Wien: WUV.

Kenner, Clara (2007): Der zerrissene Himmel. Emigration und Exil der Wiener Individualpsychologie. Wien: Vandenhoeck & Ruprecht.

Keintzel, Brigitta/Korotin, Ilse (Hrsg.) (2002): Wissenschafterinnen in und aus Österreich. Wien: Böhlau.

Korotin, Ilse (Hrsg.) (2016): biografiA – Lexikon österreichischer Frauen, 4 Bände. Wien: Böhlau.

Korotin, Ilse/Stupnicki, Nastasja (Hrsg.) (2018): Biografien bedeutender österreichischer Wissenschafterinnen. „Die Neugier treibt mich, Fragen zu stellen." Wien: Böhlau.

Mikoletzky, Juliane et al. (Hrsg.) (1997): „Dem Zug der Zeit entsprechend...". Zur Geschichte des Frauenstudiums in Österreich am Beispiel der Technischen Universität Wien. Wien: WUV.

Stifter, Christian H. (2006): Geistige Stadterweiterung. Eine kurze Geschichte der Wiener Volkshochschulen 1887-2005. Weitra: Bibliothek der Provinz.

Stifter, Christian H./Streibel, Robert (2019): Nationalsozialismus und Volkshochschulen in Wien. In: Spurensuche, 28. Jg., 2019, S. 52-65.

Taschwer, Klaus (2012): Andenken an eine völlig vergessene Forscherin. In: Der Standard, vom 23. September 2012. Online: https://www.derstandard.at/story/1348283731761/andenken-an-eine-voellig-vergessene-forscherin [Stand: 2021-06-10].

Von Oertzen, Christine (2000): Networks of an Academic World Community: The exodus of German-speaking women scientists and the refugee aid program of the American Association of University Women. In: GHI Bulletin 27, S. 121-138.

Quellen und weiterführende Links

Anno- AustriaN Newspaper. Online: https://anno.onb.ac.at/

Archiv der Universität Wien/Philosophische Fakultät: LA-Prüfungen, Rigorosenprotokolle, Rigorosenakten, Dekanatsakten.

Gedenkbuch der Österreichischen Akademie der Wissenschaften: https://www.oeaw.ac.at/gedenkbuch/personen

Grabstellenauskunft: https://www.friedhoefewien.at/grabsuche_de

Knowledgebase Erwachsenenbildung – Historiografie: https://adulteducation.at/de/historiografie/

Österreichisches Volkshochschul-Archiv – Bestandssuche: http://archiv.vhs.at/vhsarchiv-home.html

Philosophische Fakultät (Hrsg.): Verzeichnis über die seit 1872 an der philosophischen Fakultät der Universität Wien eingereichten und approbierten Dissertationen. Wien 1935; dies.: Verzeichnis der 1934 bis 1937 approbierten Dissertationen. Wien 1937 (Nachdruck 1972) und dies.: Verzeichnis der 1937 bis 1944 approbierten Dissertationen. Wien 1954.

Stadt Wien/Lehmann Online – digitalisierte Adressbücher 1859-1942: https://www.digital.wienbibliothek.at/nav/classification/2609

United States Holocaust Memorial Museum: https://collections.ushmm.org/search/

Foto: mathis.studio

Mag.ª rer.nat. Brigitte Bischof

brigitte.bischof@jku.at
Tel: +43 (0) 660 3663807

Brigitte Bischof ist Lektorin an der JKU Linz für Genderforschung in MINT (Mathematik, Informatik, Naturwissenschaften und Technik), freie Wissenschafterin und freie Trainerin für wissenschaftliches Schreiben u.a. an der FH Campus Wien und am writers'studio Wien. Sie forscht und publiziert im Bereich Physikgeschichte und Frauen in Naturwissenschaft und Technik.

On "Mathematical Jokes" and "Love and Understanding of Nature"

Female natural scientists at the Vienna adult education centres, 1900–1938

Abstract

That women prefer language, literature and the humanities is a common stereotype that is also reflected in adult education: Women are more associated with teaching courses in language and literature than in mathematics or the natural sciences. In contrast, the author shows that women were active in mathematics and the natural sciences as course instructors at the Vienna adult education centres during the reign of the Habsburgs as well as during the interwar period. They were very well educated in their respective disciplines, and most had obtained a doctorate. The article presents a great number of physicists, mathematicians, biologists, botanists and zoologists and a smaller number of chemists, meteorologists, astronomers and geologists in biographical sketches, making them visible. (Ed.)

„Meine lieben Zuhörer" – Ilse Weitsch und der Frauenfunk bei Radio München/Bayerischer Rundfunk (1945-1958)

Nicole Luthardt

Zitation

Luthardt, Nicole (2021): „Meine lieben Zuhörer" – Ilse Weitsch und der Frauenfunk bei Radio München/Bayerischer Rundfunk (1945-1958).
In: Magazin erwachsenenbildung.at. Das Fachmedium für Forschung, Praxis und Diskurs, Ausgabe 43.
Online: https://erwachsenenbildung.at/magazin/21-43/meb21-43.pdf.

Schlagworte: Ilse Weitsch, Frauenfunk, Radio München, Nachkriegszeit, Heimvolkshochschule, Frauenbildung

Kurzzusammenfassung

Die Beschäftigung mit Erwachsenenbildnerinnen als Gestalterinnen von institutionalisierten Bildungsangeboten ist selten, noch seltener ist die Beschäftigung mit dem erwachsenen-pädagogischen Wirken von Frauen in nicht-institutionalisierten Lehr- und Lernsettings wie Radio und Fernsehen. Dementsprechend ist die Erwachsenenbildnerin Ilse Weitsch (geb. Thieß) und ihr wesentlicher Beitrag für die politische und emanzipatorische Erwachsenenbildung kaum bekannt. Sie rief nach Kriegsende den „Frauenfunk" bei Radio München ins Leben, welchen sie bis zu ihrem Tod im Jahr 1958 leitete. Die Sendereihe hat in der Nachkriegszeit wesentlich zur politischen Erwachsenenbildung sowie zur Demokratie- und Frauenbildung beigetragen. Ziel des Beitrags ist, diese erwachsenenpädagogische Arbeit von Ilse Weitsch durch die Analyse unterschiedlicher, bisher aus erwachsenenpädagogischer Perspektive nicht beachteter Primärquellen aufzuzeigen und zu würdigen. (Red.)

08

Praxis

„Meine lieben Zuhörer" – Ilse Weitsch und der Frauenfunk bei Radio München/Bayerischer Rundfunk (1945-1958)

Nicole Luthardt

Wer sich den Frauenfunk als eine Abteilung für Lebenshilfe vorstellt, greift zu kurz.

Liselotte Adam 1978

Beiträge zum Wirken von Pädagoginnen/Volksbildnerinnen/Erwachsenenbildnerinnen sind in einschlägigen Wörterbüchern in einer recht überschaubaren Anzahl zu finden. Entsprechend wurden die Leistungen von Erwachsenenbildnerinnen als Gestalterinnen (institutionalisierter) Bildungsprozesse bislang kaum explizit sichtbar gemacht (vgl. Meilhammer 2007, S. 242), noch seltener das erwachsenenpädagogische Wirken von Frauen in nicht-institutionalisierten Lehr- und Lernsettings wie Radio und Fernsehen.

Um diesem Desiderat entgegen zu wirken, soll nachfolgend Ilse Weitsch, geb. Theiß, vorgestellt werden – unter besonderer Berücksichtigung ihrer Arbeit als leitende Redakteurin des Frauenfunks bei Radio München ab August 1945. Die bisherige Forschungslage zu ihrem Leben, ihren Publikationen (siehe z.B. Weitsch/Lotze 1930; Argelander/Weitsch 1933; Weitsch 1947) und zur Bedeutung ihres (erwachsenenbildnerischen) Wirkens für die Zeit ab 1945 kann als mangelhaft bezeichnet werden. Entsprechend wird meist übersehen, welch wesentlichen Beitrag sie für die politische und emanzipatorische Erwachsenenbildungsarbeit geleistet hat.

Nebst einer biografischen Skizze sollen im Rahmen des nachfolgenden Beitrags die Bildungsziele und Bildungsinhalte ausgewählter Sendereihen des Frauenfunks aufgezeigt und zeithistorisch kontextualisiert werden, um deutlich werden zu lassen, dass es sich hierbei um Angebote der Erwachsenenbildung handelte.

Biografische Kurzskizze

Liselotte Adam, neben Ilse Weitsch und Emmi Heilmeier Redakteurin im Frauenfunk ab 1945, bezeichnet die Heimvolkshochschule Dreißigacker als Ilse Weitschs *„erste Begegnung mit der Erwachsenenbildung – ihrem eigentlichen Interessensgebiet"* (Adam 1978). Weitschs Werdegang kann ohne Berücksichtigung Dreißigackers und ihres Mannes Eduard Weitsch (zu Eduard Weitsch siehe u.a. Faulstich/Zeuner 2001; Friedenthal-Haase/Meilhammer 1999) nicht nachgezeichnet werden. Diese waren der

Ausgangspunkt ihrer volksbildnerischen Arbeit und prägten ihr pädagogisches Wirken (vgl. Reimers 2000, S. 381ff.).

Ilse Theiß, geb. am 22.1.1904 in Gelsenkirchen, war selbst Teilnehmerin des ersten Frauenkurses in Dreißigacker (1921) gewesen. *„Nach dem viermonatigen Kurs ging sie zwei Jahre nach Jena, die grosse Schwesternausbildung an der Universitätsklinik zu absolvieren, bestand das Examen vorzüglich und bezog dann die Soziale Frauenschule von Alice Salomon. Als Fürsorgerin war sie dann auf verschiedenen Plätzen tätig, zuletzt als leitende Fürsorgerin an der Berliner Schwangerenfürsorge, der sie mehrere Jahre diente [...]. Sie machte dann in Jena die sogenannte ‚Immaturenprüfung' und studierte fünf Semester Pädagogik, Soziologie, Philosophie in Jena und hauptsächlich in Frankfurt am Main bei Karl Mannheim. 1931 brach sie ab, um [mich; N.L.] zu heiraten. Leider und – Gott sei Dank"* – so Eduard Weitsch (1955, S. 191f.) in seiner unveröffentlichten Autobiografie[1]. Bereits vor der Heirat im Jahr 1931 war Ilse Weitsch als Lehrende und Assistentin von Eduard Weitsch in Dreißigacker aktiv gewesen – von März bis Juni 1930 leitete sie dort den 5. und von April bis Juni 1931 den 6. Frauenlehrgang (vgl. Reimers 2000, S. 92); außerhalb der Heimvolkshochschule Dreißigacker war sie in der Volksbildung aktiv, u.a. an der Abendvolkshochschule Jena. Kennzeichnend für Ilse Weitschs berufliches Wirken war ihre Auseinandersetzung mit der Rolle und Aufgabe der Erwachsenenbildung bezüglich zentraler Frauen- und Gegenwartsfragen, Kernthemen ihrer Lehr- und Vortragstätigkeiten waren die Wohlfahrtspflege und die Arbeiter:innenbildung (vgl. ebd.).

Die politischen Veränderungen in Thüringen, spätestens mit Beginn der Baum-Frick-Regierung (ab 1930) deutlich spürbar, wirkten sich auch auf die pädagogische Arbeit und bildungspolitische Freiheit des

Ehepaars Weitsch aus (vgl. Faulstich/Zeuner 2001, S. 209 m.w.N.). Im August 1933 wurde Eduard Weitsch wegen *„nationaler Unzuverlässigkeit"* (Weitsch 1955, S. 164) auf Basis des Gesetzes zur Wiederherstellung des Berufsbeamtentums ohne Pensionsanspruch entlassen (vgl. Friedenthal-Haase/Meilhammer 1999, S. XLVIII); die Heimvolkshochschule Dreißigacker war bereits am 30. März 1933 von den Nationalsozialisten besetzt worden (vgl. Faulstich/Zeuner 2001, S. 209f.; Weitsch 1955, S. 160). Insofern begann 1933 die (innerdeutsche) Flucht der Familie Weitsch, die schließlich 1934 im bayerischen Deisenhofen endete. Bis 1945 sicherte sich die Familie mit Schriftstellerei oder dem Entwerfen von *„Werbetexte[n] für Firmen"* (Adam 1978) das Überleben. Angeregt durch einen Aufruf der amerikanischen Besatzungsmacht bei Radio München, *„man solle doch Schränke und Truhen öffnen und den Leuten, die nichts mehr hätten, von seinen Reichtümern abgeben"* (Rundfunkveteranen erzählen 1981), machte sich Ilse Weitsch im Sommer 1945 auf den Weg in das Funkhaus in München, *„um den verantwortlichen Rundfunkoffizieren [...] ihre Kritik am Rundfunkprogramm[2] mitzuteilen"* (Braun 2005, S. 48). Aus diesem Gespräch entsprang das Angebot an sie, selbst als Redakteurin zu wirken und ein Programm zu entwickeln. *„Ilse Weitschs Vergangenheit passte in das politische Konzept der amerikanischen Besatzer, die sich im Bereich des Rundfunks außerordentlich streng an die Entnazifizierungsvorschriften gegenüber den deutschen Anstellungskandidaten hielten"* (ebd.).

Nach kurzem Zögern – sie war Mutter, kümmerte sich um ihre Eltern und war für die Garten- und Hausarbeit zuständig – sagte sie zu.

Während ihrer Zeit als Leiterin des Frauenfunks initiierte Ilse Weitsch die „Vermisstensuche" und rief die Aktion „Weihnachtshilfe" ins Leben (vgl. ebd., S. 52). Das Medium Funk begriff sie *„als pädagogisches*

---

1 Teile der Autobiografie (bezogen auf den Zeitraum 1933-1955) finden sich im Herausgeberband von Paul Ciupke und Franz-Josef Jelich (1997).

2 Im Mai 1945 ging der Münchner Rundfunk erstmals nach Kriegsende mit den Worten: *„Hier ist Radio München, ein Sender der Militärregierung"* (Braun 2005, S. 47) auf Sendung. In Tonbandaufzeichnungen heißt es (erst in englischer, dann in deutscher Sprache): *„This is Radio Munich. A station of the military government. We are broadcasting on a wavelength of 405 meter, 740 kilocycles. We are on the air daily, with programs of news and music, in german and in foreign languages"; „Hier ist Radio München, ein Sender der Militärregierung. Wir senden auf Wellenlänge 405 Meter, 740 Kilohertz. Es wird von der Militärregierung darauf hingewiesen, dass die Sendestation Radio München täglich um 19.30 Uhr und um 21.00 Uhr alle wichtigen Mitteilungen der Militärregierung und der Stadtverwaltung bekanntgibt. Stellen Sie zu den angegebenen Zeiten Ihren Apparat ein, damit Sie ständig alle neuen Nachrichten erhalten. Die Militärregierung weist nochmals darauf hin, dass von 19.00 Uhr bis 6.00 Uhr alle Zivilisten, gleich welcher Nationalität, sich in ihren Wohnungen oder Unterkünften aufzuhalten haben. Wir senden jetzt Musik"* (Rundfunkveteranen erzählen 1981).

und politisches Instrument" (Rundfunkveteranen erzählen 1981). Ilse Weitsch war aber auch selbst politisch aktiv, initiierte verschiedene Arbeitsausschüsse mit (Süddeutscher Frauenarbeitskreis München, Münchner Rechtsreformausschuss etc.) und war darin vertreten (vgl. ebd., S. 55). Für ihr soziales Engagement bekam sie am 25.5.1957 das Bundesverdienstkreuz 1. Klasse verliehen (vgl. BR 2020).

1955 verstarb Eduard Weitsch, 1958 Ilse Weitsch. Beide Urnen sind in Dreißigacker beigesetzt.

Der Frauenfunk von Radio München – mehr als Kochrezepte und Hausfrauendinge?

In der am 28. Oktober 1947 erschienenen gemeinsamen Kontrollratsdirektive Nr. 56 der Alliierten mit dem Titel „Basis Principles for Adult Education in Germany" wurde die Bedeutung der (non-)formalen und informellen Erwachsenenbildung für den demokratischen Wiederaufbau Deutschlands hervorgehoben: *„The chief aim of adult education should be to prepare active workers for the democratic education of Germany by making widely accessible to the adult population the latest social, political, and scientific knowledge"* (zit. in Ziegler 1997, S. 214). Um diesem Anliegen gerecht werden zu können, wurden neben der (non-)formalen Bildung in Einrichtungen der Erwachsenenbildung unter Punkt 2 auch weitere informelle Bildungsmöglichkeiten angesprochen, u.a. das Büchereiwesen, Museen und das Radio (vgl. ebd.). Das Radio war in der direkten Nachkriegszeit zum Teil die einzige Informationsquelle und generell ein wirkungsvolles Kommunikationsmittel, um möglichst alle Kreise der Bevölkerung zu erreichen (vgl. Braun 2005, S. 47ff. m.w.N).

Bereits vor dieser gemeinsamen Direktive der Alliierten hatte die amerikanische Besatzungsmacht 1946 für alle Landesrundfunksender einen speziellen Frauenfunk eingerichtet (vgl. Ziegler 1997, S. 45). Der Name „Frauenfunk" mag die Vorstellung wecken, dass es sich hier um eine Abteilung handelte, die mit

ihren Sendereihen ausschließlich Frauen als Ziel- und Zuhörer:innengruppe adressieren wollte oder nur *„Kochrezepte, Hausfrauendinge allenfalls"* (Weitsch 1952, S. 1) von Frau zu Frau besprechen sollte. Diese Vorstellung ist richtig und falsch gleichermaßen. In der Entstehungszeit des Frauenfunks[3] waren Fragen der Ernährung (und somit auch des (finanziellen) Überlebens in der Nachkriegszeit) und der Erziehung (u.a. angesichts der oftmaligen kriegsbedingten Abwesenheit der Väter und Ehemänner) zentral. Spätestens in den ausgehenden 1940er Jahren änderten sich jedoch die inhaltlichen Schwerpunktsetzungen, z.B. wurden Fragen der berufstätigen und auch der alleinstehenden Frau thematisiert (vgl. Ziegler 1997, S. 85). *„Die Frauen heute müssen sich um sehr viel mehr Dinge als um Kochen und Kinder kümmern. So reichen denn die Fragen, um die es bei uns im Frauenfunk geht, über das Kochrezept zu Fragen der Erziehung und der Schule, über das Ehe- und Familienrecht bis zu den Fragen des sozialen Lebens und der sozialen Neuordnung"* (Weitsch 1952, S. 1).

Die Manuskripte der Sendereihen mussten den Amerikanern vor der Ausstrahlung vorgelegt werden – erst nach einer Prüfung der Inhalte konnte gesendet werden (vgl. Braun 2005, S. 51). Wobei, wie Liselotte Adam erwähnt, die Amerikaner die Redakteurinnen weitgehend gewähren ließen, da sie es gewohnt waren, *„dass Frauen auch ein Wort mitzureden haben"* (Rundfunkveteranen erzählen 1981).

Die während Ilse Weitschs Leitung entstandenen neun Sendereihen des Frauenfunks waren vielfältig. Die Sendemanuskripte zeigen, dass es Programme gab, die sich konzeptionell ausschließlich an Frauen richteten (z.B. „Guten Morgen, liebe Hausfrau"/ „Für die Hausfrau", „Für die Landfrau", „Für die berufstätige Frau") – wobei: *„[I]n diesen Sendungen, in denen wir uns betont an die Frauen wenden, haben wir nicht nur weibliche Hörer. Unsere Hörerkorrespondenz über diese Sendungen führen wir nicht nur mit Frauen, sondern 40 Prozent der Briefschreiber[4] sind Männer"* (Weitsch 1952, S. 1). Aber selbst in den Sendereihen, die sich namentlich an Frauen richteten, ging es nicht nur um „*Mode,*

---

3   Die ersten archivierten Sendemanuskripte sind ab Januar 1946 erhalten (vgl. Braun 2005, S. 330ff.).

4   Die hier genannte Zahl bedeutet nicht, dass auch 40% der Zuhörenden Männer waren, sondern dass sich die Zuhörer regelmäßig zu Wort meldeten und entsprechend auch regelmäßig die Sendungen hörten.

Schönheitspflege, Familie, Haushalt, Wohnen, Beruf und Kultur" (BR 2020). Es gab auch geschlechter- und themenübergreifende Reihen wie „Soziale Fragen", „Für Eltern und Erzieher" sowie „Für unsere alten und neuen Landsleute", in denen unterschiedliche gesellschaftliche, pädagogische und auch rechtliche Fragestellungen eine Rolle spielten. Diese unterschiedlichen Themenschwerpunkte deckten sich mit dem Arbeitsziel des Frauenfunks, welches Ilse Weitsch in einem Rechenschaftsbericht an eine amerikanische Aufsichtsbehörde wie folgt formulierte: *„Das Arbeitsziel der Abteilung Frauenfunk [...] ist vom ersten Tag an, das Interesse der Frauen über die Erfüllung der mütterlichen und häuslichen Aufgaben hinaus für die Aufgaben des öffentlichen Lebens zu gewinnen"* (Rundfunkveteranen erzählen 1981).

Aufgegriffen wurden die drängenden Fragen der Zeit sowohl in Bezug auf das Alltägliche (Erziehung, Finanzen, Ernährung etc.) als auch in Bezug auf gesellschaftliche Probleme und Herausforderungen (Gleichberechtigung von Mann und Frau, die Stellung der alleinlebenden Frau, Berufstätigkeit von Frauen, Lohngerechtigkeit etc.). *„Ilse Weitsch pflegte den Kontakt zu den Hörern ganz bewusst. Jeden Tag, bei Wind und Wetter, trabte sie gute 20 Minuten über freies Feld bis zum Bahnhof Deisenhofen. Bestieg damals noch den Dampfzug, schaukelte eine Stunde nach München hinein und unterhielt sich mit den Leuten. Sie wusste, wo der Schuh drückte. Sie war im Bilde. Wenn sie dann [...] das Funkhaus betrat, [...] brachte sie als Ausbeute neue Themen mit"* (Adam 1978). Die sich so entwickelnde Themenvielfalt, verbunden mit der aktiven Aufforderung des Mitgestaltens[5], sprach verschiedene Zielgruppen an – Junge und Alte, Männer und Frauen, Hausfrauen, Landfrauen und Akademiker:innen (vgl. Braun 2005, S. 70). Sowohl bei Radio München als auch später beim Bayerischen Rundfunk wurde der Frauenfunk unter der Leitung von Ilse Weitsch *„zu einer der populärsten Abteilungen"* (ebd., S. 56).

Die inhaltliche Ausgestaltung des Programms und das Engagement der Redakteurinnen stießen jedoch bereits Ende der 1940er Jahre im, mittlerweile in deutscher Verantwortung stehenden, Rundfunkrat

auf Kritik. Zwar wurde *„die Weite des Programms"* positiv anerkannt, allerdings auch empfohlen, dass *„die bayerische Frau in ihrer Gemütswärme stärker angesprochen werden"* sollte und dass das *„bayerische Brauchtum in seinem religiösen, sittlichen, künstlerischen und familiengefühlsstärkenden Wert echter zum Ausdruck gebracht werden"* (Rundfunkprotokoll 1949 zit. in Braun 2005, S. 164) müsste. Dass die Redakteurinnen sich dieser Empfehlung nicht anschlossen, sondern sich weiterhin aktiv für das Thema der Gleichberechtigung und für die politische Frauenbildung einsetzten, soll anhand zweier Primärquellen nachgezeichnet werden.

„Eine Verantwortung, die über das Persönliche hinausgeht"

Die 1950er Jahre waren in der Bundesrepublik Deutschland vom Wirtschaftsaufschwung, von der höheren Entlohnung der Erwerbsarbeit (vor allem der der Männer) und von dem u.a. mit Verweis hierauf legitimierten Ideal der Vollzeit-Hausfrau geprägt. Dieses Ideal wurde in der Realität jedoch zum einen durch Forderungen der Wirtschaftspolitik in Frage gestellt, zum anderen wollten viele (Ehe-)Frauen selbst einer Erwerbsarbeit nachgehen, um nicht mehr nur als Zuverdienerinnen zu gelten (vgl. Braun 2005, S. 234). Diese Ambivalenz in der gesellschaftlichen Wahrnehmung der (Ehe-)Frau- und Mutterrolle fand sich auch im Programm des Frauenfunks wieder – die Vorteile eines Lebens als „Hausfrau und Mutter" wurden ebenso nachgezeichnet wie die Erfordernisse eines Lebens als „berufstätige Frau und Mutter". Es ging dabei nicht um eine Auflösung scheinbarer Widersprüche, sondern um ein bewusstes Nebeneinanderstellen unterschiedlicher Lebensläufe und Handlungsmotive.

Ein nach außen hin sichtbares und wahrnehmbares politisches Engagement von Frauen stellte in der Nachkriegszeit und in den frühen 1950er Jahren noch eine Seltenheit dar. Die Mitarbeiterinnen des Frauenfunks wirkten hier vorbildgebend, indem sie selbst in unterschiedlichen Ausschüssen aktiv waren, zum anderen politische Themen aufgriffen, diese damit ins öffentliche Bewusstsein brachten

---

5   Die Zuhörer:innen wurden stets auch aufgefordert, Briefe einzureichen und sich aktiv an der Gestaltung des Programms zu beteiligen.

und durch Wiederholungen auch dort hielten sowie um die Mitwirkung der weiblichen Zuhörenden baten[6].

Im Manuskript „Der Funk und seine Hörer" (Weitsch 1952), das als eine Bestandsaufnahme und Zielformulierung der Arbeit des Frauenfunks verstanden werden kann, findet sich wiederholt der Hinweis auf eine Verantwortung der Frauen, welche sich ausdrücklich nicht nur auf den privaten Bereich der Erziehung oder Familie begrenzen, sondern sich auch auf die „Mitarbeit im sozialen, im politischen Leben" (Weitsch 1952, S. 2) erstrecken sollte. Worauf sich die Verantwortung im sozialen, im politischen Leben genau beziehen sollte, d.h., wofür es Verantwortung zu übernehmen galt bzw. wie diese ausgestaltet sein müsste, blieb unbesprochen; exemplarisch wurden das Wahlrecht und die damit einhergehende „gleiche Verantwortung für das grosse öffentliche Leben" (ebd., S. 2) aufgegriffen. Hierzu hielt Ilse Weitsch allerdings fest: „Wir haben wenig Tradition, wir haben oft auch zuwenig Kenntnisse, um die Aufgaben zu erfüllen" (ebd.). Entsprechend lag die Aufgabe des Frauenfunks im Bemühen, den Frauen „die Hilfsmittel und die Kenntnisse zu geben, die sie zur Bewältigung ihrer Aufgaben [im privaten und vor allem im öffentlichen Raum; N.L.] brauchen" (ebd.).

Hieraus lässt sich ein Bildungsbegriff für die Arbeit des Frauenfunks und aller Beteiligten ableiten, der mehr umfasste als die Wissensvermittlung oder die Weitergabe von Handlungsanleitungen zur Lösung von alltäglichen Herausforderungen. Vielmehr stand ein aufklärerischer Anspruch im Mittelpunkt, der zur Erweiterung der eigenen Denk- und Handlungsfähigkeit führen sollte: „[W]ir möchten den Frauen Mut machen, vom Kleinen anfangend, von der Gemeinde her, von den Aufgaben, die der berufstätigen Frau im Betrieb gestellt sind, her, zunehmend auf (sic!) Verantwortung, die über das Persönliche hinausgeht, aufzugreifen und zu erfüllen" (ebd., S. 3). In Konsequenz dessen stellte die Befähigung zur aktiven Partizipation, zur Mitwirkung und -gestaltung, die zentrale Lernkategorie des Frauenfunk-Programms dar. Ein Nicht-involviert-Sein in gesellschaftliche Belange und ein Nicht-konfrontiert-Sein mit

gesellschaftlichen Aufgaben waren für Ilse Weitsch unvorstellbar; die Nicht-Wahrnehmung dieser damit einhergehenden Verantwortung für die Gestaltung des öffentlichen Lebens wäre für sie ein Rückschritt in vergangene Zeiten gewesen. So resümierte sie: „Viele [Frauen; N.L.] sind ein bisschen erschrocken und glauben noch, entschuldigen Sie den Ausdruck, kneifen zu können und sich in ihr häusliches und privates Leben zurückziehen zu dürfen. Uns scheint aber diese Lösung keine echte Lösung zu sein, denn ob mittun oder nicht, die Verantwortung haben Männer und Frauen gleichmässig heute zu tragen und es gilt im Grunde keine Ausrede mehr" (ebd.).

Neben diesem aufklärerischen Ziel, Frauen einerseits für die Verantwortung zu sensibilisieren (oder sie wenigstens darüber zu informieren), dass sie die Gestaltung des öffentlichen Lebens mitverantworten, und sie andererseits zur aktiven Wahrnehmung dieser Verantwortung zu motivieren, wurden auch die männlichen Hörer:innen direkt angesprochen, die einer gemeinsamen Verantwortung (und damit auch dem Zugestehen gleicher Rechte und Pflichten) kritisch gegenüberstanden: „Wir wissen, dass sich gelegentlich noch Männer wehren und meinen, es könnte so weitergehen wie früher, dass sie alleine diese Welt gestalten können und die Frau in der Zurückgezogenheit und der Stille ihres häuslichen Herdes belassen können. Diese Vorstellung ist unserer Meinung nach eine Illusion, eine Illusion, die ausserordentlich gefährlich und bedrohend ist" (ebd., S. 4). Entsprechend waren es nicht nur Frauen, die als Bildungssubjekte und als Akteurinnen im politischen und sozialen Bereich von den Sendereihen adressiert wurden.

„Kommentar zum Tag" (1958) – das Gleichberechtigungsgesetz

Schon in der Anfangszeit der Rundfunkarbeit hatten sich die Redakteurinnen mit rechtlichen Fragestellungen beschäftigt und über die benachteiligte Situation von Frauen aufgeklärt. In einer Sendung von „Guten Morgen, liebe Hausfrau" aus dem Jahr

---

6   Mitwirkung ist hier in einem doppelten Sinne zu verstehen. Zum einen ging es um die Mitgestaltung und Mitsprache in den Programmen, z.B. durch Einsendung von Leser:innenbriefen, zum anderen um die reflexive Auseinandersetzung mit den Programminhalten und um die Übertragung auf das eigene Handeln.

1946 endete die Sprecherin mit folgenden Worten: *„Aber mir liegt etwas am Grundsätzlichen, nämlich daran, dass wir Frauen uns ein bisschen besser kümmern müssten, wenn's um so wichtige Dinge geht wie: Gesetzgebung, Verfassungsfragen und so weiter"* (Sendemanuskript „Guten Morgen, liebe Hausfrau" vom 29.7.1946 zit. in Braun 2005, S. 162). Auch die brisanten Diskussionen um die Ausgestaltung des Artikels 4 (heute Artikel 3 Abs. 2; „Männer und Frauen sind gleichberechtigt") des Grundgesetzes fanden früh Einzug in die Sendereihen des Frauenfunks; Gleiches gilt auch für die Umsetzung des Gleichheitsgrundsatzes im Bürgerlichen Recht.

1949 beteiligte sich der Frauenfunk aktiv am Münchner Rechtsreformausschuss; zudem rief man eine neue Sendereihe zu Fragen der Rechtsreform ins Leben (vgl. Feuersenger 1980, S. 64). Den Rundfunkmitarbeiterinnen ging es neben dem Informieren über die jeweilige Situation auch darum, für politisches Engagement zu sensibilisieren und dazu aufzurufen bzw. politisches Engagement von Frauen in der Öffentlichkeit sichtbar zu machen. Diese Zielsetzungen lassen sich auch im Kommentar vom 30. Juli 1958 wiederfinden, in dem über die einhergehenden Veränderungen durch das Inkrafttreten des „Gesetzes über die Gleichberechtigung von Mann und Frau auf dem Gebiet des bürgerlichen Rechts", dem sogenannten Gleichberechtigungsgesetz, informiert wurde. Im Kommentar begann Ilse Weitsch damit, die gesellschaftlichen Unsicherheiten aufzugreifen, die durch die veränderten gesetzlichen Regelungen ausgelöst und öffentlich diskutiert wurden. Sie zeichnete, umsichtig aber direkt, unterschiedliche Positionen aus diesen Debatten nach und wies darauf hin, dass durch das Gesetz das rechtens würde, was schon seit 1953 galt[7]. Vermeintliche Zweifel bei ihren Hörer:innen griff sie durch Schilderungen des Entwicklungsprozesses der gesetzlichen Restrukturierung des Ehe- und Familienrechts auf – *„Ob es ein gutes Gesetz ist? Nun, die meisten unserer Volksvertreter meinen es, denn sie haben es beschlossen, haben schwer daran gearbeitet und um jeden einzelnen Paragraphen gekämpft"* (Kommentar zum Tag 1958). Auch forderte sie alle

Zuhörenden dazu auf, sich mit den gesetzlichen Rahmenbedingungen zu beschäftigen: *„Niemand [...] ist so töricht, die Wesensverschiedenheit von Mann und Frau zu leugnen. Und wer das Gesetz studiert, wird sehr bald einsehen, wie unsinnig diese Unterstellung ist"* (ebd.; Hervorh. im Originalton). Nur im Sinne einer umfassenden Perspektive auf den zur Disklussion stehenden Gegenstand war es für Ilse Weitsch möglich, eine differenzierte Position und Haltung zu entwickeln. Dieses Informiert-Sein war für sie auch Grundlage dafür, in Diskussionen Vorurteilen entgegentreten bzw. Unsicherheiten auflösen zu können. *„So viel zu dieser Stunde für all jene, die erschrocken feststellen, dass sie den Termin für die Beibehaltung des Güterrechtstandes verpasst haben. Manchen von Ihnen, verehrte Hörer, ist es noch gar nicht aufgefallen, dass damals, 1953, bereits der alte gesetzliche Güterstand [...] durch die Gütertrennung ersetzt wurde. Ein Güterstand, der ab morgen durch die sogenannte Zugewinngemeinschaft abgelöst wird"* (ebd.).

Das Besondere an der sprachlichen Ausgestaltung des Kommentars ist, dass unterschiedliche Positionen und offene Diskussionspunkte angesprochen wurden, aber auf die zentrale Frage am Vorabend, *„ob jene Vorurteile und Irrtümer, die zwischen den Geschlechtern bestehen, durch diese neue Regelung gefestigt oder aufgehoben werden"* (ebd.), antwortete Weitsch selbst nicht. Vielmehr beschrieb sie die unterschiedlichen Lebenssituationen der Frauen – sicherlich auch, um zu verdeutlichen, dass am Vorabend vor Inkrafttreten des Gesetzes sich die soziale Lage der Frau nicht pauschalisierend erfassen ließ. Die sich verändernde Welt, *„die den Lebensbereich der Frauen in den letzten Jahrzehnten so grundlegend umgestaltete, hat ja nicht alle Frauen gleichermaßen berührt"* (ebd.). So gab es Frauen, in denen *„die alten Vorbilder der vergangenen Generationen"* (ebd.) noch lebendig waren, deren Bewusstsein *„sich nicht in gleichem Maße gewandelt [hat; N.L.] wie die ökonomische und gesellschaftliche Situation"* (ebd.). Potentielle „männliche" Kritikpunkte und Unsicherheiten versuchte Ilse Weitsch antizipierend aufzugreifen und durch die Nennung

---

7   Bis zum 31. März 1953 lief die Frist nach dem Grundgesetz ab, den dort enthaltenen Gleichheitsgrundsatz auch auf die Bereiche des Zivilrechts zu übertragen. Diese in Art. 117 GG festgelegte Anpassungsfrist wurde nicht eingehalten. Bis zum Inkrafttreten des Gleichberechtigungsgesetzes am 1. Juli 1958 waren es also die Gerichte, die selbst ohne Gesetzesgrundlage die Gleichberechtigung von Mann und Frau in zivilrechtlichen Fragen ausgestalten mussten.

von „Ausweichmöglichkeiten" zu relativieren. So sah sie trotz der gesetzlichen Änderungen keinen Anlass für die Männer, *„schlecht zu schlafen"* (ebd.). Gleichwohl änderte sich am Ende des Kommentars die Form der Ansprache – wenn vorher die unterschiedlichen Perspektiven auf die Reform aufgezeigt wurden, führte sie diese nun in der rechtlichen Konsequenz zusammen: *„Sie können alles miteinander gut und reiflich überlegen, falls sie für ihre Verhältnisse eine andere güterrechtliche Regelung wünschen"* (ebd.; Hervorh. N.L.). Hier positionierte sich Weitsch selbst zu einem Hauptstreitpunkt in der Diskussion: dem Letztentscheidungsrecht des Ehemanns[8]. In den unterschiedlichen Ausschüssen wurde von den Vertreter:innen der Parteien hitzig über die Einführung des Entscheidungsrechts des Ehemannes bei Meinungsverschiedenheiten im ehelichen Leben diskutiert – dieses letztendlich aber verworfen. Den genau fünf Minuten dauernden Kommentar beendete Weitsch mit folgenden Worten: *„Schwestern, seid brüderlich! Denkt an die Gleichberechtigung des Mannes"* (ebd.)

Fazit

Die mit dem Gleichberechtigungsgesetz veränderte Rechtsstellung der Frau betraf Ilse Weitsch im persönlichen Leben kaum; die Eheleute Weitsch waren schon immer gleichberechtigte Partner im privaten Ehe- und Familienleben und ebenso im öffentlichen Raum gewesen. Eduard Weitsch schrieb hierzu: *„Die Gleichberechtigung, das juristisch-soziale Eheproblem dieser Tage, war von Anfang an für uns kein Problem und ist es auch heute nicht. [...] Eine Frau von Rang kann man nicht so begrenzen, wie es das BGB möglich macht. Da gibt es nur ein Nebeneinander und ein Miteinander"* (Weitsch 1955, S. 188f.).

In diesem Beitrag wurden exemplarisch ausgewählte Primärquellen erschlossen (ergänzt durch die autobiografischen Notizen Eduard Weitschs), die sich mit Fragen der Gleichberechtigung auseinandersetzten und zu den Sendereihen des Frauenfunks gehörten. Sie stammen aus den 1950er Jahren – einer Zeit, in der Ilse Weitsch dessen Leiterin war. Es ging den Verantwortlichen und Redakteurinnen allerdings nicht um eine radikale Emanzipation der Frauen bzw. um die „Frauenrechte" oder die grundsätzliche Infragestellung der traditionellen Beziehungsmuster zwischen den Geschlechtern, sondern vielmehr darum, die Handlungsspielräume für Frauen im Privaten und im Öffentlichen zu benennen sowie Möglichkeiten der (gesellschaftlichen) Partizipation zu erklären und aufzuzeigen.

Der abstrakte Begriff der Gleichberechtigung bzw. gleichen Teilhabe am öffentlichen Leben wurde durch die Inhalte der Programme konkretisiert und mit Leben gefüllt. Die Lebenswelten der Frauen wurden, sicherlich mit unterschiedlichen Schwerpunktsetzungen und Akzentuierungen in den einzelnen Reihen, in ihrer Pluralität begriffen und sichtbar gemacht. Annegret Braun schreibt treffend: *„Die Beiträge des Frauenfunks ergeben durchweg ein ambivalentes Bild der Frau. Einerseits werden in den Sendungen die traditionellen Geschlechterkonstruktionen bestätigt und andererseits werden sie auch hinterfragt und dekonstruiert"* (Braun 2005, S. 317).

1949 zogen sich die Amerikaner aus der Rundfunkarbeit zurück und gaben die Verantwortung *„in die deutschen Hände"* (ebd. S. 52) – aus Radio München wurde der Bayerische Rundfunk. Die freie Arbeit der Redakteurinnen des Frauenfunks wurde im Anschluss immer wieder vor Herausforderungen gestellt – *[d]ass sich dieser neben Haushaltsthemen auch für politische Aufklärung, soziales Engagement und Frauenrechte einsetzte anstatt für weibliche Tugenden und bayerisches Brauchtum, wurde nicht gerne gesehen"* (BR 2020). Es mag daher nicht verwundern, dass in bestimmten Sendereihen – z.B. „Für die Hausfrau" – traditionelle Geschlechterrollen und -aufgaben nicht hinterfragt wurden. In der Stellenausschreibung für ihre Nachfolge, nach Ilse Weitschs Tod, wurde eine Frau gesucht, *„die auf allen von dieser Abteilung bearbeiteten Sachgebieten Kenntnisse und Erfahrungen besitzt. Ihrem fachlichen Können sollte ein frauliches Wesen entsprechen"* (Braun 2005, S. 57). Anscheinend wurde ein Gegenstück zu Ilse Weitsch gesucht – eine „Dame", die weniger resolut wäre (vgl. ebd.).

---

8 Anders verhielt es sich mit dem sog. Stichentscheid des Vaters (§ 1628 BGB a. F.). Dieser blieb bis zu einem Urteil des Bundesverfassungsgerichts 1959 bestehen, bevor er wegen Verletzung des Gleichbehandlungsverbots für nichtig erklärt wurde.

Literatur

Argelander, Annelies/Weitsch, Ilse (1933): Aus dem Seelenleben verwahrloster Mädchen auf Grund ihrer Tagebuchaufzeichnungen. Jena: Fischer Verlag.

BR – Bayerischer Rundfunk (2020): „Hier ist Radio München…". Der rebellische Frauenfunk. Online: https://www.br.de/unternehmen/inhalt/organisation/geschichte-radio-muenchen-frauenfunk100.html [Stand 2021-02-06].

Braun, Annegret (2005): Frauenalltag und Emanzipation. Der Frauenfunk des Bayerischen Rundfunks in kulturwissenschaftlicher Perspektive (1945-1968). New York/München/Berlin: Waxmann.

Ciupke, Paul/Jelich, Franz-Josef (Hrsg.) (1997): „Experimentiersozietas Dreißigacker". Historische Konturen und gegenwärtige Rezeption eines Erwachsenenbildungsprojektes der Weimarer Republik. Essen: Klartext Verlag.

Faulstich, Peter/Zeuner, Christine (2001): Erwachsenenbildung und soziales Engagement – Historisch-biografische Zugänge. Bielefeld: W. Bertelsmann Verlag.

Feuersenger, Marianne (1980): Die garantierte Gleichberechtigung. Ein umstrittener Sieg der Frauen. Freiburg i. B.: Verlag Herder.

Friedenthal-Haase, Martha/Meilhammer, Elisabeth (1999): Kurzbiografien ausgewählter Persönlichkeiten in der Volkshochschule Thüringen. In: Friedenthal-Haase, Martha/Meilhammer, Elisabeth (Hrsg.): Blätter der Volkshochschule Thüringen (1919-1933). Bd. 1 März 1919 bis März 1925. Hildesheim/Zürch/New York: Georg Olms Verlag, S. XL-XLVIII.

Hansen-Cook, Alice (1948): Arbeiterbildung in der US-Zone seit Beginn der Besatzung. In: Freie Volksbildung. Zeitschrift für die gesamte Erwachsenenbildung, Jg. 2, H. 1, S. 20-35.

Meilhammer, Elisabeth (2007): Frauen als Gestalterinnen von Pädagogik, Volksbildung und Erwachsenenbildung im 19. und frühen 20. Jahrhundert. In: Hessische Blätter für Volksbildung, Jg. 57, H. 3, S. 242-248.

Reimers, Bettina Irina (2000): Die Neue Richtung der Erwachsenenbildung in Thüringen 1919-1933 (Dissertationsschrift). Online: https://publikationen.uni-tuebingen.de/xmlui/handle/10900/47216?show=full [Stand 2021-02-06].

Weitsch, Eduard (1955): Zwischen einst und … dereinst. Eine Laufbahn ohne Karriere 1883-1955 (unveröffentlichte Autobiografie; Privatbesitz Elisabeth Meilhammer).

Weitsch, Ilse (1947): Was tu' ich, wenn …: Eltern diskutieren Erziehungsfragen. München: Glocken-Verlag.

Weitsch, Ilse (1952): Der Funk und seine Hörer. Vortrag von Ilse Weitsch. Aufnahmedatum: 25.5.1952. Archivband 67920. Auch online: https://www.br.de/unternehmen/inhalt/organisation/der-funk-und-seine-hoerer-100.html [Stand 2021-05-23].

Weitsch, Ilse/Lotze, Heiner (Hrsg.) (1930): Dreißigacker: Volkshochschule/Erwachsenenbildung. Jena: Eugen Diedrichs-Verlag.

Ziegler, Christl (1997): Lernziel Demokratie. Politische Bildung in der britischen und amerikanischen Besatzungszone 1945-1949. Köln/Weimar/Wien: Böhlau Verlag.

Tondokumente

Kommentar zum Tag (Sendereihe „Guten Abend"). Erstsendung: 30.06.1958. Archivnummer / Take: DK136270 000.

Liselotte Adam: Über 60. Ilse Weitsch zum 20. Todestag am 8.12.1978. Aufnahmedatum 6.12.1978. Archivband 36435.

Rundfunkveteranen erzählen: Liselotte Adam. Interviewer: Dieter Fuss. Aufnahmedatum 1981 [ohne genaues Datum]. Archivband 28022.

Nicole Luthardt

nicole.luthardt@phil.uni-augsburg.de
https://www.uni-augsburg.de/
+49 (0)821 598 4109

Nicole Luthardt studierte an der Friedrich-Schiller-Universität Jena im Hauptfach Erziehungswissenschaft mit dem Schwerpunkt Erwachsenen- und Weiterbildung. Seit 2010 ist sie als
wissenschaftliche Mitarbeiterin an der Universität Augsburg beschäftigt. Die Schwerpunkte
ihrer Lehr- und Forschungstätigkeiten sind aktuelle bildungspolitische und bildungsrechtliche
Fragestellungen sowie die bildungshistorische Forschung ab 1945 in Bezug auf die (Neu-)-
Gründung von Volkshochschulen sowie die Geschichte der Erwachsenenbildung in der DDR.

"My dear listeners" – Ilse Weitsch and the *Frauenfunk* program for women on Radio München/Bavarian Broadcasting (1945–1958)

Abstract

The consideration of adult educators as designers of institutionalized educational courses
is rare, and even rarer is the consideration of the impact of adult education by women in
non-institutionalized teaching and learning settings such as radio and television. Hardly
anything is known about adult educator Ilse Weitsch (née Thiess) and her important
contribution to political and emancipatory adult education. After the end of the war, she
established "Frauenfunk," a program for women on Radio München, which she directed
until her death in 1958. The series made a significant contribution to adult political
education, democracy building and women's education in the post-war period. The goal
of the article is to demonstrate and acknowledge Ilse Weitsch's work in adult education
by analyzing different primary sources that have not previously been considered from the
perspective of adult education. (Ed.)

Die Kunst des Gedankens ist Erinnerung: Das Rosa-Mayreder-College in Wien

Ursula Kubes-Hofmann

Kubes-Hofmann, Ursula (2021): Die Kunst des Gedankens ist Erinnerung: Das
Rosa-Mayreder-College in Wien.
In: Magazin erwachsenenbildung.at. Das Fachmedium für Forschung, Praxis und Diskurs,
Ausgabe 43.
Online: https://erwachsenenbildung.at/magazin/21-43/meb21-43.pdf.

Schlagworte: Open-University, Feminismus, Politische Bildung, Lehrgänge universitären
Charakters, wissenschaftliche Weiterbildung, Erwachsenenbildung

Kurzzusammenfassung

Das nach der Wiener Frauenrechtlerin Rosa Mayreder benannte College existierte von 1999 bis 2012 als Bildungseinrichtung im Rahmen der Wiener Volkshochschulen. Der Beitrag erörtert an diesem Beispiel Bildungskonzeptionen, die an der Schnittstelle von Universität und außeruniversitärer Erwachsenenbildung angesiedelt sind. Nach einem kurzen Streifzug durch die Entstehungsgeschichte des Rosa-Mayreder-College und seiner Zielsetzungen folgt eine Fokussierung auf das Studienangebot „Feministisches Grundstudium" und seine Durchführungspraxis. Im zweiten Teil des Beitrags erinnert die Autorin mit kritischen Bemerkungen an gesellschaftspolitische und ökonomische Entwicklungen seit den 1990er Jahren. Diese sind der Ausgangspunkt für ihre Überlegungen einer möglichen Alternative zu Bildungsökonomisierung und Selbstoptimierung – sowohl im Erwachsenenbildungskontext als auch im spezifisch akademischen Feld wissenschaftlicher Weiterbildung.

09

Praxis

Die Kunst des Gedankens ist Erinnerung: Das Rosa-Mayreder-College in Wien

Ursula Kubes-Hofmann

Als mich meine Mitarbeiterin bei der Planung unserer Abschlussfeier des letzten Masterlehrgangs auf die Frauenband „Madame Baheux" aufmerksam machte, war ich sofort begeistert. Sie trat am 15. Dezember 2012 im Dachsaal der Volkshochschule Urania in Wien vor großem Publikum auf. „Frauen im Aufruhr", so legt es die Bezeichnung „Madame Baheux" sinngemäß nahe, verorten ihren Ursprung im modernen Feminismus seit der Französischen Revolution.

Dieser öffentliche Aufruhr findet in aller Transformation über die Jahrhunderte und durch die Geschichten weltweiter Fraueninitiativen statt. Insbesondere in unserer Gegenwart erfolgen die Kämpfe für Chancengleichheit und soziale Gerechtigkeit, für das Menschenrecht, Rechte zu haben, und für die Selbstbestimmung aller Menschen jeglichen Geschlechts – in welchen, jeweils zeitgemäßen Öffentlichkeitsvarianten und Berufsfeldern der Beteiligten auch immer.

Dass Kunst mit Eigensinn dabei ein (Über-)Lebensmittel ist und dass es (selbstorganisierte) Lernprozesse unter bestimmten Rahmenbedingungen sein können – nicht müssen –, gehörte seit Anbeginn des Rosa-Mayreder-College zu den Grundannahmen seines Bestehens.

Die Bildungseinrichtung existierte von 1999 bis 2012[1] unter meiner Geschäftsführung und wissenschaftlichen Leitung von zwei Lehrgängen universitären Charakters[2]. Es beruhte auf Kooperationen mit der Volkshochschule Ottakring, dem Verband Wiener Volksbildung, dem Institut für Zeitgeschichte der Universität Wien, dem Bundesinstitut für Erwachsenenbildung und den Weiterbildenden Frauenstudien am Department für Sozialwissenschaften der Technischen Universität Dortmund.

Ein Ziel war es, eine strukturelle Schnittstelle zwischen Universitäten und Erwachsenenbildungseinrichtungen zu schaffen. Ein anderes Ziel bezog sich auf methodisch-didaktische Aspekte emanzipatorischer Inklusionsmodelle. Daher standen Frauen mit unterschiedlichen Herkunftsbedingungen (geografisch, sozioökonomisch, statusbedingt etc.) im Mittelpunkt. Als Prämisse lag ein Differenzbegriff zugrunde, der einerseits davon ausgeht, dass Rassismus und Sexismus in einem interdependenten Verhältnis zueinanderstehen, und andererseits die

---

1 Das Rosa-Mayreder-College war ein Zweigverein der VHS-Ottakring mit autonomem Statut, wissenschaftlichem Beirat und Vorstand. Es wurde im Juni 1999 gegründet und Ende 2012 als eigene, formalrechtliche Körperschaft aufgelöst.

2 Lehrgänge universitären Charakters wurden in jenem Jahr abgeschafft. Siehe dazu: https://de.wikipedia.org/wiki/Lehrgang_universit%C3%A4ren_Charakters

Differenzen zwischen Frauen (ökonomisch, sozial, politisch, ideologisch) als Kritik an den vorausgesetzten Gemeinsamkeiten von Frauen und deren gesellschaftliche Funktionalisierbarkeit in den Blick nimmt. Die modular aufgebauten, berufsbegleitenden Lehrgänge universitären Charakters (jeweils 2 Jahre) Feministisches Grundstudium und Internationale Genderforschung & feministische Politik folgten den damaligen EU-Richtlinien zum Gender-Mainstreaming im Amsterdamer Vertrag insofern, als im Bereich demokratiepolitischer, zivilgesellschaftlicher Initiativen einerseits und für betriebliche und institutionelle Arbeitsfelder andererseits ein Bildungsbeitrag zu Strukturveränderungen geschlechtersegregierter Politik im Sinne tatsächlicher Gleichstellung und damit auch gesellschaftspolitischer Praxis geleistet wurde.

Streiflichter zur Entstehungsgeschichte

Im Jahr 1994 nahm ich mit dem Konzept eines politischen Frauengeschichtslehrgangs an der Aktion „Zukunft Österreich" des damaligen Bundesministeriums für Unterricht und kulturelle Angelegenheiten teil und erhielt die Förderung. Für die Durchführung des Pilotlehrgangs „Geschichte der Frauenbewegungen" im Jahr 1995 konnte ich Räumlichkeiten der Volkshochschule Ottakring nutzen. In meinem Lehrangebot standen Quellen und Rezeptionsweisen feministischer Historikerinnen jüngerer Gegenwart zur Verfügung. Zugangsweisen zum eigenen Geschichts- und Weltbild sollten u.a. mit folgenden Fragen diskutiert werden: Was lernen wir aus der Geschichte des politisch feministischen Widerstandes? Wie sind politische Forderungen in die Öffentlichkeit gelangt, wie wurden sie durchgesetzt? Ein anderes Ziel war es, soziale Ungleichheiten und Differenzen zwischen Frauen im jeweiligen Gruppenzusammenhang zu thematisieren, zu reflektieren und zu bearbeiten. Hierbei kamen der Geschichte und den Folgen des Nationalsozialismus im kollektiven wie individuellen Bewusstsein weiblicher Nachkriegsgenerationen in Österreich eine besondere Bedeutung der Bearbeitung zu. Welche Bedeutung hat der kulturelle Kontext für die individuelle Identitätsbildung?, war ebenso eine zentrale Frage, wie jene nach den damit verbundenen moralischen Wertesystemen in einer Gesellschaft, als deren Hüterinnen Frauen bis

heute in allen Gesellschaften gelten. Dieses Faktum stellt in lebensgeschichtlichen Verläufen zweifellos den Zusammenhang von Lebensstilmustern und mentalitätsgeschichtlich geprägten Faktoren des sozialen Umfeldes her.

Dieser einjährige Geschichtslehrgang wurde zwei Mal (1995, 1996) durchgeführt. Die Erfahrungen mit den Teilnehmerinnen (intergenerativ) in meinem Geschichtslehrgang bestätigten schon 1995 den hohen Bedarf an einem komplexen Weiterbildungsprogramm, das durch den lebhaften Austausch der Teilnehmerinnen untereinander für mich bereits legitimiert worden war.

Für meine Überlegungen zur Entwicklung des Feministischen Grundstudiums war es mir außerdem wichtig, die europäische Moderne historisch und ideengeschichtlich aus systematischer Analyseperspektive in den relationalen Beziehungen von Race, Class, Gender (ein US-Konzept des black feminism in Tradition einer fundierten Gesellschaftskritik) in einem kontinuierlichen Lern- und Reflexionsprozess zugänglich zu machen.

Das vierteilige Basismodul „Geschichte des politischen Feminismus" des Feministischen Grundstudiums ging aus meinem Geschichtslehrgang hervor. Darum herum entwarf ich acht Module, die ich hier überblicksmäßig anführe: Ihre Schwerpunkte waren Legal Gender Studies, Migrationspolitik und Interkulturalität, Medienforschung und journalistische Praxis, Fragen zu neoliberalen Transformationsprozessen und Geschlechteraspekten wie zu Gesellschaftspolitik und feministischer Kritik. Ebenso standen Entstehungs-, Gestaltungs- und Wirkungsgeschichte von Informations- und Kommunikationstechnologien auf dem Programm, außerdem ein Angebot zu Kommunikationsstrategien und Konfliktmanagement sowie ein Skill-Training in Englisch mit feministischen Inhalten. Die Vorbereitungsphase zur Umsetzung des Feministischen Grundstudiums wurde von der Europäischen Kommission im Rahmen des EU-Förderprogramms SOKRATES und im organisatorischen Rahmen der Volkshochschule Ottakring und des Verbandes Wiener Volksbildung zwischen 1996 und 1998 gefördert.

Elf kooperierende Bildungseinrichtungen (Universitäten und Erwachsenenbildungsinstitutionen) aus den Niederlanden, Italien, Schweden, Deutschland und deren Vertreterinnen unterstützten mein Konzept. Bei internationalen Expertinnenkonferenzen (1997 in Graz, 1998 in Schweden/Göteborg) wurden curriculare Entwicklungen im universitären und außeruniversitären institutionellen Bildungsbereich mit Fragestellungen zu Qualitätskriterien wissenschaftlicher feministischer Weiterbildungsangebote diskutiert. Mit den Weiterbildenden Frauenstudien und dem Hochschuldidaktischen Zentrum an der Universität Dortmund bestand zwischen 1998 und 2012 eine kontinuierliche Zusammenarbeit, u.a. durch gemeinsame Projekte auf europäischer Ebene, wie z.B. die EU-Grundtvig-Lernpartnerschaft „Managing Gender & Diversity" (2001-2004).[3]

In der inhaltlichen und didaktischen Ausrichtung ging ich davon aus, dass Theorie und Praxis keine Gegensätze darstellen, weil Lebenswirklichkeiten und Wissenschaften sich wechselseitig bedingen und die epistemologischen Voraussetzungen für Forschungs- und Bildungspraxis sind. In allen inhaltlichen Angeboten des Feministischen Grundstudiums wurden stets die beruflichen Praxisfelder der Teilnehmerinnen als wesentliches Erfahrungs- und Reflexionspotenzial miteinbezogen. Somit war der Lehrgang ein substanziell politisches und wissenschaftliches Bildungsangebot, das Ende der 1990er-Jahre Möglichkeiten zu sachlich fundierten Meinungsbildungsprozessen eröffnete und damit auch Guidelines von Civic Education entsprach. Dabei wurde von allen daran Beteiligten besonders Wert daraufgelegt, dass in der didaktischen Vermittlung und in den angewendeten Methoden die Möglichkeit zur Offenheit für neue, gesellschaftliche Entwicklungen und deren Diskutierbarkeit befördert wurde.

Mit dem Studienprogramm Feministisches Grundstudium eröffnete sich außerdem eine internationale Vernetzungs- und Bildungsperspektive, insbesondere auch für den mittel-/osteuropäischen Raum,

indem ich zum Feministischen Grundstudium ein Aufbaustudium (Masterlehrgang „Internationale Genderforschung und feministische Politik") entwickelte. Ziel waren der Austausch und die themenzentrierte Vernetzung mit Wissenschafterinnen und politischen Expertinnen aus Osteuropa, um die nach 1989 erfolgten Transformationsprozesse aus feministischer Perspektive (historisch, ökonomisch, politisch, rechtlich) besser verstehen zu lernen. 1998 wurden beide berufsbegleitenden wissenschaftlichen Studienprogramme mit ECTS-Zertifizierungssystem (ursprünglich zur Studienvergleichbarkeit im europäischen Hochschulraum entwickelt) vom damaligen österreichischen Bildungs- und Wissenschaftsministerium als Lehrgänge universitären Charakters (nach BGBl II 386/1999, 2004) akkreditiert und es wurde mir die Befugnis erteilt (gemäß § 19 Abs. 2 Z 1 lit. a bis e UOG 1993), die Lehrgänge durchzuführen und die entsprechenden Abschlüsse zu vergeben. Aufgrund der sehr knappen personellen Ressourcen[4] seit Beginn meiner Bildungsinitiative in den Wiener Volkshochschulen konnte der 1. Masterlehrgang mit dem Schwerpunkt Mittel-/Osteuropa jedoch erst im Januar 2005 beginnen. Zwischen diesem Zeitpunkt und Dezember 2012 wurden vier Lehrgänge durchgeführt.

Feministisches Grundstudium am Bundesinstitut für Erwachsenenbildung (bifeb)

Zwischen Jänner 1998 und Dezember 2011 konnte ich das bifeb als Mitveranstalter[5] für die Durchführung von insgesamt sieben Lehrgängen des Feministischen Grundstudiums gewinnen. Die Teilnehmerinnen hatten die Möglichkeit, die sozialwissenschaftliche Bibliothek vor Ort zu nutzen und/oder Bücher auszuleihen; wissenschaftliche Literatur für das Feministische Grundstudium wurde angeschafft. Darüber hinaus entsprach das technische Equipment stets den höchstmöglichen Standards im Laufe der

---

3 Das Rosa-Mayreder-College, die Volkshochschule Ottakring und die Weiterbildenden Frauenstudien der Universität Dortmund wurden im Februar 2006 mit dem SOKRATES-Qualitätssiegel 2005 seitens des bm:bwk für diese EU-Lernpartnerschaft ausgezeichnet. Diese Lernpartnerschaft hat ihren Ursprung in dem von mir oben erwähnten EU-Sokrates-Projekt „Feministisches Grundstudium und Genderforschung".

4 Das Rosa-Mayreder-College wurde seit Juli 2004 über Fördermittel des Europäischen Sozialfonds und zusätzlich zu nationalen Kofinanzierungsmitteln (Verband Wiener Volksbildung, bmbwk/Abteilung Erwachsenenbildung) finanziert, wodurch eine dritte Arbeitskraft eingestellt werden konnte.

5 Direktion: Ernst Gattol; Margarete Wallmann (ab 2005)

Jahre. Das Haus wurde für Abschlusspräsentationen, Feiern, Lesungen etc. im Rahmen des Feministischen Grundstudiums auch für das interessierte Publikum geöffnet. Kurzum: Das bifeb bot die ideale Lernumgebung sowohl indoor wie outdoor an. Viele interessierte Frauen aus den westlichen Bundesländern Österreichs und/oder aus den angrenzenden Nachbarstaaten konnten durch diesen geschichtsmächtigen Standort des ehemaligen Bürglguts (siehe Kloyber/Wasmeier 2011) erreicht werden. Aus ihm war zu Beginn der 1950er-Jahre das international renommierte Bildungszentrum hervorgegangen, um über Politische Bildung zur Verwirklichung von Demokratie, Vorurteilsabbau und zivilgesellschaftliche Bürger*inneninitiativen beizutragen.

Ein achter Lehrgang des Feministischen Grundstudiums konnte noch in Wien, in der VHS Landstraße[6] von Januar 2011 bis Dezember 2012 durchgeführt werden, denn die Abschaffung von Lehrgängen universitären Charakters zeichnete sich bereits wissenschaftspolitisch ab. Das Interesse aber, das Feministische Grundstudium zu absolvieren, war ungebrochen und dank meiner beiden Mitarbeiterinnen konnte dieser letzte Lehrgang organisatorisch und administrativ noch verwirklicht werden – neben dem vierten, parallellaufenden Masterlehrgang, der, wie bereits erwähnt, ebenfalls im Dezember 2012 endete.

Insgesamt wurde das Feministische Grundstudium von 174 Teilnehmerinnen aus Deutschland, Österreich, der Slowakei, aus Italien und der Schweiz erfolgreich absolviert. Dies entsprach einer Absolventinnenquote von 90 Prozent. Karriereplanungen in verschiedenen beruflichen Feldern konnten erfolgreich umgesetzt werden; Absolventinnen konnten sich in Gremien ihrer Organisationen besser oder neu verankern (z.B. in Schulen, Ministerien oder in Kammern); sie konnten die strukturelle Gestaltung in ihrer Organisation in Hinblick auf Geschlechtergerechtigkeit verändern

und/oder vermehrt ihren Einfluss darauf nehmen (z.B. im ÖGB); einige Absolventinnen begleiteten mit dem Lehrgang die Umsetzung von Kunst- und Kulturprojekten oder nahmen den Lehrgang zum Ausgangspunkt der Realisierung solcher Projekte (z.B. der Dokumentarfilm „Hana, Dul, Sed" – Hauptpreis der Diagonale 2010); Studien und Analysen im Rahmen des Lehrgangs führten zu neuen zivilgesellschaftlichen Projekten (z.B. Frauen im ländlichen Raum) oder nahmen aktuelle politische Tendenzen in Österreich/Europa genauer unter die Lupe etc. Auch wurde von den Absolventinnen des Feministischen Grundstudiums ein thematisches Netzwerk mit Öffentlichkeitscharakter gegründet. Bis heute werden von dem seit 2002 bestehenden Alumni-Verein „Forum feministische Zukunft" spezifische Fortbildungsveranstaltungen durchgeführt.

Zu den hohen Leistungsstandards unserer Lehrenden in beiden Lehrgängen gehörten – neben ihren universitären und wissenschaftlichen Ausbildungen und in Verbindung mit ihrer teilweise langjährigen Lehr-, Forschungs- und Berufspraxis – ihre Fähigkeiten zur Methodenvielfalt in der Vermittlung von Lehrinhalten, zu hoher Selbstreflexion und zu wissenschaftlichem Coaching beim Verfassen von Diplom- und Masterarbeiten[7]. Mein großer Dank gilt auch heute noch und an dieser Stelle all unseren 37 Seminarleiterinnen und Trainerinnen, die zwischen 1998 und 2012 im Team-Teaching und gemeinsam mit unseren Teilnehmerinnen gearbeitet haben[8]. Im Mittelpunkt standen stets die Teilnehmerinnen mit ihren Bedürfnissen und Interessen, um Antworten auf die Frage „Unter welchen Bedingungen ist die Realisierung eines guten Lebens" für alle möglich? zu suchen und zu finden. Der Zusammenhang von Politik, Wissenschaft und Bildung in diesem Sinn war und ist daher evident.

Unter formalen, bildungspolitischen Gesichtspunkten war das Rosa-Mayreder-College die erste

---

6 Direktion: Doris Zametzer

7 Alle Diplom- und Masterarbeiten liegen in der Österreichischen Nationalbibliothek auf. Nachlesbar unter: https://www.onb.ac.at/forschung/ariadne-frauendokumentation

8 Susanne Aberer (A), Rutvica Andrijasević (GB), Elisabeth Binder (A), Verena Bruchhagen (D), Bozena Choluj (PL), Eva Cyba (A), Irmgard Eisenbach-Stangl (A), Marianne Friese (D), Gesine Fuchs (CH), Elisabeth Greif (A), Marina Gržinić (SLO), Margarethe Herzog (D), Helga Hieden-Sommer (A), Leila Hadj-Abdou (ALB), Lilian Hofmeister (A), Elisabeth Holzleithner (A), Michaela Judy (A), Elisabeth Klaus (D), Ruth Kronsteiner (A), Karin Liebhart (A), Monika Mayrhofer (A), Gabriele Michalitsch (A), Monika Mokre (A), Claudia Neusüß (D), Birgit zur Nieden (D), Susan Norris (A), Susanne Riegler (A), Birgit Sauer (A), Susanne Schunter- Kleemann (D) Nilüfer Sözer (A), Andrea Steiner (A), Silke Steinhilber (D), Melita H. Sunjic (A), Judith Veichtlbauer (A), Irmtraud Voglmayr (A), Ulrike Weish (A), Elena Zdravomyslova (RUS) und Susan Zimmermann (A).

außeruniversitäre Bildungseinrichtung für Frauen in Österreich, die Abschlüsse ermöglichte, ohne dabei die Durchlässigkeit von Bildungssystemen außer Acht zu lassen. Dieses Modell einer Open University ist vor allem in der angloamerikanischen Tradition verankert.[9] Strukturell wurde den Wiener Volkshochschulen mit dem Rosa-Mayreder-College ein höchst innovatives Angebot vor dem Hintergrund ihrer eigenen Geschichte (siehe Filla/Judy/Knittler-Lux 1992) gemacht.

Demokratie- und frauenpolitische „Tradition" der Wiener Volkshochschulen

Zu Beginn des 20. Jahrhunderts engagierten sich maßgebliche Protagonistinnen des linken Flügels der bürgerlichen Frauenbewegung, z.B. Rosa Mayreder (1858-1938), für die Popularisierung sogenannter Universitätslehrkurse (Geistes- und Naturwissenschaften) für Frauen. Letztlich waren es aber wieder Universitätsprofessoren, wie z.B. Ludo Hartmann, die die Frauenhochschule „Athenäum"[10] in Wien gründeten, in der keine einzige Frau unterrichtete oder irgendwelche Mitspracherechte hatte.

Dass sich daran in den Wiener Volkshochschulen, aus machtpolitischer Perspektive gesehen, in der Zeit meines Wirkens 1990-2012 nur wenig geändert hatte, soll mit folgendem Statement von Michaela Judy (1998) in dem von mir und Elisabeth Wohofsky herausgegebenen Buch „Sternzeit. Frauengenerationen und historisches Bewusstsein" zum Ausdruck gebracht werden: *„Als Mitarbeiterin der Volksbildung bewege ich mich in einer Tradition, die Frauen von Anfang an uneingeschränkten Zugang zu allen Bildungsveranstaltungen – großteils auch zur Lehre, seltener in die relevanten Führungsgremien – ermöglichte, wobei relevante Abschlüsse oder Zugänge zu Machtverteilungsfunktionen über die ‚Aus-Bildung' an Volkshochschulen allerdings nicht gegeben waren. Wohl nicht zufällig im Kontext der eigenen Geschichte machtpolitischer Bedeutungslosigkeit gehört zum historischen Selbstverständnis – wenn*

auch nicht immer zur gelebten Selbstverständlichkeit – der Wiener Volkshochschulen die dezidierte Ablehnung aller antidemokratischen, sexistischen oder rassistischen Verhaltensweisen. Auf diesem Hintergrund und mit einer demokratiepolitischen Tradition […] bietet das Feministische Grundstudium dem innovativen Potenzial der Wiener Volksbildung an, die historische als auch aktuelle Schwerpunktsetzung neu zu kreieren und offensiv zu vertreten […]" (Judy 1998, S. 9f.).

Meine Bezugnahme Mitte der 1990er-Jahre auf eine historische Tradition der Wiener Volksbildung hatte sich zwar strategisch bewährt, zeigte aber auch die Problematik auf: Unter zeitgeschichtlichen Gesichtspunkten war die Transformation zu einem zeitgemäßen Bildungsverständnis vor allem durch die Kritik am ideengeschichtlichen Erbe der Aufklärung begründet, eines Erbes, das Expert*innentum und Intellektualität aus „fragwürdigen Traditionsbeständen" (Hannah Arendt) des Denkens und Handelns seit der Aufklärung in totalitäre politische Systeme katapultierte. Weibliche Autonomievorstellungen in Allianz mit reaktionären und antisemitischen Zielsetzungen erreichten im 20. Jahrhundert als Massenphänomen erstmals ihren Höhepunkt. Und diese Allianz schrieb sich auch im Bewusstsein weiblicher Nachkriegsgenerationen mit allen Ambivalenz(en) der Moderne (Zygmunt Bauman 1995) oder in den Gesellschaften der Singularitäten (Andreas Reckwitz 2017) der Spätmoderne fort.

Was sich heute in Österreich im krisenhaften Geschehen einer Pandemie strukturell besonders verdeutlicht und sichtbar wird (das zurzeit medial berühmt gewordene „Brennglas"!), war seit Jahrzehnten evident: *„Die selektive arbeitsmarktbezogene Individualisierung der weiblichen Genus-Gruppe auf Grund ihrer gleichzeitig annähernd ungebrochenen Familialisierung [und damit verbundenen Sozialisation; U.K.-H.] zur Gewährleistung der sozialen Reproduktion von Männern, Kindern, Alten und Pflegebedürftigen, also die Aufrechterhaltung des Staats-Frauen-Konnexes bei der Produktion von*

---

9   Ein wesentliches Charakteristikum, neben einigen anderen, war die Zulassung aller Personen über 18 Jahren und es gab kaum Zulassungsbeschränkungen. Im Rosa-Mayreder-College begannen 30% der Teilnehmerinnen ihr berufsbegleitendes Studium ohne Matura, jedoch mit einer abgeschlossenen Berufsausbildung. 60% hatten Matura oder einen akademischen FH-Abschluss (z.B. Wirtschaftsinformatik) bzw. einen Abschluss universitärer Magisterstudien. 10% absolvierten die Lehrgänge als Postdoc.

10 Siehe hierzu den Aufsatz von Günter Fellner „Athenäum. Die Geschichte einer Frauenhochschule in Wien" (1986).

Wohlfahrt und die damit einhergehende Situierung in einem prekären Zugleich aller Frauen, verhindert einen egalitären Zugang zum Arbeitsmarkt. Gleichzeitig verstetigt die nur punktuell ansetzende Zuweisung der gesellschaftlich notwendigen Versorgungsarbeiten auch an die männliche Genus-Gruppe und ihre anhaltende Adressierung als Familienerhalter, also ihre monothematische Vereinseitigung, diesen geschlechterdifferenzierenden Nexus als Schlüsselmoment des österreichischen Geschlechterregimes. Auch gleichstellungspolitische Regelungen und Maßnahmen im Horizont von Geschlechteregalität und Geschlechtergerechtigkeit vermögen die von den politischen AkteurInnen auf Grund der nicht grundsätzlich transformierten Logik des ehezentrierten, konservativ korporatistischen Geschlechterregimes generierten Ambivalenzen und Widersprüche nicht aufzuheben, sondern nur zu vertiefen" (Dackweiler 2003, S. 197f.).

Bildungsökonomisierung und Selbstoptimierung – schreiten voran

Im Zusammenhang mit der Einschätzung von Regina-Maria Dackweiler steht das Faktum, dass besonders hierzulande die Mehrzahl erwerbstätiger Frauen in den niedrigentlohnten Segmenten (Dienstleistungssektor) globalisierter Arbeitsmärkte tätig ist. Der Unterschied zur Vergangenheit besteht darin, dass es seit langem auch gut ausgebildete Frauen sind, die, definiert durch Politik und Wirtschaft als Pool der Flexibilisierung, dazu dienen, Löhne niedrig zu halten und ungesicherte, rechtlich und sozial prekäre Arbeitsverhältnisse durchsetzbar zu machen. Ihre Arbeitsleistung bleibt damit unverzichtbar als „Standortfaktor" am Weltmarkt, der Unmengen an Gewinnen in die Kassen von Konzernen und Unternehmen spült. Die politischen Folgen waren/sind leere Staatskassen und Sparprogramme zu Lasten des gesamten Bildungs-, Forschungs- und Sozialbereichs. Die damit verbundenen wirtschaftlichen und ökonomischen Rahmenbedingungen bewirk(t)en massive Prozesse von Dequalifizierung ganzer weiblicher Bevölkerungsschichten im Mittelstand und in zwei Generationen[11], deren Ausgangsqualifikationen für eine eigenständige ökonomische Absicherung über lange Zeiträume hinweg keine Rolle mehr

spielen. Viele Arbeitnehmer*innen aus dem Mittelstand wachen heute noch immer in der harten Realität von Arbeitsagenturen, Karrierecoaches und Selbsthilfegruppen auf und sehen sich dem Druck verschärfter sozialer Polarisierung ausgesetzt. Sie sind *„genau jene sozialen Gruppen, die sich, ganz allgemein gesprochen, zur Verteidigung des öffentlichen Sektors noch kaum je verhalten haben"*, weil heute *„tendenziell alles menschliche Tun, alle Lebensäußerungen in der Gesellschaft dem Kalkül von Kostenminimierung und Profiterhöhung [...] unterworfen"* sind (Lohmann 2005, o.S.). Die neoliberale Marktideologie dient dazu, mittels „Rhetoriken der Modernisierung" (vgl. Wetterer 2003, S. 286-319) vor allem die enger werdenden Erwerbs- und Beschäftigungsperspektiven zur vermeintlichen Sicherung einstmals erworbener Distinktionsgewinne zu verschleiern. Im Endbericht einer Studie der Arbeiterkammer wird bereits 2000 folgerichtig konstatiert: *„Vor diesem Hintergrund stellt sich die zunehmende Integration von Frauen in den Arbeitsmarkt als durchaus schlüssig dar. Die zur Zeit stark intensivierten **Bemühungen der Europäischen Union zur Erhöhung der weiblichen Erwerbsbeteiligung** passen ebenfalls sehr gut in dieses Bild. Eine höhere Bildungsbeteiligung von Frauen ist eine zentrale Voraussetzung dafür. [...] Wie die Ergebnisse der vorliegenden Studie allerdings auch zeigen, ist der Prozess der Höherqualifizierung bzw. der verstärkten Arbeitsmarktintegration in vielen Bereichen von Segregationstendenzen begleitet, die der darüberliegenden Entwicklung des allgemeinen geschlechtsspezifischen Ausgleichs entgegenlaufen. Eine **emanzipatorische bildungspolitische Perspektive** könnte daher v.a. diese Problematik thematisieren und versuchen, entsprechende Gegenkonzeptionen zu entwerfen"* (Prenner et al. 2000, S. XIXf.; Hervorh.i.Orig.).

Dass entsprechende Gegenkonzepte im Bildungsbereich regelmäßig scheitern, verwundert daher nicht. Die zentrale Botschaft seit den 1980er-Jahren – im Zuge eines globalisierten Strukturwandels von Arbeits- und Lebenswelten – lautete, sich nicht mehr an den Vorgaben der früher die Strukturen und Mentalitäten prägenden „arbeitnehmerzentrierten Industriegesellschaft" zu orientieren, sondern sich auf die Vorgaben einer Wissensgesellschaft

---

11 Dies betrifft nach Erfahrungen mit den Teilnehmerinnen vor allem die seit Mitte der 1960er-Jahre Geborenen und deren Töchter.

einzustellen, die gleichzeitig privatunternehmerisch verfährt. Der Begriff „unternehmerisch" erhielt damit jene Bedeutung und pädagogische transformierte Stoßrichtung, die die Aufklärer zu Beginn des 19. Jahrhunderts mit dem Adjektiv „industriös" verbanden, um schließlich eine feudale Gesellschaft zu einer industriellen zusammenzuschmieden.

Heute soll die Fähigkeit unter dem Schlagwort „Eigenverantwortung" zur Selbstvorsorge durch marktwirtschaftlich orientierte Ausbildung/Bildung und Beratung erworben und trainiert werden. Der haushälterische Umgang mit der Not schlägt sich vor allem im Prozess eines klar umrissenen Schnittfeldes von Wirtschaft, Politik und Wissenschaft und ihrer Medien nieder. Ein neuer Typus von Texten (Expertisen) ist seit Jahrzehnten populär geworden mit der erklärten Absicht, radikale Veränderungen mental vorzubereiten und „neue Leitbilder" zu propagieren. Sie stellen die Entscheidungsgrundlagen für staatlich gelenkte volkspädagogische Offensiven, für ein „neues" Menschenbild dar, ähnlich wie sie ihre ideologisch motivierte Begründungsgrundlage in demografischen Erneuerungsprogrammen suchen, um einer weiteren Illusion aufzusitzen: Die Pensionskassen werden schon deshalb durch Nachwuchs nicht zu sichern sein, weil langfristige Arbeitslosigkeit und working poors den politisch herbeifantasierten, stabilen psychosomatischen Zustand dermaßen abbauen, sodass der Glaube an Mythen der Unsterblichkeit durch die strukturellen Bedingungen im Dienstleistungssektor längst erschüttert ist. Einerseits. Andererseits vermehrt sich auch die Einsicht – dank Erasmus, Interrail, europäische Lehrlingsoffensiven und multikulturelle Gesellschaften etc. –, dass liberale Demokratien auf der europäischen Idee beruhen, dass die Zukunft besser sein kann, als die Gegenwart es ist.

Auf der politischen Agenda stehen heute: Abschaffung der Armut durch zeitgemäße Grundeinkommensmodelle, Chancengleichheit im Bildungsbereich, eine radikal sozialökologische Wende mittels technologischen Fortschritts, neue Formen der Bürger*innenbeteiligung, Wahlrechtsreformen etc. Politische Bildung zur Erweiterung historisch-politischen Bewusstseins kann dabei helfen.

Schlussworte

Abschließend bleibt zu konstatieren, dass das Rosa-Mayreder-College seine Anerkennung in vielfältigster Form auf internationaler Ebene erfahren hat. Hierzulande waren es vor allem unsere Absolventinnen, Teilnehmerinnen und Seminarleiterinnen, die unsere Arbeit bestätigt haben, Anregungen artikulierten und ihr eigenes professionelles Wissen, ihre hohe Fähigkeit zu Reflexion und Solidarität zur Verfügung stellten und somit ermöglichten, die hohen Qualitätsstandards umzusetzen.

Wenn Programmplanungsprozesse und Lehr-/Lernarrangements nicht in Mittel-Zweck-Relationen untergehen sollen, muss immer wieder aufs Neue reflektiert werden, wer was in welchem Kontext macht. Und nur dann, wenn der Austausch darüber geführt wird, wie „situiertes Wissen" (Donna Haraway) entsteht und wem Definitions- und Bedeutungsmacht hierbei zukommt, kann sich eine Kultur des Lernens und zivilgesellschaftlicher Solidarität entwickeln. Die Besinnung auf das damit verbundene, kritische, aufklärerische Erbe kann eine Möglichkeit sein, um einer mentalen Passivität entgegenzuwirken. Eines aufklärerischen Erbes nämlich, das vor allem dem modernen Feminismus und seiner Diskursgeschichten „dissidenter Partizipation" (siehe Hark 2005) seine Konzeptionen und politischen Handlungsstrategien verdankt.

Das Rosa-Mayreder-College war in diesem Sinne ein langjähriges Bildungsexperiment. Es verfügte zwar über ein regulatorisches Strukturkorsett, entzog sich aber gleichzeitig einer „Tyrannei der Norm" (Rosa Mayreder), um nachhaltige Bildungsprozesse zur Verbesserung von Demokratie und offener Gesellschaft zu ermöglichen.

Literatur

Dackweiler, Regina-Maria (2003): Wohlfahrtsstaatliche Geschlechterpolitik am Beispiel Österreichs. Arena eines widersprüchlich modernisierten Geschlechter-Diskurses. Opladen: Leske + Budrich.

Fellner, Günter (1986): Athenäum. Die Geschichte der Frauenhochschule in Wien. In: Zeitgeschichte, 14. Jahr, Heft 3, Dez., S. 99-115.

Filla, Wilhelm/Judy, Michaela/Knittler-Lux, Ursula (Hrsg.) (1992): Aufklärer und Organisator. Der Wissenschaftler, Volksbildner und Politiker Ludo Moritz Hartmann. Wien: Picus (= Schriftenreihe des Verbandes Wiener Volksbildung. Nr. 17), S. 37-50.

Hark, Sabine (2005): Dissidente Partizipation. Eine Diskursgeschichte des Feminismus. Frankfurt am Main: Suhrkamp.

Judy, Michaela (1998): Vorwort. In: Kubes-Hofmann, Ursula/Wohofsky, Elisabeth (Hrsg.): Sternzeit. Frauengenerationen und historisches Bewusstsein. Eine Dokumentation. Wien: Edition Volkshochschule, S. 9-10.

Kloyber, Christian/Wasmeier, Christian (2011): Das Bürglgut. Von der Großbürgerlichkeit zur Restitution. Innsbruck: Studienverlag.

Kubes-Hofmann, Ursula (1995): Leben als Provisorium. In: Birkhan, Ingvild (Hrsg.): Feministische Kontexte. Institutionen, Projekte, Debatten und der neue Frauenförderungsplan. Wien: Österreichischer Studienverlag (= Zeitschrift für Hochschuldidaktik, 19. Jg., Heft 2.).

Kubes-Hofmann, Ursula (1997a): Etwas an der Männlichkeit ist nicht Ordnung. Intellektuelle Frauen am Beispiel Rosa Mayreder und Helene von Druskowitz. In: Fischer, Lisa/Brix, Emil (Hrsg.): Die Frauen der Wiener Moderne. Wien: Böhlau.

Kubes-Hofmann, Ursula (1997b): Das Feministische Grundstudium. In: Knaller, Hans (Hrsg.): Gegenkonzepte. Politische Bildung und Erwachsenenbildung. Innsbruck: Studienverlag, S. 115-137.

Lohmann, Ingrid (2005): Marktorientierung versus Chancengleichheit: Widersprüche und Perspektiven moderner Bildungsentwicklung. Gesellschaft und Erziehung. Historische und systematische Perspektiven. Wissenschaftliches Kolloquium aus Anlass des 100. Geburtstages von Robert Alt. Leibniz Sozietät und BBF, 29.9.2005. Online: http://www.erzwiss.unihamburg.de/Personal/Lohmann/Publik/ [Stand: 2006-02-28].

Prenner, Peter/Scheibelhofer, Elisabeth/Wieser, Regine/Steiner, Karin (2000): Qualifikation und Erwerbsarbeit von Frauen von 1970-2000 in Österreich. Endbericht der Studie im Auftrag der Kammer für Arbeiter und Angestellte für Wien/Abteilung Bildungspolitik. Online: https://docplayer.org/29690704-Institut-fuer-hoehere-studien-ihs-wien-institute-for-advanced-studies-vienna-oesterreichisches-institut-fuer-berufsbildungsforschung.html [Stand: 2021-05-28].

Wetterer, Angelika (2003): Rhetorische Modernisierung: Das Verschwinden der Ungleichheit aus dem zeitgenössischen Differenzwissen. In: Knapp-Axeli, Gudrun/Wetterer, Angelika (Hrsg.): Achsen der Differenz. Gesellschaftstheorie und feministische Kritik II. Münster: Springer, S. 286-319.

Weiterführende Links

Frauenband „Madame Baheux": https://www.youtube.com/watch?v=lTwAr3lnX1I

Dr.ⁱⁿ Ursula Kubes-Hofmann

Foto: Bildermacher

Ursula Kubes-Hofmann studierte Medizin, Philosophie, Germanistik und Geschichtswissenschaften. Dr. phil. 1984 an der Universität Wien. Sie war Geschäftsführerin und wissenschaftliche Leiterin von Lehrgängen universitären Charakters des Rosa-Mayreder-College, Dozentin
und Seminarleiterin in der Erwachsenenbildung, Lehrbeauftragte an (inter-)nationalen
Universitäten und ist Buchautorin sowie Publizistin zahlreicher Aufsätze in wissenschaftlichen
Anthologien seit 1981. Arbeitsschwerpunkte: Erwachsenenbildungsforschung; Ideengeschichte
und Wissenschaftstheorie, feministische Geschichtswissenschaft; Critical Studies; politische
Philosophie. Preise: u.a. Käthe-Leichter-Staatspreis (1998); Österreichischer Staatspreis für
Erwachsenenbildung (2012).

The Art of Thought is Memory:
Rosa Mayreder College in Vienna

Abstract

Named after the Viennese women's rights' activist Rosa Mayreder, the college existed as
an educational institution within the Vienna adult education centres from 1999 to 2012.
Based on this example, the article examines ideas of education at the interface between
the university and adult education outside the university. After a short stroll through the
history of the development of Rosa Mayreder College and its goals, the focus is on the
"Basic Feminist Education" study program and its implementation in practice. In the
second half of the article, the author makes some critical observations of sociopolitical
and economic developments since the 1990s. They provide the starting point for her
thoughts on a possible alternative to the economization of education and self-
optimization—both in the context of adult education and in the specifically academic
field of scientific continuing education.

Weil es ums Leben geht: feministische Bildungsarbeit und Transformation

das kollektiv Frauen*

Zitation

das kollektiv Frauen* (2021): Weil es ums Leben geht: feministische Bildungsarbeit und Transformation.
In: Magazin erwachsenenbildung.at. Das Fachmedium für Forschung, Praxis und Diskurs, Ausgabe 43.
Online: https://erwachsenenbildung.at/magazin/21-43/meb21-43.pdf.

Schlagworte: feministische Bildungsarbeit, Transformation, Migration, Frauen*, Widerstand, das kollektiv

Kurzzusammenfassung

das kollektiv versteht sich als Ort der kritischen Bildungsarbeit in den Bereichen Basisbildung, Nachholen des Pflichtschulabschlusses und Begleitung zur weiterführenden Bildung mit migrierten und geflüchteten Frauen*. Bildungsarbeit in das kollektiv ist kritisch-politisch und parteilich. Sie soll dazu beitragen, gesellschaftliche Ungleichheitsverhältnisse durch die Erweiterung der Handlungsfähigkeit von Frauen* zu bekämpfen. Diese Positionierung von das kollektiv entfaltet sich im Beitrag eindrücklich entlang eines offenen Briefs von afghanischen Frauen* zum Weltflüchtlingstag 2018, zu dem sich Mitarbeitende von das kollektiv in Kommentaren positionieren. So werden Frauen*stimmen hörbar, die aus verschiedenen Positionen sprechen: „Wir sind angekommen und warten hier nur auf ein Papier, das bestätigt, dass wir Menschen sind. Und wir bekommen es nicht [...] Wir wollen wie Menschen behandelt werden", appellieren die Frauen* im Brief an die österreichische Bevölkerung. Die Frauen* aus dem kollektiv – viele davon selbst mit Migrations- oder Fluchtgeschichte – antworten: Wir kämpfen dafür – und zwar gemeinsam! (Red.)

10

Weil es ums Leben geht: feministische Bildungsarbeit und Transformation

das kollektiv Frauen*

You have to act as if it were possible
to radically transform the world.
And you have to do it all the time.

Angela Davis

Wer wir sind

das kollektiv ist ein Ort der kritischen Bildungsarbeit, des Austausches, des Widerspruchs und der gemeinschaftlichen Gestaltung. Wir arbeiten in der Erwachsenenbildung mit migrierten und geflüchteten Frauen*, die am wenigsten über Privilegien verfügten und verfügen. Unsere Schwerpunkte sind Basisbildung, Nachholen des Pflichtschulabschlusses und Begleitung zur weiterführenden Bildung. In das kollektiv arbeiten Frauen*, die Veränderungen ungleicher Verhältnisse in der Gesellschaft anstreben. Frauen*, die aus unterschiedlichen geografischen und sozialen Orten geflüchtet oder migriert sind und zu einem professionellen Bündnis als Lehrende im Feld der Erwachsenenbildung, ausgehend von einer reflektierten gesellschaftlichen Position als Frauen*, zusammenfinden.[1]
In diesem Raum, in dem wir uns einer kritischen pädagogischen Praxis verschrieben haben, entstehen Positionierungen, Appelle, Forderungen, Infragestellungen, Verzweiflung, Hoffnungsschimmer und Kämpfe, deren Ausgang sich nicht in den Kategorien Gewinn oder Verlust fassen lässt. Von einer Kursteilnehmerin* wurde es wie folgt beschrieben: „Das zeigt, dass wir starkes Selbstvertrauen haben. Dass wir wissen, dass wir es können und dass wir durchkommen; wir kämpfen einfach. Das ist etwas, was sein muss. Und wenn es sein muss, dann machen wir es."

Der vorliegende Text schreibt sich in unsere Suchbewegungen nach einer Praxis ein, die zur Erweiterung der politischen und sprachlichen Handlungsfähigkeit, zur Veränderung der Ungleichheitsverhältnisse und zum Abbau strukturell bedingter Benachteiligung beitragen will. Er entfaltet sich anhand unterschiedlicher Positionierungen und Kommentare von Mitarbeiter*innen von das kollektiv zu ausgewählten Passagen eines Briefs, den eine Gruppe von

---

1 Im Verein das kollektiv arbeiten im Durchschnitt 25 Frauen*, von denen mindestens 80% eine Migrations- oder Fluchtgeschichte haben. Wir sprechen Dari, Farsi, Arabisch, Russisch, Somali, Malagasy, Suaheli, Bulgarisch, Englisch, Spanisch, Portugiesisch, Rumänisch, Italienisch, Französisch und Deutsch. Mit dem Gendersternchen (*) weisen wir auf den Konstruktionscharakter von „Geschlecht" hin. Unter „Frauen*" meinen wir alle Personen, die sich als „Frau" definieren, definiert werden und/oder sich sichtbar gemacht sehen.

Teilnehmenden aus Afghanistan unter der Begleitung und Übersetzung zweier lehrender Frauen* mit Migrationsgeschichte 2018 verfasst hat. Der Brief wurde immer wieder und weiter gemeinsam bearbeitet und diente als Ausgangspunkt vieler weiterer Diskussionen und Aktionen. In diesem Beitrag beziehen wir uns, Lehrende in das kollektiv, auf den Brief, um unsere dabei entstandenen Gedanken, Unruhen und Fragen bezüglich unserer feministischen Praxis im Feld der Erwachsenenbildung in Österreich zu teilen.

Wie der Brief entstand

Beginn des Unterrichts an einem sonnigen Vormittag. Die Gruppe kommt zusammen. Eine Frau. Ein negativer Bescheid.[2] Eine Frau. Ein negativer Bescheid. Der Unterricht unmöglich im klassischen Verständnis geworden. Der Vorschlag: hinaus zu gehen. Die Donau, eine Wiese, Gespräch. Die Lernenden entschieden sich, einen Brief an die österreichische Bevölkerung, who ever that is, zu schreiben. Sie wünschten sich, dass der Brief verbreitet wird. Wir kontaktierten Medien. Kein Interesse. Wir verbreiten den Brief trotzdem über andere Kanäle und entschieden uns, ihn auch hier zu vergegenwärtigen.[3]

Passagen aus dem Brief und Stellungnahmen von Kolleg*innen in das kollektiv

Wir sind nicht hier aus Spaß. Unsere Leben waren in Gefahr. Das soll berücksichtigt werden und nicht mit uns gespielt werden.

Migration destabilisiert Grenzen. Gekratzt ist das Bild der verschränkten Arme gegenüber Aussichtslosigkeit im Museum des Wissens über den globalen Süden.

Welche Weltordnung wird uns glaubhaft machen können, dass Menschen Gewalt und Armut nicht entfliehen dürfen?

Die Herrschaft und ihre Moral. Eine sogenannte Fluchtroute gesperrt und wieder mal krönt der Tod die Rechnung weißer Europäer*innen. Eine alt bekannte Rechnung. Und die, denen es gelingt, hier lebendig anzukommen.

Der Tod, hier in diesen Wörtern eingeschrieben, ist politisch. Heute und immer. Sowie das Private politisch ist. Sowie Armut politisch ist. Und Gewalt ebenso.[4]

Schrecken
Wie können wir in Afghanistan sicher leben, wenn wir, sobald wir auf die Straße gehen, in eine Ecke gedrängt und vergewaltigt werden? Und unsere Eltern verstecken es, weil es Schande über die Familie bringt. Wenn Sie in das Herz einer afghanischen Frau hineinsehen, sehen Sie nur Leid: das Kind vergewaltigt, der Mann ermordet, die Liste ist endlos. Das Sterben und Begraben von Familienmitgliedern gehört zum Alltag. Kinder müssen ihren Eltern beim Sterben zusehen und sie auch noch begraben. Es gibt kein sicheres Leben im nicht endenden Krieg unter Bombenangriffen und Gewalt! Für uns als Frauen gibt es eigentlich kein Leben.

Die Spuren von Frauen* sind hier allgegenwärtig. Das Leben in der Unmöglichkeit des Lebens. Das unvorhergesehene Streben nach dem Leben, das in den Blutadern bebt, uns konfrontiert und mit uns pulsiert.

Unsere professionelle Praxis basiert auf einem Verständnis von Feminismus, der sich nicht darin erschöpft, die Besetzung von Führungspositionen für (weiße) Frauen* einzufordern bei gleichzeitiger Verfestigung kapitalistischer, klassistischer, kolonialer, rassistischer Ungerechtigkeit, sondern vollzieht sich entlang der Auffassung, dass widerständiges Handeln und der Kampf gegen rassistische, sexistische und kapitalistische Gewalt, ausgehend von der intersektionellen Analyse und vom Verständnis ungerechter gesellschaftlicher Verhältnisse, eine

---

2 Von den über 1.000 Teilnehmerinnen, die im Laufe der Jahre unsere Kurse besucht haben, hat bisher keine abgeschoben werden müssen. Die meisten haben in zweiter Instanz einen positiven Bescheid bekommen oder einen anderen Aufenthaltstitel erlangt.

3 Die vollständige Fassung des Briefes kann unter: https://www.das-kollektiv.at/das-warten-angst-ein-offener-brief-afghanischer-frauen-zum-weltfluechtingstag nachgelesen werden. Anm. Die Autor*innen des Briefes wünschten sich als das kollektiv Frauen* den Brief zu unterzeichnen.

4 Diese Textpassage erschien ursprünglich in Volksstimme Nr.9/2018.

dringende Notwendigkeit und wohl auch eine feministische Verpflichtung darstellen (vgl. dazu bspw. Arruzza/Bhattacharya/Fraser 2020, S. 13ff.).

Nicht nur im Zusammenhang mit den Frauen*, mit denen wir arbeiten, wird Gewalt eng gefasst und auf eine kulturelle bzw. geschlechtliche Dimension reduziert. Komplexe Fragestellungen und verwobene gewaltförmige gesellschaftliche Verhältnisse erfordern vielschichtige, interdisziplinäre Auseinandersetzungen als Annäherungen an ihre Bekämpfung im Bestreben, angesichts der Gewalt handlungsfähig zu bleiben und Verständnis- und Handlungsperspektiven zu entwerfen. Mit Rekurs auf die in Argentinien entstandene feministische Bewegung „Ni una menos!" wird von namhaften feministischen Theoretiker*innen in den USA festgestellt: *"Violence against women, as they define it, has many facets: it is domestic violence, but also the violence of the market, of debt, of capitalist property relations, and of the state; the violence of discriminatory policies against lesbian, trans and queer women; the violence of state criminalization of migratory movements; the violence of mass incarceration; and the institutional violence against women's bodies through abortion bans and lack of access to free healthcare and free abortion"* (Alcoff et al. 2017, o.S.).

Wie die Frauen* es im Brief später ausdrücken werden: leben und leben lassen!

In Österreich angekommen: in Sicherheit?
Eine Frau, die schwanger ist, verletzt sich aus Verzweiflung. Es gibt keinen Schutz für sie. Sie hat einen negativen Bescheid und muss das ihrer kleinen Tochter erklären. Alle wissen, dass sie, zurück in Afghanistan, den Taliban ausgeliefert werden würden. Ich bin eine 27-jährige afghanische Frau, die nie verstanden wurde. Ich bin hier seit 2 Jahren und 6 Monaten. Viele verstehen nicht, was eine afghanische Frau durchmachen muss. Schuhe zu suchen in einem Berg von Leichen, damit wir weitergehen können. Den Weg zu überstehen, das Kind in den Händen zu halten und zu wissen, dass wir ertrinken können, tagelang zu hungern, im Wald zu schlafen, ohne Wasser zu trinken. Wir sind angekommen und warten hier nur auf ein Papier, das bestätigt, dass wir Menschen sind. Und wir bekommen es nicht.

Das Wissen, dass wir, Lehrende, aufgrund unserer Klassenzugehörigkeit auf der privilegierten Seite des Abgrunds, der Markierung stehen, die uns das Mensch-Sein bescheinigt.

Papier als Bestätigung des Mensch-Seins. Als Bestätigung, dass die Geschichten und Leiden echt sind. Dass es in diesem privilegierten Leben einen Platz für Frauen* gibt, ein Platz gemacht werden muss, gesucht werden darf und genossen werden kann? Dass Frauen* sich, ohne Angst, in der Zukunft sehen können.

Kinder schützen?
Wir leben hier in einer sehr schlechten Situation. Die Kinder sehen die anderen, während sie mit Spielzeug spielen, und wir können uns nicht mal das Essen leisten. Ich bin hier, damit meine Kinder eine bessere Zukunft haben, damit meine Kinder eines Tages jemandem etwas vorlesen können, eine Möglichkeit, die ich nie hatte. Kinder sollen nicht in Angst vor Abschiebung leben. Sie sollen lernen, spielen und leben.

Empathischer kann wohl kaum die Sinnhaftigkeit von Basisbildung ausgedrückt und begründet werden. Und auch die Hinterfragung der Notwendigkeit einer Begründung. Denn wer bildet sich ein, gebildeter zu sein, als die Frauen* selbst, die eine solche Formulierung für ihre Lebensumstände finden?

Warten in Angst
Wir warten 2, 3, 4 Jahre auf einen Interviewtermin und hoffen. Beim Interview werden wir oft eingeschüchtert und aggressiv adressiert. Wir haben nicht das Gefühl, dass es jemanden überhaupt interessiert, warum wir geflohen sind. Wir haben das Gefühl, dass die negative Entscheidung schon feststeht, noch bevor wir unseren Fluchtgrund benennen. Unser Leben wurde von Angst bestimmt. Und wir haben das Gefühl, dass uns beim Interview noch mehr Angst gemacht werden soll. Mit viel Mühe arbeiten wir gegen diese Angst, mit der Zeit schaffen wir es, ein bisschen weniger Angst zu haben. Aber das ist offensichtlich nicht erwünscht. Auch auf der Straße werden wir oft gewaltvoll oder zumindest ignorant behandelt. Wir werden oft nicht wahrgenommen. Oder nicht als Menschen gesehen.

Wer gilt als Mensch? Wann, wo, warum? Weiterhin brennende Fragen.

Verständnis?

(...) dass nur die Existenz meiner Tochter mich davon abgehalten hat, mich zu töten. (...) Vielleicht haben die europäischen Frauen viel davon gehört, aber sie können uns oft nicht verstehen. Wir wollen von den Menschen in der Europäischen Union verstanden werden. Es ist wichtig, dass sie uns leben lassen, denn so wie es jetzt ist, können wir nicht leben.

Häufig wird zu Migrant*innen gesagt, ihr Deutsch sei nicht gut genug, um zu verstehen und verstanden zu werden. Selten fragen sich die Mehrheitsösterreicher*innen/Europäer*innen, was sie nicht verstehen. Wer nicht zuhört, versteht nicht, wer nicht hinsieht, erkennt nicht. Das ist von Vorteil, wenn man nicht verstehen und nicht erkennen will, um die eigenen Privilegien zu schützen. Unsichtbar ist aber nur, wer nicht da ist. Unsichtbar sind die Frauen* von das kollektiv keineswegs.

Das Menschenrechtenmärchen der Europäer*innen. Europäische Frauen*, die hören und es nicht verstehen. Europäische Menschen: leben lassen!

Wir wollen kein Mitleid.

Wir wollen wie Menschen behandelt werden. Die Zukunft und die Sicherheit unserer Kinder müssen beachtet werden. (...) Wir wollen uns aus dieser Ungewissheit befreien. Dazu brauchen wir Verbündete. Wir wollen nicht das Geld vom Staat. Wir wollen die Möglichkeit, unser Leben selbst in die Hand zu nehmen. Wir wollen arbeiten. Denn wir alle können Vieles machen. Wir wollen das Recht auf Leben. Das Recht, unser Leben zu gestalten.

Mitleid ist nicht gleich Mitgefühl ist nicht gleich Empathie. Und sind gar was anderes, wenn Paternalismus, das „Ich-weiß-was-für-dich-gut-ist", auch dabei ist. Es wird uns Frauen* zugeschrieben, dass wir stärker zum Mitleid („Sympathie"), zum Mitgefühl „compassion" und zur Empathie neigen.

Es mag auch stimmen, statistisch oder historisch. Aber wir, die Frauen* aus das kollektiv, aktivieren diese Eigenschaften nicht als etwas, was die („anderen") Frauen* als hilflos und schwach betrachtet, sondern sie als Besitzer*innen vollwertigen Könnens, wertvollen Wissens und (potentieller) Kraft anerkennt, die einen sicheren und wertschätzenden Ort brauchen, um sich dieser bewusst zu werden, sich selber zu schätzen und zu entfalten.

Wir Frauen* von das kollektiv, egal ob Lehrende oder Lernende, wollen kein bloßes Mitleid, denn das nimmt uns nur die Kraft und die Zuversicht, in dieser Gesellschaft agieren und sie mitgestalten zu können, weg. Wir wollen freie Bahn für unsere diversen und unzähligen Fähigkeiten. Wir wollen Möglichkeiten für Erkenntnis und Entwicklung unserer unentdeckten oder durch Angst unterdrückten Stärken. Und durch unsere Beteiligung an der Bildungsarbeit im Verein gehen wir diesem Willen aktiv nach. Ohne nur zu bitten und zu hoffen, dass uns, migrierten Frauen*, „die Freiheit und die Gleichheit gewährt" werden. Wir kämpfen für sie zusammen.

das kollektiv ist ein Ort, ein Organismus, wo die Frauen* das Recht auf (angst-)freies und würdiges Leben erlangen, und das werden wir weiterhin tun.

Warum kämpfen?

Die Geschichten von Gewalt (zuerst im Herkunftsland und dann hier in Österreich), Diskriminierung, systematische Benachteiligung, Ausschlusserfahrungen und keine Aussicht auf Veränderung führen uns zur Frage: Wozu kämpfen[5], wenn die Lage doch so ausweglos, verhärtet, starr erscheint? Die Antworten von das kollektiv sind ganz klar:

Wir sind nicht auf die Welt gekommen, um wegzuschauen!

Weil Widerstandsmomente trotzdem möglich, ja sogar dringend notwendig sind, und wir es in allen Widersprüchen trotzdem für möglich halten, dass

---

5   Dieser Frage haben wir uns ausführlicher im Text „Wozu lernen? = Wozu kämpfen? Pädagogik im globalen postkolonialen Raum" gewidmet (siehe das kollektiv/Salgado/Mineva 2020).

Veränderung passieren kann. Weil wir Räume schaffen wollen, wo wir trotz oder gerade wegen der politischen und gesellschaftlichen Rahmenbedingungen zusammen denken, reflektieren, uns stärken, uns sicher fühlen, uns trauen, etwas auszuprobieren, etwas zu schaffen, kollektive Prozesse in Gang zu setzen und zu gestalten und für Gerechtigkeit zu kämpfen, unter Berücksichtigung der verschiedenen Positionen und Betroffenheiten.

Weil wir Bildung als kritisch, reflexiv und dekonstruktiv sehen und daran glauben, dass Bildung im Sinne einer gegenhegemonialen Arbeit bestehende Verhältnisse hinterfragen und verändern kann. Erwachsenenbildung verstehen und erleben wir als einen prädestinierten Ort zur Erweiterung von Kritik und Handlungsfähigkeit.
Weil wir trotz allem aktiv daran arbeiten wollen,

gerechtere Verhältnisse in Österreich und auf der Welt zu schaffen.

„Die Hoffnung auf Revolution entsteht genau bei diesen Frauen, die in der Geschichte vergessen werden und die jetzt aufstehen und ihre Forderungen formulieren. Ich glaube fest daran – und Männer* sollten das auch gut finden – dass jetzt die Zeit der Frauen* gekommen ist. Und mit Frauen* meine ich nicht die Frauen*, die bereits privilegiert sind und nur mehr ‚die Decke durchbrechen‘ müssen. Ich meine damit die Frauen*, die besonders benachteiligt werden: Frauen* mit wenig Einkommen, Schwarze Frauen*, muslimische Frauen*, indigene Frauen*, queere Frauen*, trans-Frauen* [...] Und daher glaube ich: wenn sich die Menschen, die so viel erlitten haben, erheben, wird die ganze Welt dadurch besser"* (Davis 2017, o.S.).

Literatur

Alcoff, Linda Martín/Arruzza, Cinzia/Bhattacharya, Tithi/Fraser, Nancy/Ransby, Barbara/Taylor, Keeanga-Yamahtta/Yousef Odeh, Rasmea/Davis, Angela (2017): Women of America: we're going on strike. Join us so Trump will see our power. Online: https://www.theguardian.com/commentisfree/2017/feb/06/women-strike-trump-resistance-power [Stand: 2021-05-19].

Arruzza, Cinzia/Bhattacharya, Tithi/Fraser, Nancy (2020): Feminismus für die 99 %. Ein Manifest. Berlin: Matthes & Seitz.

das kollektiv Frauen* (2018): „Das Warten in Angst" – ein offener Brief Afghanischer Frauen zum Weltflüchtlingstag. Online: https://www.das-kollektiv.at/das-warten-angst-ein-offener-brief-afghanischer-frauen-zum-weltfluechtingstag [Stand: 2021-05-19].

das kollektiv/Salgado, Rubia/Mineva, Gergana (2020): Wozu lernen? = Wozu kämpfen? Pädagogik im globalen postkolonialen Raum. In: Rajal, Elke/trafo.K/Marchart, Oliver/Landkammer, Nora/Maier, Carina (Hrsg.): Making Democracy – Aushandlungen von Freiheit, Gleichheit und Solidarität im Alltag. transcript Verlag. Online: https://www.das-kollektiv.at/publikationen-das-kollektiv [Stand: 2021-05-19].

Davis, Angela (2017): „Revolution or Resistance? Revolution today". Rede im Rahmen der CCCB in Barcelona am 9.10.2017. Online: http://www.cccb.org/en/multimedia/videos/angela-davis-revolution-today/227656 [Stand: 2021-05-19].

das kollektiv

office@das-kollektiv.at
das-kollektiv.at
+43 (0)732 890077

das kollektiv mit Sitz in Linz betreibt kritische Bildungs-, Beratungs- und Kulturarbeit von und für Migrant_innen. Es bietet Basisbildungskurse, den Pflichtschulabschluss und Begleitung und Übergangsmodule zu weiterführender Bildung unabhängig vom Aufenthaltsstatus an, vor allem für jene Menschen, die weniger Privilegien haben. Es versteht sich als ein Ort des Austausches, der Kritik und der kollektiven Gestaltung.

Because Life is at Stake: Feminist Education and Transformation

Abstract

The collective sees itself as a place for critical educational projects in the areas basic education, later completion of compulsory schooling and accompaniment of secondary education of migrant and refugee womxn. Education in the collective is critical, political and biased. It should lead to combating social inequality by increasing the ability of womxn to act. This positioning of the collective is developed clearly in the article over the course of an open letter from Afghan womxn on World Refugee Day 2018 to which members of the collective take a position in comments. Thus the voices of womxn speaking from different positions become audible: "We have arrived and are only waiting here for a piece of paper that confirms that we are human beings. And we haven't got it [...] We want to be treated like human beings", wrote the womxn in a letter appealing to the Austrian population. The womxn from the collective – many of whom have a migrant or refugee background – respond: We are fighting for it – together! (Ed.)

Ein Raum für Frauen – Praxis und Reflexion

Die Bildungs- und Beratungseinrichtung „Frauen aus allen Ländern"

Verena Sperk und Katarina Ortner

Zitation

Sperk, Verena/Ortner, Katarina (2021): Ein Raum für Frauen – Praxis und Reflexion. Die Bildungs- und Beratungseinrichtung „Frauen aus allen Ländern".
In: Magazin erwachsenenbildung.at. Das Fachmedium für Forschung, Praxis und Diskurs, Ausgabe 43.
Online: https://erwachsenenbildung.at/magazin/21-43/meb21-43.pdf.

Schlagworte: feministische Bildungsarbeit, rassismuskritische Bildungsarbeit, Bildungsraum, Migration

Kurzzusammenfassung

Die Geschichten von Frauen mit Migrationserfahrung sind sehr individuell, und doch lassen sich daraus Gemeinsamkeiten ableiten: Im Beitrag wird stellvertretend der Fall von Frau X beschrieben, die im Herkunftsland keine Schule besucht hat und nun in Österreich Deutschkenntnisse nachweisen muss. Andernfalls wird ihr die Mindestsicherung gekürzt. Die Fristen sind häufig zu knapp und die Kursstunden reichen oft nicht aus, das Basisbildungsdefizit auszugleichen. Die Bildungsbenachteiligung von Frau X wird also in Österreich fortgesetzt und sogar sanktioniert. Generell werden die verschiedenen Achsen der strukturellen Ungleichheit und Prekarität sowie die alltäglichen Herausforderungen von vielen Frauen mit Migrationsgeschichte bei den migrationspolitischen Anforderungen an sie nicht berücksichtigt. Jenen Frauen bietet die Bildungs- und Beratungseinrichtung „Frauen aus allen Ländern" seit bald 20 Jahren einen Ort zum Lernen und zum Austausch. Der gemeinnützige Verein mit Sitz in Innsbruck versucht Frauen dabei zu unterstützen, ein selbstbestimmtes Leben zu gestalten und ihre eigene Lebenssituation im Kontext gesellschaftlicher Rahmenbedingungen zu verstehen. Der Beitrag beschreibt die Einrichtung, ihren pädagogischen Ansatz sowie die prekäre Praxis, in der Erwachsenenbildner*innen hier arbeiten. (Red.)

Ein Raum für Frauen – Praxis und Reflexion

Die Bildungs- und Beratungseinrichtung „Frauen aus allen Ländern"

Verena Sperk und Katarina Ortner

Feministische Bildungs- und Beratungsarbeit muss die Komplexität gesellschaftlicher Machtverhältnisse berücksichtigen. „Frauen aus allen Ländern" versteht als (Bildungs-)Raum für Migrantinnen feministische Bildungsarbeit zugleich als emanzipatorische und rassismuskritische Bildungsarbeit. Das bedeutet auf inhaltlicher Ebene der Kurse und der Beratungen, sich mit Fragen zum Wohnen, zum öffentlichen Raum oder zum Aufenthaltsstatus zu beschäftigen und dabei Möglichkeiten und Hindernisse gesellschaftlicher Teilhabe zu befragen. Auf Ebene der Organisationsstruktur heißt das, die eigenen Verstrickungen in Machtverhältnisse zu reflektieren und sich mit den sich daraus ergebenden Widersprüchen auseinanderzusetzen.

Frau X – ein Fall von vielen

Frau X[1] kam mit einem Bescheid des Sozialamts in die Beratung von „Frauen aus allen Ländern", in dem ihr mitgeteilt wurde, dass ihre Mindestsicherung ab sofort um 20% gekürzt werden würde (das bedeutete 100 € weniger pro Monat). In einem vorangegangenen Bescheid des Sozialamts war sie bereits aufgefordert worden, binnen elf Monaten „Kenntnisse der deutschen Sprache der Niveaustufe A1 Startpaket zu erwerben und dazu die daran anschließende Prüfung erfolgreich zu absolvieren und die positiv abgeschlossene Prüfung durch entsprechende Zeugnisse, Zertifikate oder Bestätigungen […] nachzuweisen."

Frau X ist 45 Jahre alt, hat drei Kinder und ist seit 2017 asylberechtigt. Sie konnte in ihrem Herkunftsland Syrien keine Schule besuchen und ist weder in ihrer Erstsprache noch auf Deutsch alphabetisiert. Auch hat sie – von den in Österreich absolvierten Kursen abgesehen – keine Erfahrung mit formalem Lernen. Sie muss also gleichzeitig Deutsch, Lesen und Schreiben von Grund auf lernen und das alles in der Zielsprache Deutsch.

Bevor Frau X zu „Frauen aus allen Ländern" kam, hatte sie bereits in einer anderen Institution zwei Alphabetisierungskurse im Ausmaß von insgesamt 420 Unterrichtseinheiten besucht und hatte somit die maximale Zahl an Alphabetisierungskursen, die

---

1 Der volle Name der Frau ist bekannt.

gefördert und vorgesehen sind, erreicht. Frau X musste nun an einem A1-Kurs teilnehmen. Nach vier Tagen wurde sie jedoch aufgefordert, diesen abzubrechen, da ihre Lese-Schreib-Kenntnisse dafür nicht ausreichten. Da ihr auch kein Alphabetisierungskurs mehr zur Verfügung stand, besuchte sie nach einiger Zeit wieder einen A1-Kurs, obwohl dieser ihrem Lernniveau nicht entsprach. Krankheitsbedingt musste sie diesen Kurs vorzeitig abbrechen. Vom Sozialamt wurden ihr nach ihrem letzten Alphabetisierungskurs eineinhalb Jahre zugestanden, um den Kurs „A1 Deutsch Startpaket" abzuschließen sowie die daran anschließende Prüfung positiv zu absolvieren und dies entsprechend nachzuweisen.

Frau X besuchte daraufhin bei „Frauen aus allen Ländern" einen Basisbildungskurs[2], der für ihr Lernniveau passend war. Die Lehrerin im Kurs beschrieb sie als sehr motivierte und engagierte Lernerin. In einem dolmetschgestützten Gespräch betonte Frau X, sie wolle unbedingt lernen, und zeigte sich beschämt und gekränkt darüber, dass ihr von Seiten des Sozialamts mangelnde Integrationsbereitschaft unterstellt werde. Den fristgerechten Nachweis über eine positiv absolvierte A1-Prüfung konnte Frau X nicht erbringen.

Ihr Mindestsicherungsbezug wurde trotz intensiver Interventionsbemühungen einer Beraterin von „Frauen aus allen Ländern" gekürzt. Der Sachbearbeiter im Sozialamt hielt an seiner Sicht fest, dass Frau X ein A1-Kurs zuzumuten und die Kürzung deshalb gerechtfertigt sei. Frau X lebt jetzt mit dem gekürzten Mindestsicherungssatz und möchte so schnell wie möglich ihre Deutsch- sowie ihre Lese- und Schreibkenntnisse erweitern, um den vorgeschriebenen Deutschkenntnisnachweis zu erbringen. Sie kann weiterhin einen Basisbildungskurs bei „Frauen aus allen Ländern" besuchen, an den Lernnachmittagen mit Kinderbetreuung teilnehmen und die dolmetschgestützte Beratung nutzen. Diese Angebote und der dort ermöglichte Austausch sollen dabei auch ein Unterstützungssystem bieten, das aufzeigt, dass es sich in solch einer Situation nicht um persönliches Versagen, sondern um ein strukturell bedingtes Problem handelt.

Der Fall von Frau X – ein Fall von vielen – zeigt exemplarisch auf, wie sich Bildungsbenachteiligung (kein Schulbesuch im Herkunftsland) in Österreich fortsetzen kann und sogar sanktioniert wird (Kürzung des Mindestsicherungsbezugs). Einerseits wird auf diese Weise Bildung – und Deutschlernen im Speziellen – an Existenzsicherung und Migrationspolitik gekoppelt, andererseits Bildungsbenachteiligung als individuelles Verschulden und nicht als Folge gesellschaftlicher Ungleichheitsverhältnisse verstanden.

Neben dem daraus entstehenden Druck innerhalb einer oft viel zu knappen Frist, Deutschkenntnisnachweise erbringen zu müssen, ist der Großteil der Besucherinnen von „Frauen aus allen Ländern" mit zahlreichen zusätzlichen Belastungen und Erfahrungen von struktureller Ungleichheit auf verschiedenen Ebenen konfrontiert. Unterschiedliche Faktoren können diese bedingen und verstärken: sozio-ökonomische Faktoren wie z.B. ein niedriges Einkommen, prekäre Arbeitsverhältnisse oder Bildungsbenachteiligung; aufenthaltsrechtliche Faktoren wie z.B. ein unsicherer Aufenthaltsstatus über einen langen Zeitraum hinweg, ein Aufenthaltsstatus, der an jenen des Ehemannes oder an Deutschlernerfolge geknüpft ist, oder Deutschkenntnisnachweise als Voraussetzung für den Erhalt bestimmter Sozialleistungen; sozial-strukturelle Faktoren wie z.B. sexistische, rassistische und strukturelle Diskriminierung sowie individuell-persönliche Faktoren wie z.B. kritische Lebensereignisse wie Flucht, Gewalterfahrung oder psychische Erkrankungen (vgl. Kastner 2016 [2013], S. 9f.).

Die daraus resultierende Mehrfachbelastung und -diskriminierung wirken sich auf den Alltag vieler Besucherinnen von „Frauen aus allen Ländern" aus. Trotzdem verfolgen sie aktiv ihre Ziele – wie beispielsweise Deutsch zu lernen oder Arbeit zu finden –, und es gelingt ihnen, viele alltägliche Herausforderungen, die diese Situation mit sich bringt, zu bewältigen.

Durch verschiedene Bildungs- und Beratungsangebote bietet „Frauen aus allen Ländern" einerseits

---

2 In den Basisbildungskursen der Einrichtung werden umfassende und grundlegende Bildungsinhalte vermittelt, welche die Teilnehmerinnen, die häufig nur über eine geringe oder gar keine Schulbildung verfügen, bisher nicht erwerben konnten: Deutsch als Zweitsprache, Lesen und Schreiben auf Deutsch, aber auch Lernorganisation, digitale und mathematische Kompetenzen. Dieses Angebot fokussiert in der Praxis auf Handlungsorientierung und gesellschaftliche Teilhabe.

Unterstützung beim Gestalten eines selbstbestimmten Lebens, andererseits wird ein Raum zur Verfügung gestellt, in dem die jeweiligen Interessen und Anliegen der Besucherinnen im Zentrum stehen. Das bedeutet, sowohl den Kontext persönlicher Lebenssituationen als auch – entindividualisiert – den Kontext gesellschaftlicher Rahmenbedingungen zu berücksichtigen.

Bildung und Beratung für Migrantinnen

Die Bildungs- und Beratungseinrichtung „Frauen aus allen Ländern" bietet seit bald 20 Jahren als gemeinnütziger Verein mit Sitz in Innsbruck Frauen mit Migrationsgeschichte oder Fluchterfahrung und ihren Kindern einen Ort zum Lernen und zum Austausch. Wöchentlich nutzen etwa 160 Frauen und 90 Kinder die verschiedenen Angebote der Einrichtung (und etwa gleich viele Frauen warten derzeit auf einen Platz für eines der Angebote). Die Frauen sprechen eine Vielzahl an Sprachen und kommen aus unterschiedlichen Herkunftsländern, vorwiegend aus Ländern des Nahen Ostens (Irak, Syrien etc.), aus afrikanischen Ländern (Ägypten, Somalia, Nigeria etc.), aus der Türkei und aus Afghanistan. Die meisten sind zwischen 20 und 45 Jahre alt und haben keinen Pflichtschulabschluss. Sie verrichten vor allem Fürsorgetätigkeiten im familiären Bereich, sind nicht erwerbstätig oder arbeiten in prekarisierten Berufsfeldern.

Ziel der Einrichtung ist es, durch niederschwellige und bedürfnisorientierte Angebote mit feministischen und transkulturellen Arbeitsansätzen einen Raum zu schaffen, der Partizipation ermöglicht und fördert. Daher versteht „Frauen aus allen Ländern" Bildungs- und Sozialarbeit als gesellschaftspolitische Arbeit, die Fragen nach Teilhabe, Ermächtigung und gesellschaftlichen Machtverhältnissen stellt. Die Auseinandersetzung damit wird zum Ziel wechselseitiger Lehr- und Lernprozesse.

In der Angebotsgestaltung wird ein ganzheitlicher – in Tirol einzigartiger – Ansatz verfolgt, der die Bedürfnisse und Interessen der Besucherinnen sowie die Komplexität ihrer Lebenssituationen berücksichtigen soll. Bildungsangebote, psychosoziale Beratung und Kinderbetreuung finden am selben Ort statt, die drei Bereiche arbeiten eng zusammen und profitieren von der jeweiligen Expertise. Alle Angebote sind kostenlos, um sie unabhängig von den finanziellen Möglichkeiten vielen Frauen zugänglich zu machen.

Der Bildungsbereich bietet vormittags Deutschkurse sowie Alphabetisierungs- und Basisbildungskurse an, die zwei bis drei Mal in der Woche und über mehrere Monate hinweg in festen Gruppen stattfinden. In den Kursen stehen Inhalte wie Deutsch als Zweitsprache, Lesen und Schreiben, der Umgang mit digitalen Geräten und Medien, Rechnen sowie Politische Bildung im Mittelpunkt. Nachmittags ermöglichen offene Lerngruppen eine spontane Teilnahme, um beispielsweise gewünschte Lerninhalte zu vertiefen, um für Prüfungen zu üben oder um sich mit anderen Frauen auszutauschen. Der Austausch und die gemeinsame Auseinandersetzung mit geteilten und verschiedenen Erfahrungen stehen auch bei den Konversationsgruppen und den Lerngruppen für Mütter und Kinder im Fokus. Die Inhalte aller Bildungsangebote orientieren sich an den Interessen der Lernerinnen, die für sie relevante Themen selbst einbringen können.

Neben den Bildungsangeboten können auch unterschiedliche Formen der Beratung in Anspruch genommen werden. Dazu gehören Gruppen- und Einzelberatungen mit verschiedenen Schwerpunktsetzungen wie psychosoziale Beratung, Unterstützung bei der Existenzsicherung, Bildungs- und Berufsberatung, Mütter- und Schwangerschaftsberatung sowie Beschaffung und Weitergabe von Informationen zu verschiedenen Themen des Alltags. Die Inhalte sind vielseitig gelagert und betreffen beispielsweise Probleme und Fragen in Bezug auf Wohnen, finanzielle Unsicherheit, Arbeit, Familie und Partnerschaft, Gesundheit und Körper (Verhütung, Sexualität, Schwangerschaft), Flucht und Asylverfahren sowie (sexualisierte) Gewalt und Diskriminierung. Der Beratungsbereich folgt in seiner Arbeit dem Grundsatz der Parteilichkeit und möchte Frauen dabei unterstützen, ihre Ziele und Anliegen selbstbestimmt und in ihrem Interesse zu verfolgen. Die Gespräche können bei Wunsch in der Erstsprache, also dolmetschgestützt, durchgeführt werden.

Alle Kurse und Beratungen werden gemeinsam mit Kinderbetreuung angeboten. Viele der Besucherinnen bei „Frauen aus allen Ländern" leisten in ihren

Familien den Großteil der reproduktiven Arbeit, wie beispielsweise Kindererziehung, weshalb die Teilnahme an einem Deutschkurs ohne Kinderbetreuung für viele mit ihren Tätigkeiten in der Familie unvereinbar wäre. Das Kinderbetreuungsangebot bei „Frauen aus allen Ländern" geht dabei weit über eine bloße Beaufsichtigung der Kinder hinaus. Es folgt einem an die Pikler- und Montessori-Pädagogik angelehnten Konzept, das darauf ausgerichtet ist, die Kinder, die zwischen vier Monate und sieben Jahre alt sind, individuell und in Gruppenangeboten in einem sprach- und diversitätssensiblen Raum zu begleiten und sie in ihrer Entwicklung zu fördern. Darüber hinaus bieten die Pädagoginnen in Zusammenarbeit mit den Beraterinnen spezielle Mütterberatung an, in der Themen wie Kindesentwicklung, Gesundheit, Unterstützungsangebote etc. behandelt werden. In eigenen Mutter-Kind-Lerngruppen haben Mütter und ihre Kinder die Möglichkeit, gemeinsam mit einer Lehrerin aus den Deutschkursen und einer Pädagogin zu lernen und zu spielen. Auf diese Weise soll einerseits die Gruppe als Ort genutzt werden, um sich zu informieren und sich Wissen anzueignen, andererseits um sich über die Beschäftigung mit Gemeinsamkeiten und Unterschieden über die jeweiligen Lebenslagen und -bedingungen auszutauschen.

Das Ineinandergreifen der Bereiche Bildung, Beratung, Kinderbetreuung und die Relevanz einer engen Zusammenarbeit werden in der Praxis tagtäglich sichtbar. Aspekte aller drei Bereiche beeinflussen die Handlungsmöglichkeiten der Besucherinnen und der Mitarbeiterinnen und zeigen die Notwendigkeit eines möglichst ganzheitlichen Angebots auf.

Ein Bildungsraum von Frauen für Frauen

In Selbsterfahrungsgruppen und in der feministischen Bildungsarbeit der autonomen Frauenbewegung der 1970er Jahre wurden geteilte Erfahrungen und das Persönliche als Ausgangspunkte genommen, um sich mit deren Ursprung und deren Wechselwirkungen mit gesellschaftlichen Verhältnissen auseinanderzusetzen (vgl. Lux 2019, S. 66ff.; Wurm 1992, S. 34f.). Der Austausch über Gemeinsames in individuellen Lebenssituationen von Frauen und die Aneignung von Wissen über die gesellschaftliche Situation von Frauen sollten beides als

zusammenhängend verstehbar und in weiterer Folge dann auch veränderbar machen. Aus den Ansätzen der emanzipatorischen und feministischen Frauenbildung gingen die *„Parteilichkeit für Frauen, die Teilnehmerinnenorientierung und Selbstbestimmung bei Themen und Lernformen"* (Wurms 1992, S. 34) hervor, die sich als Prinzipien auch in der Haltung von „Frauen aus allen Ländern" wiederfinden.

Solange gesellschaftliche und politische Ungleichheiten in Bezug auf Geschlechterverhältnisse bestehen, braucht es (Bildungs-)Räume, die sich an den Anliegen und Zielen von Frauen (aber auch von queeren und trans* Personen) orientieren. Die Notwendigkeit, sich in der Erwachsenenbildung mit Fragen zu Geschlechtergerechtigkeit auseinanderzusetzen, zeigt sich in der Praxis von „Frauen aus allen Ländern" nicht nur auf inhaltlicher, sondern auch auf organisatorischer Ebene der Bildungs- und Beratungsangebote. Eine zentrale Herausforderung ist beispielsweise die von den Besucherinnen (und auch Mitarbeiterinnen) oft erlebte Mehrfachbelastung durch unbezahlte, reproduktive Arbeiten, wie Kindererziehung, Pflege von Angehörigen und Arbeit im Haushalt, bei teilweise zusätzlichem Nachgehen von Erwerbsarbeit in häufig feminisierten und prekarisierten Berufsfeldern. Dieses Thema spielt daher nicht nur bei der inhaltlichen Auseinandersetzung in Kursen und Beratungen eine Rolle, sondern findet sich auch in der Planung und Organisation der Angebote wieder. Beispielsweise orientieren sich die Kurszeiten am Alltag vieler Besucherinnen, die oft Hol- und Bringzeiten von Kindergarten- oder Schulkindern berücksichtigen müssen. Darüber hinaus werden alle Kurse und Beratungen mit Kinderbetreuung angeboten, wodurch es vielen erst möglich wird, diese zu nutzen.

Allerdings wurde bereits in der Geschichte der Frauenbewegungen konflikthaft deutlich, dass sich die Lebensrealitäten und gesellschaftlichen Positionen von Frauen auch durchaus sehr stark voneinander unterscheiden können. Feministische Bildungs- und Beratungsarbeit muss deshalb die Komplexität gesellschaftlicher Machtverhältnisse berücksichtigen, wie z.B. in Bezug auf ökonomische Bedingungen oder rassistische Strukturen. „Frauen aus allen Ländern" versteht als (Bildungs-)Raum für Migrantinnen feministische Bildungsarbeit daher zugleich als emanzipatorische und rassismuskritische

Bildungsarbeit. Das bedeutet beispielsweise, auf inhaltlicher Ebene der Kurse und der Beratungen sich mit Fragen zum Wohnen, zum öffentlichen Raum oder zum Aufenthaltsstatus zu beschäftigen und dabei Möglichkeiten und Hindernisse gesellschaftlicher Teilhabe zu befragen. Auf Ebene der Organisationsstruktur heißt das, als Mitarbeiterin – sei es als Lehrerin, als Beraterin oder als Pädagogin – die eigenen Verstrickungen in Machtverhältnisse zu reflektieren und sich mit den sich daraus ergebenden Widersprüchen auseinanderzusetzen. Viele der Mitarbeiterinnen wurden in Österreich geboren, sind keinen rassistischen Zuschreibungen ausgesetzt, haben die österreichische Staatsangehörigkeit und Zugang zu den Ressourcen, die damit einhergehen. Eine kritische Reflexion der eigenen gesellschaftlichen Position in der Gestaltung der Bildungs- und Beratungspraxis sowie das Nachdenken über Fragen von Repräsentation sind daher unerlässlich.

… während der Covid-19-Pandemie

Bildungsräume sind Teil gesellschaftlicher Bedingungen und bedürfen daher einer Auseinandersetzung mit denselben. Während der COVID-19-Pandemie wurde insbesondere die Bedeutung der Physis von Bildungsräumen augenscheinlich. Niederschwellige Angebote wie Alphabetisierung und Basisbildung benötigen den Raum und den persönlichen Kontakt für die Lerninhalte selbst. Darüber hinaus bieten physische Bildungsräume für viele Lernerinnen erst die Möglichkeit zum Lernen, die sie zu Hause nicht vorfinden. Digitale Infrastrukturen (z.B. Computer, Internetverbindung) sind nicht für alle Lernerinnen gleichermaßen zugänglich, wodurch kontinuierliches Lernen erschwert werden kann.

Die COVID-19-Pandemie bedeutete gerade für viele Frauen eine Intensivierung von Fürsorgetätigkeiten in der Familie und eine damit einhergehende erhöhte Belastung, wodurch kaum Zeit, Konzentration und Platz für das eigene Lernen blieben. Tatsächlich macht aber gerade auch das gemeinsame Lernen physische Bildungsräume aus. Der Austausch und das Arbeiten in der Gruppe stellen ein bedeutendes und stärkendes Moment in Bildungsprozessen dar. Dadurch kann Solidarität Raum erhalten und Vereinzelung entgegengewirkt werden.

Der folgende Interviewausschnitt soll die Sicht einer Lernerin auf Lernbedingungen – besonders in der Zeit der Covid-19-Pandemie – aufzeigen.

Im Gespräch: Fatou Chorr, Foto: Valentina Bichler

Fatou Chorr wurde 1978 in Gambia geboren und lebt seit fünf Jahren in Innsbruck. Als Mädchen und junge Frau unterstützte sie ihre Mutter im Haushalt und übernahm die Betreuung sechs jüngerer Geschwister, während die Mutter am Feld arbeitete. Deshalb hatte Frau Chorr in Gambia keine Zeit und Möglichkeit, eine Schule zu besuchen und in ihrer Erstsprache Mandinka Lesen und Schreiben zu lernen. Seit 2017 nimmt Frau Chorr an Deutsch- und Basisbildungskursen bei „Frauen aus allen Ländern" in Innsbruck teil. Hier lernt sie Deutsch zu sprechen, aber auch auf Deutsch zu lesen und zu schreiben. Frau Chorr hat fünf Kinder im Alter zwischen 3 und 21 Jahren. Ihre jüngsten Kinder wurden anfangs in der Kinderbetreuung von „Frauen aus allen Ländern" während ihres Deutschkurses betreut. Frau Chorr schloss gerade einen fortgeschrittenen Deutsch- und Basisbildungskurs ab, den sie aufgrund der COVID-19-Pandemie teilweise auch online besuchte.

Da es in Innsbruck keine Möglichkeit gibt, Mandinka zu dolmetschen, musste das Gespräch auf Deutsch geführt werden. Es war uns trotzdem wichtig, Frau Chorr die Möglichkeit zu bieten, über ihre Lernerfahrungen zu sprechen und ihre Perspektive auf den Lernprozess darzustellen. Das Interview wurde gekürzt und die Aussagen wurden in eine sprachlich korrekte Form gebracht.

FAAL … Frauen aus allen Ländern
F.C. … Fatou Chorr

FAAL: Wie geht es dir hier im Deutschkurs? Was findest du nicht gut und was findest du gut?

F.C.: Ich finde es gut… Früher konnte ich nicht schreiben, ich konnte nicht Deutsch sprechen, ich konnte nicht lesen. Aber jetzt lese ich, ich spreche

Deutsch. Und andere Leute sagen zu mir: Ich verstehe dich gut.

FAAL: Wann brauchst du Deutsch in deinem Alltag?

F.C.: Ich brauche das Lernen, damit mich andere Leute verstehen, wenn ich spreche, und damit ich andere Leute verstehe, wenn sie sprechen. Deshalb brauche ich Deutsch. Und ich möchte arbeiten gehen und bei der Arbeit alle verstehen.

FAAL: Du kommst hierher zum Deutschkurs zum Lernen. Kannst du Zuhause auch gut Deutsch lernen?

F.C.: Ich brauche es, in die Schule zu kommen. Hier ist es für mich besser. Zuhause ist es schwierig.

FAAL: Warum ist es Zuhause schwierig?

F.C.: Zuhause sagen die Kinder: Mama, ich muss aufs Klo. Mama, ich habe Hunger. Mama, ich brauche Wäsche.

FAAL: Aber hast du Zuhause auch Hilfe? Kann dir jemand beim Deutschlernen helfen?

F.C.: Ja, ein bisschen. Meine 14-Jährige hilft mir. Wenn ich etwas nicht verstehe, gebe ich es ihr.

FAAL: Wie war Corona für dich? Die Schule [Frauen aus allen Ländern] war ja zu?

F.C.: Wegen Corona war die Schule zu. Ich habe über das Handy mit meiner Lehrerin gelernt.

FAAL: Wie war das für dich? War das schwierig oder hat das gut funktioniert?

F.C.: Es war gut für mich. Ich habe mit meiner Lehrerin gelernt und ich habe alles verstanden. Meine Lehrerin ist sehr gut. Wir haben auch Zoom gemacht.

FAAL: Wie war der Lockdown für dich und deine Familie?

F.C.: Das war für mich und meine Familie schwierig. Wenn die Kinder nicht in die Schule gehen können, weinen sie Zuhause und haben auch Angst. In der Schule malen und schreiben sie und sprechen mit den anderen Kindern. Dann sind die Kinder glücklich.

FAAL: Was habt ihr während dem Lockdown gemacht, während die Schule zu war?

F.C.: Ich habe geputzt, gewaschen, gekocht, eingekauft. Später habe ich mit den Kindern gegessen. Danach habe ich mit den Kindern das ABC gelernt, gemalt, gerechnet. Mein kleines Kind hat Gitarre gespielt und gesungen.

FAAL: Hast du auch Zeit für den Deutschkurs gehabt?

F.C.: Es war schwierig für mich. Ich lerne Zuhause und später lerne ich mit den Kindern. Es war schwierig für mich, weil ich viel Arbeit Zuhause habe: einkaufen, kochen, putzen, bügeln, es gibt viel Arbeit.

FAAL: Zuhause ist es schwierig für dich. Was gefällt dir gut hier beim Deutschkurs?

F.C.: Hier gefällt mir das Sprechen mit den anderen Leuten. Zusammen lernen macht stark: Ich mache es gut und die anderen Frauen sagen auch, dass ich es gut mache. Das ist gut in der Schule.

FAAL: Was ist dein Wunsch für die Zukunft? Was möchtest du nach dem Deutschkurs machen?

F.C.: Ich brauche Arbeit. Wenn der Deutschkurs fertig ist, möchte ich eine Arbeit lernen.

Vom ehrenamtlichen Projekt zur Bildungs- und Beratungseinrichtung

Historisch betrachtet können einige der Prinzipien und Ansätze von „Frauen aus allen Ländern" (parteiliche, feministische Zugänge, Empowerment, Partizipation, Ganzheitlichkeit, kritische Erwachsenenbildung etc.) in die Tradition von Frauenprojekten der 1980er Jahre eingeordnet werden. Andere hingegen (antidiskriminierende, rassismuskritische Zugänge, kritisch-emanzipatorische Ansätze in der Erwachsenenbildung etc.) sind eher auf die Beschäftigung von Frauen- und Erwachsenenbildungsprojekten mit Aspekten von Macht- und Herrschaftsverhältnissen innerhalb einer Migrationsgesellschaft (siehe Mecheril et al. 2010) bzw. von Bildungsgerechtigkeit und -benachteiligung zurückzuführen, die vor allem ab den 1990er Jahren in Österreich stattgefunden hat. Die Auseinandersetzung mit diesen Prinzipien und den Möglichkeiten der praktischen Umsetzung in der gegenwärtigen Situation sowie die kritische Reflexion der eigenen Rolle in verschiedenen Machtkonstellationen sind bei „Frauen aus allen Ländern" Teil des Arbeitsalltags. Dafür wird Zeit und Raum zur Verfügung gestellt.

Viele Frauen- und Erwachsenenbildungsprojekte – so auch „Frauen aus allen Ländern" – sind ursprünglich durch das ehrenamtliche Engagement von Einzelpersonen entstanden, um Angebotslücken zu füllen und Bedürfnisse von bestimmten Zielgruppen zu bedienen (vgl. zur Entwicklung im Bereich Basisbildung Kastner 2016 [2013], S. 41ff.). In den vergangenen Jahrzehnten durchliefen einige dieser Projekte Differenzierungs- und Professionalisierungsprozesse, um sich als Institutionen zu etablieren und sich finanziell besser abzusichern. Auch „Frauen aus allen Ländern" hat sich von einem ehrenamtlich geführten Verein mit zwei Mitarbeiterinnen, einem Deutschkurs und einem Frauencafé zu einer in Tirol anerkannten Einrichtung mit aktuell 23 angestellten Mitarbeiterinnen, zwölf Deutschkursen, acht Nachmittagsangeboten und einem breiten Beratungsangebot entwickelt.

Mit diesem Wachstum und der besseren existenziellen Absicherung geht allerdings auch ein Verlust an Autonomie einher (vgl. Brückner 2019, S. 965ff.). Da mehr als die Hälfte der Angebote von „Frauen aus allen Ländern" über EU-Projekte finanziert werden, steuern inhaltliche, strukturelle und finanzielle Projektvorgaben die Organisation und die Gestaltung des Angebots maßgeblich mit. Die Projektstruktur ermöglicht einerseits überhaupt die Durchführung des breiten Angebots, führt andererseits jedoch zu befristeten Anstellungen, prekären Arbeitsverhältnissen, einer geringen Planungssicherheit und wiederkehrender existenzieller Bedrohung durch Projekt- oder Subventionskürzungen (zu Jahresende ist meistens völlig unklar, mit wie vielen Projekten und Anstellungsstunden im nächsten Jahr begonnen werden kann).

Diese prekarisierten Arbeitsbedingungen finden sich nicht nur bei „Frauen aus allen Ländern", sondern sind ein Merkmal vieler Frauen- und Erwachsenenbildungseinrichtungen. Sie betreffen in hohem Maß Frauen, die in diesem Feld überdurchschnittlich häufig tätig sind (vgl. zu den Arbeitsbedingungen in der Basisbildung Aschemann 2018, S. 4). So werden auch bei den Arbeitsbedingungen der Mitarbeiterinnen gesellschaftliche Machtverhältnisse und strukturell bedingte Ungleichheiten deutlich, denen allein auf der Organisationsebene der Einrichtung nur sehr bedingt entgegengewirkt werden kann. Um diese Verhältnisse zu verbessern und tatsächlich nachhaltige, stabile Strukturen in Frauen- und Erwachsenenbildungseinrichtungen zu etablieren, braucht es wohl einen weitgehenden bildungs- und frauenpolitischen Veränderungsprozess.

Literatur

Aschemann, Birgit (2018): Basisbildung als Beruf: Perspektiven einer Paradoxie: In: Magazin erwachsenenbildung.at. Das Fachmedium für Forschung, Praxis und Diskurs. Ausgabe 33, Wien. Online: https://erwachsenenbildung.at/magazin/ausgabe-33 [Stand: 2021-02-04].

Brückner, Margrit (2019): Frauenprojekte im Fokus der Geschlechterforschung. Vom feministischen Aufbruch zur Institutionalisierung. In: Kortendiek, Beate/Riegraf, Birgit/Sabisch, Katja (Hrsg.): Handbuch Interdisziplinäre Geschlechterforschung. Springer VS: Wiesbaden, S. 963-972.

Kastner, Monika (2016 [2013]): Alphabetisierung und Basisbildung für Erwachsene. In: Dossier erwachsenenbildung.at. Online: https://erwachsenenbildung.at/images/themen/dossier/ebooks/dossier-basisbildung.pdf [Stand: 2021-02-04].

Lux, Katharina (2019): „Es liegt nicht in unserem Interesse, Erfahrungen in eine vorgefertigte Theorie einzupassen..." Erfahrung und feministisches Bewusstsein in der autonomen Frauenbewegung der 1970er Jahre. In: outside the box. Zeitschrift für feministische Gesellschaftskritik 2019/7, S. 64-72.

Mecheril, Paul et al. (Hrsg.) (2010): Migrationspädagogik. Weinheim/Basel: Beltz.

Wurms, Renate (1992): „Von heute an gibt's mein Programm" – Zur Entwicklung der politischen Frauenbildungsarbeit. In: Arbeitsgruppe Frauenbildung und Politik (Hrsg.): Von Frauen für Frauen. Ein Handbuch zur politischen Frauenbildungsarbeit. Zürich/Dortmund: eFeF-Verlag, S. 11-40.

Foto: Tanja Fuchsberger

MMag.ª Verena Sperk

verena.sperk@frauenausallenlaendern.org
http://www.frauenausallenlaendern.org
+43 (0)512 564778

Verena Sperk studierte Germanistik und Angewandte Sprachwissenschaft in Innsbruck und Tours. Seit 2012 ist sie Mitarbeiterin in der Bildungs- und Beratungseinrichtung „Frauen aus allen Ländern" in Innsbruck, wo sie viele Jahre Alphabetisierungs- und Basisbildungskurse in Deutsch als Zweitsprache unterrichtete. Derzeit ist sie als Projektleitung im Bildungsbereich tätig. Seit 2018 ist sie außerdem Universitätsassistentin im Lehr- und Forschungsbereich Kritische Geschlechterforschung am Institut für Erziehungswissenschaft der Universität Innsbruck.

Foto: Valentina Bichler

Mag.ª Katarina Ortner

katarina.ortner@frauenausallenlaendern.org
http://www.frauenausallenlaendern.org
+43 (0)512 564778

Katarina Ortner studierte an der Universität Innsbruck Germanistik und Philosophie, Psychologie und Pädagogik auf Lehramt. Sie unterrichtete jahrelang Deutsch als Zweitsprache und Basisbildung/Alphabetisierung. Seit 2008 ist sie in der Einrichtungsleitung sowie in der Leitung verschiedener Bildungsprojekte von „Frauen aus allen Ländern" tätig.

A Space for Women—Practice and Reflection

The education and counselling centre Women from All Countries

Abstract

The stories of women with migration experience are very individual, yet they share certain commonalities. The article describes the case of Ms. X, who was not able to attend school in her country of origin and now must furnish proof of German skills in Austria. Otherwise, her guaranteed minimum income will be reduced. The deadlines are frequently too tight and the number of course hours are often insufficient for achieving the expected learning outcome and receiving a certificate. Educational discrimination against Ms. X continues in Austria and is even sanctioned. In general, the different axes of structural inequality and precarity and the daily challenges that many women with a migration background must face are not taken into account in the migration policy requirements. For nearly 20 years, the education and counselling centre Women from All Countries has provided a space for learning and exchange. The non-profit association in Innsbruck attempts to support and empower women to lead a self-determined life and understand their own living situation in the context of social circumstances. The article describes the organization, its educational approach and the lack of job security for its adult educators. (Ed.)

Frauenstimmen: „Wir haben eine Stimme – du auch!"

Lydia Rössler

Zitation

Rössler, Lydia (2021): Frauenstimmen: „Wir haben eine Stimme – du auch!"
In: Magazin erwachsenenbildung.at. Das Fachmedium für Forschung,
Praxis und Diskurs, Ausgabe 43.
Online: https://erwachsenenbildung.at/magazin/21-43/meb21-43.pdf.

Schlagworte: Frauen, Partizipation, Mitsprache, Integrationshaus, Frauentreff, Migrationsgeschichte, Bildung, Arbeitsmarkt, Wohnen, Gesundheit, Staatsbürger*innenschaft, Biographie

Kurzzusammenfassung

„Frauenstimmen" ist ein Projekt, das von Juni bis September 2020 vom Verein Projekt Integrationshaus sowie vom Verein Piramidops – Frauentreff durchgeführt wurde. Es bot Frauen mit
Migrationsgeschichte im Rahmen von Workshops die Möglichkeit, ihre Erfahrungen, Wünsche
und Anliegen in Bezug auf die Gestaltung eines „guten Lebens" für sich und ihre Kinder in
Österreich sichtbar zu machen sowie Barrieren und Herausforderungen dabei zu benennen.
Ergebnis ist ein Kurzfilm, der Statements der Frauen zu Gesundheit, Bildung und Arbeitsmarkt
versammelt. Außerdem sind auch Bilder und Collagen entstanden, die Wünsche und Bedürfnisse
der Frauen abbilden. Letztere reichen von einem Balkon und Platz für den Gemüseanbau über
Ärzt*innen mit mehr Empathie sowie Kinderbetreuungsmöglichkeiten bis hin zum politischen
Mitspracherecht. Sichtbar gemacht wurden im Projekt aber auch der Erfahrungsschatz der
Frauen sowie ihre Potenziale und Ressourcen. Damit diese endlich gesellschaftliche Anerkennung erhalten, braucht es für Frauen noch viel mehr an Öffentlichkeit. (Red.).

Frauenstimmen: „Wir haben eine Stimme – du auch!"

Lydia Rössler

Jede Frau ändert sich, wenn sie erkennt,
dass sie eine Geschichte hat.

Gerda Lerner

Frauen, die selbstbewusst für ihre Interessen eintreten, sind im öffentlichen Diskurs nicht sehr oft zu hören und zu sehen. Frauen mit Betreuungspflichten, die selbstbewusst für ihre Interessen eintreten, noch seltener und Frauen, die zugewandert oder geflüchtet sind, (kleine) Kinder haben und mit erkennbarem Akzent sprechen, nur in Ausnahmefällen. Hartnäckig behauptet sich das Bild von der „schwachen, sprachlosen und passiven Migrantin".

Im Projekt Frauenstimmen setzten sich die Teilnehmerinnen mit den zentralen Themen gesellschaftspolitischer Partizipation, nämlich Bildung, Arbeit, Gesundheit, Wohnen und Staatsbürger*innenschaft auseinander. Sie reflektierten persönliche Erfahrungen und formulierten Anliegen und Wünsche dazu. Ergebnis dieser Arbeit ist ein kurzer Film, der die vielfältigen Herausforderungen unserer Teilnehmerinnen und ihre Anliegen hörbar macht.[1]

Das Projekt wurde gemeinsam vom Verein Projekt Integrationshaus und vom Verein Piramidops – Frauentreff von Juni bis September 2020 durchgeführt und von der Arbeiterkammer Wien gefördert.

Verein Projekt Integrationshaus (Wien)

Das Integrationshaus ist ein Kompetenzzentrum für die Aufnahme und Integration von Geflüchteten. Schutzsuchende finden hier Unterkunft, Betreuung, Bildung und Beratung unter einem Dach. Die Förderung von Mehrsprachigkeit und Partizipation prägt die Arbeitsweise des Vereins. Die Bildungsangebote richten sich vor allem an Jugendliche und Frauen und umfassen Basisbildung und Projekte zum Einstieg in Arbeit und Weiterbildung. Teilnehmer*innen sind Geflüchtete als auch Menschen mit Migrationshintergrund, die nicht aufgrund von Flucht in Österreich sind.

Mehr unter: http://www. integrationshaus.at/de

Verein Piramidops – Frauentreff (Wien)

Der Verein Piramidops – Frauentreff ist eine niederschwellige Beratungs- und Bildungseinrichtung für Migrantinnen und geflüchtete Frauen. Der Verein bietet neben einer mehrsprachigen Sozialberatung auch Bildungs- und Berufsberatung an.

---

1 Der Film besteht aus fünf Teilen, die sich jeweils einem Thema widmen (Arbeit, Bildung, Gesundheit, Staatsbürger*innenschaft, Wohnen). Die Langfassung des Filmes kann nachgesehen werden unter: https://youtu.be/dkl1mJiLXt0; die einzelnen Teile (als Kurzfilme) zum Thema Arbeit unter https://www.youtube.com/watch?v=sgyhJAyfJC8; zum Thema Bildung unter https://www.youtube.com/watch?v=lE9Q1SeUxo8; zum Thema Gesundheit unter: https://www.youtube.com/watch?v=nrjdJm5HpYE; zum Thema Staatsbürger*innenschaft unter https://www.youtube.com/watch?v=AjGF7zCgOMo; zum Thema Wohnen unter https://youtu.be/6MsYUHvDrgk. Der Titel des vorliegenden Beitrages wurde dem Schlusssatz des Filmes entlehnt.

Dazu kommen Alphabetisierungskurse, Basisbildungskurse und weiterführende Deutschkurse. Außerdem werden gemeinsam mit den Teilnehmenden viele weitere partizipative Projekte umgesetzt, so fanden bereits Radfahr- und Schwimmkurse statt, es gibt regelmäßig offene Yoga- und Zumbakurse und der Verein engagiert sich unter anderem auch im Gemeinschaftsgarten im Grätzl Volkertmarkt.

Mehr unter: http://www.piramidops.com

Wie schaffe ich ein „gutes Leben" in Österreich für mich und meine Kinder?

An den Workshops im Integrationshaus waren durchschnittlich zehn Frauen beteiligt, die jüngste von ihnen war 28, die älteste 43 Jahre alt. Die Teilnehmerinnen kamen aus China, Indien, dem Libanon, aus Nigeria, der Türkei, der Russischen Föderation und aus Syrien. Sie waren zum Zeitpunkt der Abhaltung der Workshops seit 3 bis 14 Jahren in Österreich.

Ausgegangen wurde von den persönlichen Partizipationserfahrungen der Teilnehmerinnen. Im Austausch zu zweit und in der Gruppe wurde das gesammelt, was sie anderen Frauen weitergeben möchten, und wurde diskutiert, welche Verbesserungen es braucht, um anderen Frauen, die „mit Verspätung"[2] nach Österreich kommen, die Beteiligung zu erleichtern. Entstanden sind dabei u.a. Bilder, Collagen, Gesundheitsblumen, Hürdenläufe bis zum Einstieg in den Arbeitsmarkt und konkrete Statements, die von den Teilnehmerinnen in den Film eingebracht wurden.

Sichtbar wurden dabei jene großen Herausforderungen, vor denen unsere Teilnehmerinnen stehen, wenn sie versuchen, für sich und ihre Kinder in Österreich ein „gutes Leben" zu schaffen. Neben den Barrieren bei der Arbeitssuche und dem Erwerb von Sprachkenntnissen im Deutschen (und den nicht einfachen und klaren Möglichkeiten, diese zu verbessern) sind es Fragen, vor denen auch nicht zugewanderte Frauen stehen: „Wo finde ich ausreichend Kinderbetreuung? Was mache ich, wenn ich keine unterstützende Familie habe? Wie entgehe ich prekären Arbeitsverhältnissen? Wo finde ich gute medizinische Betreuung?"…. nur eben mit dem entscheidenden Unterschied, dass Frauen, die „mit Verspätung" in Österreich angekommen sind, nicht so leicht unterstützende Netzwerke aufbauen können.

Für die Teilnehmerinnen selbst wurde aber auch sichtbar, dass sie sich als Pionierinnen erleben: In den Workshops erzählten sie, dass sie oft die ersten in ihrer Familie sind, die ihr Herkunftsland verlassen haben. Für den Erwerb einer neuen Sprache im Erwachsenenalter bzw. die Anerkennung einer mitgebrachten Qualifikation hatten sie selten Vorbilder. Dazu kommt noch die Vereinbarkeit von Familie und Beruf bzw. Arbeit, die sie in ihrer Herkunftsfamilie häufig nicht vorgelebt bekommen haben und vor allem nicht in einem für sie noch unbekannten institutionellen Unterstützungssystem ohne den Rückhalt einer Großfamilie oder eines Netzwerkes aus Freundinnen und Nachbarinnen[3]. Zudem sind sie hohem Stress ausgesetzt (um z.B. zu einem gesicherten Daueraufenthalt zu kommen), erleben häufig Diskriminierung und müssen sich mehrfach beweisen, um eine interessante Arbeit zu finden und um nicht aufgrund ihres Akzents als wenig qualifiziert oder als interessenlos an der umfassenden Partizipation am Leben in Österreich abgestempelt zu werden. Der kostspielige und aufwändige Weg zur Staatsbürger*innenschaft macht ihnen v.a. in Hinblick auf die Zukunft ihrer Kinder zu schaffen.

Was wünschen sie sich? Sie wünschen sich niederschwellige Beratungsangebote, Zeit, um sich

---

2   Die hier verwendete Begrifflichkeit der „mit Verspätung" in Österreich angekommenen Frauen wurde inspiriert von Ausführungen des Bildungsforschers Krassimir Stojanov von der Katholischen Universität Eichstätt, der sich u.a. mit dem Zugang zu Bildung und „Bildungsgerechtigkeit" in der Migrationsgesellschaft beschäftigt. Mit ihr soll beschrieben werden, welche Herausforderungen Frauen erleben, die im Erwachsenenalter ein Leben in Österreich beginnen.

3   Hier gibt es natürlich Parallelen zu dem, was Menschen erleben, die innerhalb eines Landes migrieren oder anders einen Milieuwechsel vollziehen. Unsere Teilnehmerinnen sind auch nicht die allerersten Geflüchteten oder Zuwander*innen in Österreich. Aber wenn sich schon diese anderen selten bis kaum mit ihren speziellen Fragestellungen und Anliegen in die Öffentlichkeit einbringen können, haben unsere Teilnehmerinnen so gut wie nie eine Möglichkeit, dies zu tun. Es gibt keine auffindbare (wenn auch nur symbolische) Repräsentanz ihrer Vorgängerinnen. Es gibt kein Museum für Geschichte der Migration in Österreich und kein Haus der Frauengeschichte.

zu orientieren, um Vertrauen zu entwickeln und auch um Abwertungen beispielsweise von mitgebrachten Lern- und Arbeitserfahrungen bewältigen zu können. Für den Film formulierten sie sehr konkrete Wünsche wie z.B. Ausbildungsplätze mit Kinderbetreuung, EDV-Kurse, Ärzt*innen mit mehr Empathie, Hausordnungen, an die sich alle halten, einen Balkon für jeden, Platz zum Anbauen von Gemüse, einen einfacheren und günstigeren Zugang zur Staatsbürger*innenschaft und vieles mehr. Diese Wünsche sind natürlich nicht nur auf die Gruppe der Workshopteilnehmerinnen beschränkt, sondern werden vermutlich auch von vielen anderen geteilt.

Wo stehe ich jetzt?

Was nehme ich mit?
Gute Erfahrung. Rechte. Meine Stimme.
Freundschaft. Informationen. Selbstbewusstsein.
Was lasse ich da?
Ärger. Angst. Zögern. Fragen. Scham.[4]

In den einzelnen Workshops konnten die Teilnehmerinnen von sich ausgehen, z.B. erzählen, was ihre Vorstellung von Bildung ist und bei diesem Thema auch ein Bild von sich malen. Das Vorstellen dieser Bilder führte zu den Fragen: Wo stehe ich jetzt? Wie bin ich zu meinen Deutschkenntnissen gekommen? Was war hinderlich, was war unterstützend? Welche Informationen hätte ich gebraucht? Welche Erfahrungen haben mich blockiert?

In der Gruppe bekamen negative Erfahrungen, aber auch Erfolge, Lösungen sowie persönliche Stärken,

Vielfalt und Verständnis ausreichend Raum. Bedürfnisse formulieren zu können, stärkt Menschen; die Möglichkeit, auch für andere öffentlich sprechen zu können, wird als inspirierend und solidarisch erlebt.

Wie geht es weiter?

Damit Ressourcen und Stärken wie Mehrsprachigkeit, das Wissen über das Leben in unterschiedlichen Ländern und transkulturelle Kompetenz gesehen werden, braucht es vor allem für Frauen noch viel mehr an Öffentlichkeit. Um Frauenstimmen diese Öffentlichkeit zu geben, veranstaltete die Arbeiterkammer Wien am 10.02.2021 eine virtuelle Diskussion. Bei „Unerhört. Zugewanderte Frauen ergreifen das Wort" wurden Teilnehmerinnen des Projekts aus den beiden beteiligten Vereinen zu ihren Wünschen und Forderungen befragt. Der Projektfilm feierte dabei seine Premiere.[5]

„Um in Österreich nachhaltig leben zu können, muss ich meine Stimme hörbar machen", sagte eine Teilnehmerin nach dem ersten Filmscreening.

Das gilt für alle Gruppen, deren Geschichten und Interessen im öffentlichen Diskurs oftmals – ob beabsichtigt oder nicht – übersehen werden. Das Projekt Frauenstimmen hat uns und den teilnehmenden Frauen gezeigt, wie viel Potenzial, Reichtum an Erfahrungen und zukunftsweisenden Ideen gerade dort zu finden ist. Eine Vervielfältigung solcher Projekte in der Erwachsenenbildung ist in jeder Hinsicht wünschenswert.

---

4   Zitat aus der Evaluation im Rahmen des Workshops vom 8.9.2020 im Verein Projekt Integrationshaus.
5   Nachsehbar unter: https://wien.arbeiterkammer.at/frauenstimmen

Foto: Lukas Beck

Lydia Rössler

l.roessler@integrationshaus.at
www.integrationshaus.at

Lydia Rössler leitet seit Jahresende 2020 den Fachbereich Bildung im Verein Projekt Integrationshaus. Sie ist Trainerin für DaF/DaZ und in der Basisbildung und war auch lange in Projekten zu Vernetzung und Wissensmanagement in der Bildungsberatung tätig. Bei „Frauenstimmen" hat sie gemeinsam mit der Trainerin Karin Pöhnl die Workshops am Integrationshaus durchgeführt.

Women's Voices:
"We have a voice – and you do too!"

Abstract

"Women's Voices" is a project carried out by the associations Projekt Integrationshaus and Piramidops—Frauentreff from June to September 2020. Its workshops offered women with a migration background the opportunity to make visible their experiences, wishes and concerns related to the organization of a "good life" for them and their children in Austria and to talk about barriers and challenges. The result is a short film that collects the women's statements on health, education and the job market. In addition, pictures and collages were developed that depict the women's wishes and needs. These range from a balcony and space for a vegetable garden to doctors with greater empathy and childcare opportunities to a political voice. The project has also made visible the wealth of women's experiences as well as their potential and resources. For women to finally receive social recognition, much more publicity is required. (Ed.).

Elisabeth Kornhofer oder das Spiel mit der Un-/Sichtbarkeit

Elisabeth Wappelshammer

Zitation

Wappelshammer, Elisabeth (2021): Elisabeth Kornhofer oder das Spiel mit der Un-/Sichtbarkeit.
In: Magazin erwachsenenbildung.at. Das Fachmedium für Forschung, Praxis und Diskurs,
Ausgabe 43.
Online: https://erwachsenenbildung.at/magazin/21-43/meb21-43.pdf.

Schlagworte: Gemeinwesenarbeit, Kulturarbeit, Regionalentwicklung, Eventmanagement,
Wagrain, Kornhofer, Ehrenamt, kooperativer Führungsstil, Professionalisierung

Kurzzusammenfassung

Elisabeth Kornhofer war in den Jahrzehnten um die Jahrtausendwende etablierter Teil der
Erwachsenenbildung, ging aber bezogen auf Inhalte, Methoden und Strukturen im Feld sehr
eigenwillige Wege. Dieses Porträt fokussiert auf ihre Tätigkeiten in der Gemeinwesenarbeit für
Wagrain und beruht auf einer Evaluation ihrer dortigen Arbeit. Elisabeth Kornhofer trug in
dieser Tourismusgemeinde maßgeblich zur Professionalisierung der Bildungs- und Kulturarbeit
bei. Sie verstand es, Kooperationen aufzubauen, sich auf Traditionen einzulassen und diese
mit anderen Ansichten zu konfrontieren, um daraus etwas für das Gemeinwesen zu schaffen.
Durch ihre Arbeit war sie sichtbar und hatte Autorität. Sie konnte aber, wenn es der Sache
diente, bewusst unsichtbar werden und überließ dann den Akteurinnen und Akteuren aus der
Gemeinde die Bühne. (Red.)

13

Elisabeth Kornhofer oder das Spiel mit der Un-/Sichtbarkeit

Elisabeth Wappelshammer

Elisabeth Kornhofer war eine ausgewiesene Expertin des Marketings und beherrschte das Spiel, mit und ohne Tarnkappe aufzutreten. Die Kompetenz, mit Bedacht zu entscheiden, wann sie gesehen werden wollte und wann nicht, wurde zu einer Art Markenzeichen ihrer Arbeit. Sie war sich ihrer Fähigkeiten einerseits sehr bewusst und wurde regional, national und international zu einer bekannten und geachteten Autorität, andererseits verhielt sie sich persönlich ausgesprochen uneitel. Das macht die Erinnerung an die 2012 verstorbene Erwachsenenbildnerin so reizvoll.

Ihre Aufgabe hat Elisabeth Kornhofer vor allem in der Gemeinwesenarbeit für die Tourismusgemeinde Wagrain gesehen. Hier haben sich Erwachsenenbildung, Kunstaktionen, Eventmanagement und Soziale Arbeit oft vermischt. Da sie selbst in Wagrain lebte, haben sich auch Berufliches und Privates verflochten. Als gelernte Ethnologin hat sie sich dabei immer auch selbst als Teil dieses sozialen Raums beobachtet, mit der Frage nach möglichen Wegen der Intervention: Was kann ich hier in der Bildungs- und Kulturarbeit bewirken und wann gerate ich auf einen Holzweg?

Im Jahr 2003 beauftragte sie mich im Rahmen des Österreichischen Instituts für Erwachsenenbildung (oieb), ihre Arbeit in Wagrain zu evaluieren. Da es sich um eine Intervention in ein sehr komplexes Gefüge handelte, wählte ich einen „interpretativen" Weg – in Form von qualitativen Interviews und Beobachtungen. Das auf diese Weise gewonnene Material dient auch dem Rückblick auf diese bemerkenswerte Frau in der österreichischen Landschaft der Erwachsenenbildung[1].

Formal war die Arbeitsweise von Elisabeth Kornhofer geprägt von einer starken Abhängigkeit von Projektgeldern und der nötigen Kompetenz, sich an Ausschreibungen zu beteiligen und mit Auftraggeber*innen zu verhandeln. Inhaltlich orientierte sie sich an wechselnden Projektvorgaben und setzte auf intensive Kommunikation und Kooperation – vor allem mit lokalen und regionalen Vereinen, Unternehmen und politischen Instanzen. Dass sie selbst Bürgerin der Gemeinde Wagrain war, wusste sie für ihr Anliegen der Gemeinwesenarbeit zu nutzen. *„Man muss in der Arbeit eins werden können mit dem Gemeinwesen. Deshalb kann man, wenn man möchte, das ganze Gemeinwesen damit beeinflussen. Irgendwie ist man dann nicht mehr privat, dann verschmilzt man"* (Elisabeth Kornhofer zit.n. Wappelshammer 2003, S. 19).

---

1 Die interviewten Personen sind nur mehr teilweise in den Funktionen tätig, die sie 2003 innehatten.

Ihre Erfolge beruhten nicht zuletzt darauf, dass sie sich sehr offen auf lokale Traditionen einlassen konnte, auch wenn sie sie persönlich teilweise befremdlich fand. So stürzte sie sich mitunter in eine ganz eigene Form der Selbsterfahrung, z.B. indem sie Après-Ski-Veranstaltungen aufsuchte, um an sich selbst zu erfahren, wie es ist, mit „kurzen Drinks" auf dem Tisch zu tanzen. Auch war es ihr wichtig, als ganz normale Bürgerin wahrgenommen zu werden, die für ihre Familie sorgt und einen gepflegten Blumenbalkon hat.

Zugleich trug sie zur Professionalisierung der Bildungs- und Kulturarbeit bei. Die Gemeinde Wagrain stellte sie hauptamtlich als verlässliche professionelle Ansprechpartnerin für freiwilliges Engagement an. In dieser Rolle entwickelte Elisabeth Kornhofer zunehmend das Selbstverständnis, in erster Linie Managementaufgaben zu erfüllen. Es ging kaum um fertige Produkte, sondern in erster Linie darum, Entwicklungsprozesse zu moderieren. „Genau, ich mache auch die Führungsarbeit und die muss natürlich da sein. [...] Es muss eine Integrationsfigur da sein. [...] Ich kann Führungsarbeit, das ist eh schon komplex genug, das mache ich, die anderen machen das, was sie können. So lebe ich auch, da habe ich den Mut zur Lücke. Da bin ich komplett abhängig. Wenn man Führungsarbeit machen kann, treibt man immer jemanden auf, der einen anderen ersetzt. [...] Ich kenne so viele, die warten nur, dass sie endlich etwas zu tun kriegen. [...] Von den innovativen Projekten bin ich jetzt schon weggekommen, die mache ich nicht mehr so gern. Ich mache lieber diese Kommunikationsarbeit. Ich habe angefangen mit Identitätsstiftung und bin froh, dass mir das gelungen ist" (Elisabeth Kornhofer zit.n. ebd., S. 16).

So entwickelte sich Elisabeth Kornhofer, die sich in ihrer Arbeit supervisorisch begleiten ließ, zu einer Meisterin darin, ungefähre Ideen zur Sprache zu bringen und dann darauf zu vertrauen, dass den freiwillig Engagierten dazu etwas Konkretes einfiel und dass alle dann genau das umsetzten, von dem sie überzeugt und wozu sie fähig waren. Wie sehr dieser kooperative Führungsstil in der ehrenamtlichen Bildungsarbeit geschätzt wurde, zeigt z.B. folgender Kommentar im Rahmen eines meiner Interviews im Jahr 2003 mit der damaligen Leiterin des katholischen Bildungswerkes: „Wir haben einiges überhaupt miteinander gemacht. Für mich war es zu Beginn auch sehr motivierend. Sonst sagst du,

okay ich übernehme das Bildungswerk, mache ein paar Vorträge und fertig, aber damit ist es nicht getan. Das muss man einmal sagen, das wäre billig" (Barbara Walchhofer zit.n. ebd., S. 39).

Dieser spezielle Ansatz von Bildungs- und Kulturarbeit machte Elisabeth Kornhofer sichtbar und unsichtbar zugleich. Das zeigte sich besonders an einem ihrer größeren Projekte, an dem gewissermaßen der ganze Ort beteiligt war, am „Saisonwendfeuer", einem „Ski-Opening" der besonderen Art, das sie u.a. mit dem damaligen Geschäftsführer der Bergbahnen AG ausgehandelt hatte. Es war ein generationenübergreifendes Fest am Beginn der Skisaison, das einen speziellen Übergangsritus in die Skisaison schaffen und die Besucher*innen zum Nachdenken anregen sollte, vor allem bezüglich des Miteinanders von Einheimischen und Fremden. Ein zentrales Motiv zum Sponsoring dieses Events war, dass Bildungs- und Kulturarbeit hier mit vergleichsweise geringen Mitteln erfolgreicher war als herkömmliche Events, die noch dazu tendenziell ununterscheidbar überall stattfinden können. Dieses Ski-Opening wurde eine der Hauptattraktionen des Orts und hat zur Integration aller Beteiligten beigetragen, wie der Chef des Sporthotels Wagrain im Interview bestätigte: „Wenn Du jetzt einmal eine Gruppe hast, die sehr bekannt ist, erwarten die Leute, dass das nächstes Jahr getoppt wird. Wenn jetzt der Fendrich auftritt, dann erwarten die Leute, dass nächstes Jahr noch ein Bekannterer auftritt. Das kostet dann sehr viel Geld, ist auch wetter- und schneeabhängig, weil die Leute ja nicht nur wegen dem Konzert kommen, sondern auch wegen dem Schnee. Wir haben gesagt, erstens können wir uns das nicht leisten und zweitens ist das eh was Aufgesetztes. Was jeder Ort und jede Stadt zukaufen kann, ist etwas, das es grundsätzlich überall gibt. Und die Idee mit dem Saisonwendfeuer war zuerst sehr langwierig bis wir das durchgesetzt haben, und das hat verschiedene Leistungsträger zum Finanzieren gebraucht. Der Tourismusverband, die Gemeinde und die Bergbahnen haben sich die Kosten gedrittelt. Die Elisabeth hat das organisiert und überhaupt erfunden. Wir brauchen uns nicht mehr den Kopf zu zerbrechen, was machen wir um den 8. Dezember herum, denn in Wagrain gibt es die Saisonwendfeier" (Felix Berger zit.n. ebd., S. 42).

Unmissverständlich stellte der Einstieg in das Fest klar, wer die Urheberin war. Über der Zufahrt zum

Ort hing ein Transparent, auf dem weithin sichtbar stand: „Saisonwendfeuer Wagrain, Elisabeth Kornhofer©", ein deutliches Indiz für den Einfluss, den sie auf das Gemeinwesen hatte. Als Person aber blieb sie auffällig unauffällig. Mit ihrer roten Mütze lief sie von einer Station des Festes zur anderen, um zu klären, wie alles lief und ob jemand noch eine Information oder sonstige Unterstützung brauchte. Im Vordergrund standen die Akteure und Akteurinnen aus Vereinen, Schulen, Kirche etc. Einheimische und Gäste wurden durch die Bäuerinnen begrüßt, von der Seilbahn nach oben gefahren, von Schülern und Schülerinnen der Hauptschule mit Laternen und einem Holzstück ausgestattet und einen verschneiten Weg entlang wieder nach unten gelotst, wo unter anderem ein großes Feuer brannte, in das man das Holz werfen und zuhören konnte, was der Pfarrer des Orts über diesen Beginn der Tourismussaison zu sagen hatte, mit all ihren Anstrengungen, Verheißungen und Ambivalenzen. Nach etlichen Stationen auf dem Weg warteten am Ende ein warmer Stein und eine heiße Suppe auf die Besucher und Besucherinnen[2].

Die große Stärke Elisabeth Kornhofers war die Kommunikation und deren Reflexion, möglichst ohne Abwehrreflexe und Berührungsängste. Von diesem Ansatz profitierte auch die traditionelle Volkskultur, indem sie gezielt nicht nur lang eingesessene Einheimische, sondern auch zugezogene „Ausländer*innen" einbezog: *„Die (Leiterin der Volkskultur) will gerne in der Brauchtumsgruppe und im Schützenverein andere Inhalte haben, als nur bei den Festen aufzumarschieren. Die macht so Miteinanderfeste mit Ausländern, und miteinander tanzen, so verschiedene Tänze. Und da gibt es manchmal Zusammenarbeit. [...] Es ist auch innovativ, was sie macht"* (Elisabeth Kornhofer zit.n. ebd., S. 21).

Elisabeth Kornhofer sorgte auch für Kontroversen, insbesondere mit dem Aufbau des Karl Heinrich Waggerl Museums, weil der Dichter darin mit all seinen facettenreichen Ambitionen gezeigt wird – als experimenteller Fotograf, als Mitglied der NSDAP, als erfolgreicher Heimatdichter und als engagierter Regionalentwickler und Politiker. Aber der Mut zu riskanten Projekten, den Elisabeth Kornhofer immer

wieder bewies, hatte etwas sehr Unspektakuläres an sich. Provokante Interventionen machten ihr einfach Freude, wie z.B. das Kunstsymposium ORTung 2002 in Kooperation mit der Kulturabteilung des Landes Salzburg, bei dem u.a. Vermieter*innen in ihren Gästebetten fotografiert wurden. Der damalige Leiter der Raiffeisenbank dazu wörtlich: *„Gute Kulturarbeit ist natürlich auch kontroversiell. [...] Da ist auch wieder der Mut der Elisabeth [Kornhofer], dass sie sich da drüber getraut hat. [...] Beim ersten Mal hat das Aufsehen erregt, mit den Gästebetten. War irgendwie witzig und provokant. Das hat in der breiten Bevölkerung keinen Anklang. Wie die zum dritten Mal gekommen sind, hat es geheißen, jetzt sind die schon wieder da. Aber es war witzig und hat zur Belebung beigetragen und zum Nachdenken angeregt. Wenn wir die nächsten 50 Jahre nur unseren Heimatabend machen, dann wird das einmal so fad werden, dass wegen dem Heimatabend keiner mehr herfährt"* (Gerhard Bayer zit.n. ebd., S. 20).

Solche Projekte weisen Elisabeth Kornhofer auch als eine Vertreterin der Modernisierung von Volkskultur und einer eigenständig ländlich orientierten Befreiung aus traditionalistischen Klischees aus, und zwar doppelt – als Bekenntnis, dass die Welt der als „urtümlich" propagierten Volkskultur vorbei ist oder nie so existiert hat, und als Kritik am urban orientierten Mainstream des Kulturbetriebs. Im Sinne gesellschaftlicher Modernisierung erreichte sie – speziell mit dem Musikstil der Marktplatzkonzerte – auch jüngere Zielgruppen, Individualreisende und internationales Publikum.

Das Management erfolgreicher Veranstaltungen hat Elisabeth Kornhofer aber nie als das Hauptziel ihrer Arbeit betrachtet, weil sie davon ausging, dass Veranstaltungen langfristig keine Entwicklung eines Ortes bewirken können (vgl. Kornhofer 2000, S. 33). Ihr zentrales Anliegen war die gemeinwesenorientierte Kulturarbeit, für die sie in der ARGE Region Kultur einen konzeptionellen Rahmen fand. Veranstaltungen betrachtete sie daher eher als Mittel zum Zweck: *„Trotz einer sehr erfolgreichen Veranstaltungstätigkeit hat der Kulturverein aber die eigentliche Zielsetzung, die Förderung von Kreativität und sozialem Lernen, die Förderung von Kommunikation*

---

2   Da Nachtfahrten mit der Seilbahn ab 2009 eingestellt wurden, entstand als Ersatz der „Advent der Kulturen".

und Öffentlichkeit und die Förderung bedarfs- und problembezogener Bildung und Entwicklung in einem lebenswerten soziokulturellen Klima in Wagrain, nie aus den Augen verloren" (ebd., S. 32).

Gemeinwesenarbeit hat es als eine Art Nahtstelle zwischen Erwachsenenbildung, Kunst, Kulturarbeit und Sozialer Arbeit an sich, dass die öffentliche Beachtung begrenzt ist. Zugleich erfordert sie hochprofessionelle und sehr zeitaufwändige, jedoch gewissermaßen unsichtbare Arbeit, weil sie hauptsächlich aus Kommunikation besteht, um vertrauensvolle Beziehungen in sozialen Strukturen aufzubauen, wofür es kaum Finanzierungen gibt. Manches gelang Elisabeth Kornhofer daher auch nicht oder nicht so wie erhofft, z.B. eine Verbesserung der psychosozialen Versorgung. Ihrer besonderen Aufmerksamkeit entging nicht, dass psychische Erkrankungen im lokalen Umfeld – speziell durch Belastungen in der Tourismusbranche – hohen Leidensdruck schafften, zugleich aber sehr tabuisiert waren. Diesbezügliche Bemühungen in Zusammenarbeit mit einem Salzburger Psychiater erforderten ein sehr diskretes und gewissermaßen unsichtbares Vorgehen, was aber schließlich am mangelnden öffentlichen Interesse und an der fehlenden Finanzierung scheiterte (vgl. Kaindl 1999, S. 80).

Fachbegriffe wie Genderkompetenz oder Gendersensibilität hätten bei Elisabeth Kornhofer vermutlich mildes ironisches Lächeln ausgelöst. Auf qualitätssichernde Begrifflichkeit reagierte sie nämlich grundsätzlich zunächst mit unverhohlenem Vorbehalt. Das bedeutete aber nicht, dass sie deren tieferen Sinn ablehnte. So waren ihre Projekte de facto durchaus gendersensibel. Sie schuf den Rahmen für eine Erzählrunde über den Krieg aus der Perspektive von Männern und Frauen als Vorbereitung einer Veranstaltung zum Ende des Zweiten Weltkriegs, zu der auch eine polnische Überlebende der Shoa eingeladen wurde. Die breit angelegte Kooperation unterstützender Organisationen war gerade in diesem Projekt typisch für Elisabeth Kornhofers Ansatz. Beteiligt waren die Gemeinde Wagrain, die öffentliche Bücherei, die Hauptschule, der Kameradschaftsbund, die Hotelpension von Lizzy Rohrmoser, die Raiffeisenbank und ich als Mitarbeiterin des Zentrums für Alternswissenschaften zusammen mit der polnischen Autorin und Zeitzeugin Rut Burak-Wermuth. Dass ich an diesem Projekt mitwirken durfte, ist eines der Motive, diesen Beitrag zu schreiben.

In jedem Fall hatte Elisabeth Kornhofer, die in vielerlei Hinsicht viel zu früh verstorben ist, Lust am Leben. Zusammen mit acht älteren Frauen initiierte sie das Kunstprojekt „drei Hutschen für Wagrain" auf dem Burghügel als einen Beitrag für die lustvolle Erinnerung im Alter an die Zeit als junge Mädchen – in aller Öffentlichkeit.

Elisabeth Kornhofer (1964-2012)

Ausbildung

1983-1989 Studium der Ethnologie und europäischen Ethnologie

1993-1995 Lehrgang für Projektleitung und Projektberatung in der politischen und soziokulturellen Arbeit

1998-2000 Fachakademie für Marketing und Marktmanagement

Berufliche Tätigkeiten

1990 Praktikum beim BFI Linz als wissenschaftliche Mitarbeiterin

1991-2011 gemeinwesenorientierte Kultur- und Bildungsarbeit in Wagrain als Mitarbeiterin der arge region kultur; u.a. Gründung und Geschäftsführung des Kulturvereins „Blaues Fenster" für Projekte in Kunst und Geschichte:

- Aufbau des Karl Heinrich Waggerl Museums und Archivs; 1997 Durchführung eines Karl Heinrich Waggerl-Symposiums in Kooperation mit der Universität Salzburg

- Bis 1996 Veranstaltungsreihe „Alltagskultur" zur psychosozialen Prävention

- Ab 1998 touristische Werbe- und Marketingprojekte, u.a. Wagrainer Kulturspaziergang, die Konzerte „Musik am Marktplatz" und das Fest „Saisonwendfeuer" zum Beginn der Skisaison.

Ab 2002 Mitwirkung an der Seminarreihe „Gemeinwesenentwicklung" am Bundesinstitut für Erwachsenenbildung (bifeb)

überregionale Vernetzung und Inputgeberin im Rahmen der arge region kultur

Literatur

Kaindl, Kurt (1999): Eine Standortbestimmung des „Modells Wagrain". Bildungs- und Kulturarbeit in einer alpinen Tourismusgemeinde. In: Rohrmoser, Anton (Hrsg.): Modelle und Reflexionen. Bildungs- und Kulturarbeit in den Regionen. Innsbruck: Studien Verlag, S. 76-85.

Kornhofer, Elisabeth (2000): Kulturverein Blaues Fenster. In: Salzburger Landeskulturbeirat – Fachbeirat Kulturinitiativen Salzburg Land (Hrsg.): L@nd. 29 Positionen zu Kunst und Kultur im Land Salzburg. Salzburg, S. 32-33.

Kornhofer, Elisabeth (2004): Gemeinwesenorientierte Kulturentwicklung und Bildungsarbeit in der Gemeinde Wagrain. In: Arge Region Kultur/Rohrmoser, Anton (Hrsg.): Zeitgeschichtliche und aktuelle Modelle aus den Bereichen Bildung, Kultur, Sozialarbeit und Regionalentwicklung. Innsbruck/Wien: Studien Verlag, S 80-93.

Wagrain-Kleinarl Tourismus (Hrsg.) (2018): Kultur & Denkmäler Tradition & Brauchtum in Wagrain-Kleinarl. Kulturfolder Wagrain.

Wappelshammer, Elisabeth (2003): Lernen von Wagrain. Eine Evaluation der Wagrainer Bildungs- und Kulturarbeit (= unveröffentlichtes Manuskript, St. Pölten).

Weiterführende Links

Folder Kultur & Denkmäler (2018):
https://www.stillenacht-wagrain.com/setup/downloads/kulturfolder-wagrain/Kulturfolder_2018_DE.pdf

Foto: Gerhard Kunz

Dr.in Elisabeth Wappelshammer

wappelshammer@text-coaching.net
https://text-coaching.net
+43 (0)699 11454998

Elisabeth Wappelshammer ist Historikerin und Philosophin mit inhaltlichen Schwerpunkten in Gerontologie, Sozialer Arbeit und kommunaler Entwicklung. In der Erwachsenenbildung war sie in verschiedenen Funktionen, Kontexten und Rollen tätig – als Lehrende, Forscherin und Organisatorin. Sie arbeitet freiberuflich als Autorin, Coach für wissenschaftliches Arbeiten und Fortbildnerin für Biographiearbeit mit alten Menschen.

Elisabeth Kornhofer or the (In)Visibility Game

Abstract

Elisabeth Kornhofer was part of the adult education establishment in the decades surrounding the turn of the century. Nevertheless, she took an unconventional approach in terms of content, methods and structures. This portrait focuses on her community work in Wagrain and is based on an evaluation of her work there. Elisabeth Kornhofer made a significant contribution to the professionalization of education and culture in this tourism-based community. She understood how to establish collaborations, embrace traditions and confront traditionally thinking townspeople with other views in order to create something for the community. Her work made her visible and gave her authority. When it served the cause, however, she also knew how to "become invisible" and surrender the stage to actors from the community. (Ed.)

„Wir sind Bäuerinnen!"

Emanzipatorische Erwachsenenbildung mit Frauen in der Landwirtschaft

Monika Thuswald

Zitation

Thuswald, Monika (2021): „Wir sind Bäuerinnen!" Emanzipatorische Erwachsenenbildung mit Frauen in der Landwirtschaft.
In: Magazin erwachsenenbildung.at. Das Fachmedium für Forschung, Praxis und Diskurs, Ausgabe 43.
Online: https://erwachsenenbildung.at/magazin/21-43/meb21-43.pdf.

Schlagworte: emanzipatorische Bildungsarbeit, Mitbestimmung, Bäuerinnen, ÖBV-Frauenarbeit, Bildungsspirale

Kurzzusammenfassung

Der Frauenarbeitskreis der Österreichischen Berg- und Kleinbäuer_innen Vereinigung (ÖBV-Via Campesina Austria) betreibt seit mehreren Jahrzehnten emanzipatorische Bildungsarbeit mit Frauen in der Landwirtschaft. Inspiriert ist diese Bildung „von unten" von Paolo Freires „Pädagogik der Unterdrückten". Bäuerinnen entwickeln als Betroffene und Expertinnen ihrer Situation zusammen mit einer Bildungsreferentin Lösungen für ihre Probleme, und zwar mit dem Ziel der Mitbestimmung in Familie, Beruf und Gesellschaft. Dieser Prozess erfolgt entlang einer iterativen „Bildungsspirale": Abstand vom Alltag ermöglicht es, Zusammenhänge zu sehen und neue Perspektiven zu entwickeln. Frauen, die sich gegenseitig stärken und dabei Ressourcen entdecken, können sich organisieren und solidarisieren, was die Grundlage für kollektive Veränderungsprozesse ist. Die ÖBV-Frauenarbeit ist ein Ringen um ein Erfassen, Sichtbarmachen und Umsetzen der Anliegen und Ideen von Klein- und Bergbäuerinnen – aber auch ein Ringen um Ressourcen, denn: Die Zeit ist bei Bäuerinnen knapp und die Finanzierung solcher Bildungsangebote notorisch prekär (Red.)

„Wir sind Bäuerinnen!"

Emanzipatorische Erwachsenenbildung mit Frauen in der Landwirtschaft

Monika Thuswald

Wir sind Bäuerinnen! „Gut zu leben bedeutet für uns Zeit zum Träumen zu haben und Zeit um Träume umzusetzen, mit anderen, aber auch allein. [...] Gutes Leben bedeutet für uns Ideen austauschen, sich zu vernetzen, neugierig und weltoffen zu sein, mit Lust und Humor leben zu können. Gut zu leben bedeutet, selbstbestimmt zu leben", so ein Auszug aus dem Bäuerinnenmanifest des ÖBV-Frauenarbeitskreises (2016), welches einerseits Ergebnis eines Bildungsprozesses ist, andererseits auch das Bildungsverständnis der ÖBV-Frauen wiedergibt.

Ausgangssituation: Landflucht ist weiblich

Bauernhöfe können gute Lebens- und Arbeitsplätze für Frauen und Männer, für Menschen jedes Geschlechts sein. De facto sind die Rahmenbedingungen für viele Menschen in der Landwirtschaft, besonders auch auf kleinen Höfen und in geografisch benachteiligten Berggebieten, schwierig. Hohe Arbeitsbelastung, geringe Einkommen, mangelnde Mitsprache in der Agrarpolitik – all das trifft Frauen in der Klein- und Berglandwirtschaft ganz besonders. Zusätzlich wirken sich stereotype Geschlechterrollenbilder gerade im ländlichen Raum und in der Landwirtschaft nach wie vor nachteilig für Frauen aus. Kein Zufall, dass überdurchschnittlich viele Frauen aus dem ländlichen Raum abwandern.

Vor diesem Hintergrund ist die emanzipatorische Bildungsarbeit mit Frauen in der Landwirtschaft zu verstehen, welche die Österreichische Berg- und Kleinbäuer_innen Vereinigung (ÖBV-Via Campesina Austria) seit mehreren Jahrzehnten betreibt. Auch wenn sich in dieser Zeit für Bäuerinnen in Österreich manches zum Besseren verändert hat, bestehen viele Herausforderungen fort und bedürfen – laut Selbstverständnis der ÖBV – der Lösungen „von unten".

Entstehungsgeschichte: Lösungen „von unten"

Am Beginn der ÖBV-Frauenbildungsarbeit stand eine Vereinsgründung von Männern. 1974 schlossen sich Bergbauern zusammen, die sich von ihrer gesetzlichen Interessensvertretung nicht ausreichend vertreten fühlten. Das Thema der Emanzipation – vor allem die Emanzipation von herrschenden agrarpolitischen Autoritäten – war im Gründungsprozess der ÖBV von Anfang an zentral (siehe Rohrmoser 2004). Der Organisator der Gründung, der Bergbauernsohn Franz Rohrmoser, war inspiriert von der „Pädagogik der Unterdrückten" bzw. dem Konzept der „Bewusstseinsbildung" des brasilianischen Volkspädagogen Paolo Freire, welche er bei seinem Aufenthalt in Brasilien kennen- und schätzen gelernt hatte (siehe Rohrmoser 2015; Wagner 2013). Dieses pädagogische Vorbild und die Haltung, dass Betroffene selbst Lösungen für ihre Probleme entwickeln müssen, spiegelten sich bereits im ersten ÖBV-Bildungskonzept aus dem Jahr 1974 wider, in dem es beispielsweise heißt: *„Es ist eine Forderung der Zeit, dass die Interessen der Bergbauern von ihnen selbst wahrgenommen und vertreten werden, dass die Funktion der Bergbauern in Wirtschaft und Gesellschaft neu definiert und neue Einkommensmöglichkeiten geschaffen werden und dass die besonderen Fähigkeiten der Bergbauern ausgeschöpft werden"* (Rohrmoser 2004, S. 21).

Ab dem Jahr 1978 begannen sich innerhalb des zunächst männlich dominierten Vereins Frauen in einem eigenen Arbeitskreis zu organisieren, um ihre spezifischen Anliegen zu bearbeiten. Ziele dieser Frauengruppe waren die Selbst- und Mitbestimmung von Bäuerinnen in Familie, Beruf und Gesellschaft sowie die Solidarität mit Bäuerinnen in anderen Ländern (vgl. ÖBV-Frauenarbeitskreis 1996, S. 25). Dass dieser Frauenarbeitskreis nach wie vor besteht und in Interaktion mit dem Gesamtverein Früchte trägt und sich weiterentwickelt, ist neben der Hartnäckigkeit der beteiligten Frauen wohl auch der emanzipatorischen Ausrichtung des Gesamtvereins zu verdanken.

„Die Bildungsspirale" des ÖBV-Frauenarbeitskreises

Die erste ÖBV-Frauen-Bildungsreferentin Traude Beer-Heigl formulierte Ende der 1980er Jahre gemeinsam mit den ÖBV-Frauen das pädagogische Konzept der *„basisorientierten Bildungsarbeit mit Bäuerinnen"* (ÖBV-Frauenarbeitskreis 1996, S. 23). Grundlage hierfür waren die bisherige Bildungsarbeit in der ÖBV und Beer-Heigls persönliche Erfahrungen mit der „Volksbildung" („educaciòn

Abb. 1: Pädagogisches Konzept der regionalen, basisorientierten Bildungsarbeit mit Bäuerinnen in der Österreichischen Berg- und Kleinbäuer_innen Vereinigung – „Bildungsspirale"

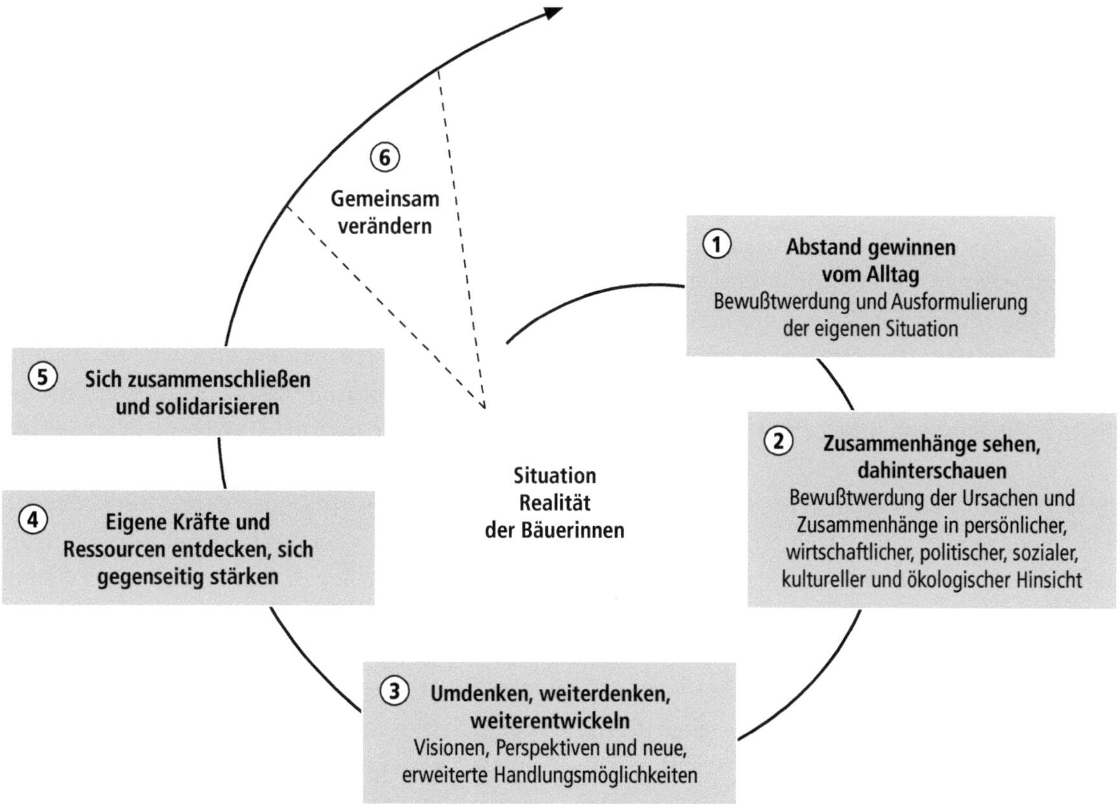

Quelle: ÖBV-Frauenarbeitskreis 1996, S. 23

popular") in Lateinamerika. Das pädagogische Konzept, die sogenannte „Bildungsspirale", umfasst einen iterativen Prozess in sechs Schritten, der zum Ziel hat, dass Bäuerinnen als Betroffene und Expertinnen ihrer Situation diese gemeinsam verändern (siehe Abb. 1).

Dieses pädagogische Konzept ist auch heute noch eine wichtige Grundlage für die Bildungsarbeit in der ÖBV. „Basisorientierte Bildungsarbeit" meint hier Bildungs- und Emanzipationsprozesse von Menschen aus der Basis, die – begleitet von einer Fachfrau – Angebote für einen größeren Kreis von Betroffenen entwickeln.

Schritt 1: Abstand vom Alltag

Abstand vom Alltag zu gewinnen, ist der erste Schritt dieses Bildungsprozesses (vgl. ÖBV-Frauenarbeitskreis 1996, S. 23f.). Dies ist und bleibt eine große Herausforderung in den Lebensrealitäten von Frauen in der kleinbäuerlichen Landwirtschaft, deren Arbeitsbereiche oft sowohl landwirtschaftliche Produktion als auch Verarbeitung und Vermarktung von Lebensmitteln, Haus- und Sorgearbeit sowie eventuell zusätzliche Erwerbsarbeit umfassen. Die Herausforderungen der Mobilität im ländlichen Raum erschweren zusätzlich die Anreise zu Veranstaltungen. Dennoch finden seit Jahrzehnten mehrmals im Jahr Treffen des Frauenarbeitskreises der ÖBV statt, welche die Basis für viele weitere Aktivitäten sind. Die ÖBV-Frauen kommen gemeinsam mit der Bildungsreferentin zusammen, um an Themen zu arbeiten, die ihnen in ihrem Lebens- und Arbeitsalltag sowie in Bezug auf die Gesamtgesellschaft und Politik „unter den Nägeln brennen".

Schritt 2: Zusammenhänge sehen

Schritt zwei im Bildungskonzept, das Sehen von Zusammenhängen und das „Dahinterschauen", wird möglich durch den offenen, persönlichen Austausch der Frauen in einem geschützten Rahmen bei Treffen, Workshops, Seminaren, Wanderungen und anderen gemeinsamen Aktivitäten. Aber auch die gemeinsame Analyse und der Austausch mit anderen Expert_innen, Wissenschafter_innen, Beamt_innen etc. sind wichtig, um Hintergründe zu erschließen. Dies macht eine kritische Distanz zur eigenen Betroffenheit möglich (vgl. ebd.).

Schritt 3 und 4: Umdenken und Ressourcen entdecken

Es folgt Schritt 3: „Umdenken, weiterdenken, weiterentwickeln". Hierin geht es um die *Entwicklung von Visionen, anderen Perspektiven, Zielen und neuen, erweiterten Lösungs-, Handlungs- und Veränderungsmöglichkeiten*" (ebd., S. 23). In Schritt 4 entdecken die Frauen eigene Kräfte und Ressourcen und stärken sich gegenseitig (vgl. ebd.).

Im ÖBV-Frauenarbeitskreis haben sich ein empathisches Miteinander und Offenheit für kreative und kreativitätsfördernde Methoden etabliert, die einerseits den Denk- und Handlungshorizont weiten (Schritt 3), andererseits stärkend wirken (Schritt 4). Es darf gebrainstormt, gespielt, gesungen und mit verschiedenen Materialien kreativ gestaltet werden. Rollenspiele helfen dabei, den eigenen Denk- und Handlungsraum zu erweitern. Eigene Ressourcen der Bäuerinnen werden auch dadurch sicht- und spürbar, dass sie sich bei der Planung und Umsetzung gemeinsamer Aktivitäten gegenseitig Aufgaben zutrauen und „zumuten". Sei es das Moderieren einer Arbeitsgruppe, das Verfassen eines Textes, ein öffentlicher Auftritt – vieles kann im Rahmen des ÖBV-Frauenarbeitskreises erprobt, geübt und gefestigt werden. Zugewandtes Zuhören und Ernstnehmen geben den geäußerten Gedanken der Einzelnen Wert.

Schritt 5: Sich organisieren

Da Veränderungen allein schwer umsetzbar sind, geht es im fünften Teil der „Bildungsspirale" darum, dass sich Frauen zusammenschließen, organisieren und solidarisieren (vgl. ebd.). Über die Jahrzehnte hinweg war die ÖBV-Frauenbildungsarbeit unterschiedlich stark in regionalen Bäuerinnenarbeitsgruppen und/oder dem österreichweiten ÖBV-Netzwerk verankert. Manche Frauen tragen den kontinuierlichen Bildungsprozess über ihre gesamte Bäuerinnenlaufbahn hin mit, andere sind über einige Jahre lang aktiv beteiligt, wieder andere kommen für einzelne Aktivitäten oder Veranstaltungen dazu und ein noch weiterer Kreis verfolgt die Prozesse über diverse Medien mit. Viele dieser Frauen fungieren als Multiplikatorinnen. Besonders fruchtbar erweist sich gerade in den letzten Jahren der intergenerationale Austausch zwischen den

Frauen. Bei den Bildungsveranstaltungen kommen oft Frauen im Alter von 25 bis 60 Jahren zusammen und praktizieren intergenerationalen Wissens- und Erfahrungstransfer sowie Solidarität.

Als Teil der weltweiten Bewegung „La Via Campesina" (spanisch für „der kleinbäuerliche Weg") ist die ÖBV mit 200 Millionen Kleinbäuer_innen, Landlosen, Landarbeiter_innen etc. in allen Teilen der Welt verbunden. Innerhalb von La Via Campesina sind die Frauen über alle Kontinente hinweg organisiert. Darüber hinaus lebt der ÖBV-Frauenarbeitskreis seit seinem Bestehen Austausch, Interaktion und Kooperation mit verschiedensten anderen Akteur_innen mit ähnlichen Anliegen. Sei es mit Beamt_innen und Politiker_innen, NGOs, Frauenorganisationen und Erwachsenenbildungseinrichtungen oder diversen Plattformen, wie zum Beispiel auch im Rahmen der beiden Frauenvolksbegehren. Als Teil der ARGE Region Kultur ist die ÖBV auch Mitglied des Rings Österreichischer Bildungswerke und somit der Konferenz der Erwachsenenbildung Österreichs (KEBÖ). Ein neuerer Zusammenschluss, an dem die ÖBV-Frauen beteiligt sind, ist die „Initiative Feministische Erwachsenenbildung (IFEB)".

Schritt 6: Gemeinsam verändern

„Gemeinsam verändern" ist der sechste Schritt und dieser inkludiert oft auch den gemeinsamen Schritt der Frauen an die Öffentlichkeit (vgl. ebd.). Neben Veränderungen der eigenen Denk- und Handlungsmuster und der eigenen Rolle am Hof geht es im ÖBV-Frauenarbeitskreis auch oft um die Veränderung von als untragbar empfundenen gesellschaftlichen und (agrar-)politischen Zuständen oder Entwicklungen.

Im Rahmen der ÖBV-Frauenbildungsarbeit wurden im Laufe der Jahrzehnte vielzählige Themen bearbeitet. Immer wieder ging es dabei um die Verteilung der Sorgearbeit (Care-Arbeit) am Hof und in der gesamten Gesellschaft, um die Einkommenssicherung auf kleinen Höfen, um die Situation von Frauen im Landwirtschaftssystem, um soziale Absicherung, ökologische Fragen und die Klimakrise sowie um die Agrar-, Handels- und Ernährungspolitik in Österreich, in der EU und weltweit.

Der Logik des pädagogischen Konzeptes der „ÖBV-Bildungsspirale" folgend, sind Bildungsarbeit und Öffentlichkeitsarbeit eng miteinander verknüpft und bedingen sich gegenseitig. Der iterative Charakter der Bildungsspirale besteht darin, dass das Ende jedes Veränderungsprozesses, jede „Umdrehung der Spirale", Ausgangspunkt für einen neuen Prozess sein kann. Diese Konzipierung von Bildungsprozessen als Spirale kann auch als früh formulierte, emanzipatorische Form „Lebenslangen Lernens" verstanden werden.

Prekäres Ehren- und Hauptamt

Eine wichtige Rolle bei der Sicherung der Kontinuität und Qualität der ÖBV-Frauenbildungsarbeit nimmt die jeweilige hauptamtliche Bildungsreferentin ein, welche die ehrenamtliche, unbezahlte Selbstorganisation der Bäuerinnen begleitet und unterstützt. Von den Bäuerinnen wurden die Bildungsreferentinnen immer wieder als „Geburtshelferinnen" für Ideen bezeichnet. In der Weiterentwicklung und Umsetzung von Projekten hilft die Bildungsreferentin dabei, den „roten Faden" zu halten (vgl. ÖBV-Frauenarbeitskreis 1996, S. 16). Gleichzeitig versucht die Bildungsreferentin im Gesamtprozess der emanzipatorischen Bäuerinnenbildungsarbeit fruchtbare Anstöße zu geben sowie Kontinuität zu gewährleisten, welche für die ehrenamtlich engagierten Bäuerinnen nicht immer leicht zu erbringen ist. Leider ist die Finanzierung der Arbeitszeit der Bildungsreferentin zunehmend schwierig.[1]

Beispiele: Bäuerinnenpension und Frauenzeitung für alle

Der ÖBV-Frauenarbeitskreis begann seine Bildungsarbeit und politische Arbeit in den 1980er Jahren mit der Analyse der sozialrechtlichen Situation der Bäuerinnen. Ausgehend von ihren konkreten Lebensrealitäten bildeten sich die ÖBV-Frauen weiter, entwickelten vielfältige Aktivitäten, gewannen Partner_innen und setzten schließlich mit einer überparteilichen Allianz Veränderungen im Pensionsrecht durch. Doch nach der Veränderung ist vor

---

1   Seit dem Jahr 2018 wurde die Förderung des Frauenministeriums für diese ÖBV-Frauenbildungsarbeit um die Hälfte gekürzt.

der Veränderung und so ist der ÖBV-Frauenarbeitskreis auch aktuell wieder einmal mit drängenden Fragen bei der sozialen Absicherung von Frauen in der Landwirtschaft befasst.

Der ÖBV-Frauenarbeitskreis ist in sich ein Bildungs- und Emanzipationsprojekt, die beteiligten Frauen gestalten jedoch auch Bildungsangebote für einen weiteren Kreis von Frauen in der Landwirtschaft und andere Interessierte. Eines dieser Projekte ist die „Frauenausgabe" der ÖBV-Zeitschrift „Wege für eine bäuerliche Zukunft". Eine wechselnde Gruppe von Bäuerinnen gestaltet jährlich eine Ausgabe zu einem Schwerpunktthema, das sie aktuell beschäftigt. Im Jahr 2020 lautete dieses „Weiberwirtschaft – systemrelevant?!". Die beteiligten Bäuerinnen diskutierten das Thema inhaltlich, verfassten selbst Texte, luden andere Frauen ein, Beiträge zu gestalten, wählten Bilder aus etc. Unterstützt und begleitet wurden sie dabei von der Bildungsreferentin und dem ständigen Redaktionsteam der Zeitschrift. Diese von Bäuerinnen gestaltete Zeitschrift lesen nicht nur andere Frauen, sondern auch Abonnenten.

Interaktion zwischen Verein und Frauen

An diesem Beispiel zeigt sich auch, dass die Interaktion zwischen dem ÖBV-Frauenarbeitskreis und der ÖBV als Gesamtorganisation wichtig ist. Der Frauenarbeitskreis ist Teil der ÖBV und trotzdem eigenständig. Die Frauenarbeit bringt viele feministische Impulse in den Gesamtverein ein und gleichzeitig erwerben Frauen in der Vorstandsarbeit und bei anderen Vereinsaktivitäten Wissen, Kompetenzen und Erfahrungen, die sie in die Frauenrunde weitertragen. Die paritätische Besetzung des ÖBV-Vorstandes durch Frauen und Männer ist somit gleichzeitig „Ernte" von und Voraussetzung für fruchtbare Frauenbildungsarbeit.

Selbstorganisation in Zeiten der Pandemie

Angesichts der Covid-19-Pandemie und der Lock-Downs ist auch bei der ÖBV-Frauenbildungsarbeit zunehmend der Umstieg in den digitalen Raum gefragt. Seit März 2020 fanden alle Treffen und Veranstaltungen online statt. Die Frauen erproben neue Wege der Kommunikation und erwerben dabei Medienkompetenzen. Um Niederschwelligkeit zu gewährleisten, ist bei allen Online-Treffen auch die Teilnahme per Telefon möglich. Auch die Öffentlichkeitsarbeit findet während der Pandemie verstärkt im digitalen Raum statt, zum Beispiel mittels Videos von den Bäuerinnen.[2]

---

2 Siehe www.viacampesina.at/frauen_gap2021

Fazit: Ringen um Sichtbarkeit

Die ÖBV-Frauenbildungsarbeit ist und bleibt ein ständiger Lern- und Entwicklungsprozess für alle Beteiligten. Sie ist und bleibt auch ein Ringen um Ressourcen: um zeitliche Ressourcen der Bäuerinnen, aber auch um finanzielle Ressourcen für die Bildungsprozesse und bezahlte Arbeitszeit. Die ÖBV-Frauenbildungsarbeit ist ein ständiges Ringen um die Sichtbarkeit der Tätigkeiten, Interessen, Anliegen, Ideen, Wünsche und Träume der Klein- und Bergbäuerinnen auf den Höfen, in den jeweiligen ländlichen Regionen, in der Gesamtgesellschaft. Sie bleibt ein Ringen um emanzipatorische und feministische Erwachsenenbildung. Oder um es mit den Worten des ÖBV-Bäuerinnenmanifests zu sagen: *„Ein gutes Leben [und dasselbe gilt auch für Bildung!; M.Th.] ist für uns kein genormtes Modell, sondern es beinhaltet die Vielfältigkeit der Menschen und deren Grundbedürfnisse und gibt Freiraum für soziale, kulturelle, emotionale, sinnliche Ausformungen"* (ÖBV-Frauenarbeitskreis 2016, o.S.).

Literatur

ÖBV-Frauenarbeitskreis (1996): Bäuerinnen. ÖBV-Frauenarbeit. Acht Jahre regionale, basisorientierte Bildungsarbeit mit Bäuerinnen. Wien: Eigenverlag.

ÖBV-Frauenarbeitskreis (2016): ÖBV-Bäuerinnenmanifest. Online: https://www.viacampesina.at/baeuerinnenmanifest/ [Stand: 2021-02-07].

Rohrmoser, Franz (2004): Gemeinwesenarbeit und Projekte in der bäuerlichen Entwicklungsarbeit am Beispiel der Österreichischen Bergbauernvereinigung in den 70er Jahren. In: Rohrmoser, Anton (Hrsg.): GemeinWesenArbeit im ländlichen Raum. Innsbruck/Wien: Studienverlag, S. 18-34.

Rohrmoser, Franz (2015): Die Österreichische Bergbauernvereinigung ist durch Bildung entstanden. In: Wege für eine bäuerliche Zukunft 338, 3/2015, S. 6-7.

Wagner, Andreas (2013): Anton Rohrmoser – ein Architekt der Gemeinwesenarbeit in Österreich. In: Magazin erwachsenenbildung.at, Ausgabe 19, Wien. Online: https://erwachsenenbildung.at/magazin/13-19/13_wagner.pdf [Stand: 2021-04-26].

Foto: Elke Schüller

Dipl.-Ing[in]. Monika Thuswald Bakk. phil.

monika.thuswald@viacampesina.at
+43 (0)1 8929 400

Monika Thuswald studierte Landschaftsplanung an der Universität für Bodenkultur sowie Soziologie an der Universität Wien und ist wba-zertifizierte Erwachsenenbildnerin. Seit Anfang 2014 ist sie Bildungsreferentin in der Österreichischen Berg- und Kleinbäuer_innen Vereinigung (ÖBV-Via Campesina Austria). Ein wichtiges Tätigkeitsfeld ist die ÖBV-Frauenbildungsarbeit. Weiters gestaltet sie mit aktiven Vereinsmitgliedern emanzipatorische Bildungsangebote für Männer und Frauen in ganz Österreich.

"We are female farmers!"

Emancipatory adult education with women in agriculture

Abstract

The women's working group of the Austrian Mountain and Small Farmers' Association (ÖBV-Via Campesina Austria) has provided emancipatory education to women in agriculture for several years. This education is inspired "from below" by Paolo Freire's "Pedagogy of the Oppressed." As the people concerned and experts on their situation, female farmers work with an educational coordinator to develop solutions to their problems with the goal of participating equally in family, career and society. This process occurs along an iterative "educational spiral": Distance from everyday life makes it possible to see connections and develop new perspectives. Women who give each other strength and in doing so discover resources can organize themselves and show solidarity with one another, which provides the basis for collective processes of change. The work with ÖBV women is a struggle to understand, make visible and put into practice the requests and ideas of small farmers and mountain farmers, but it also means a struggle for resources because farmers' time is scarce and the funding of such educational courses is notoriously precarious. (Ed.)

IFEB – Feministische Frauen- und Erwachsenenbildung revitalisieren

Birge Krondorfer

Krondorfer, Birge (2021): IFEB – Feministische Frauen- und Erwachsenenbildung revitalisieren.
In: Magazin erwachsenenbildung.at. Das Fachmedium für Forschung,
Praxis und Diskurs, Ausgabe 43.
Online: https://erwachsenenbildung.at/magazin/21-43/meb21-43.pdf.

Schlagworte: feministische Erwachsenenbildung, Initiative IFEB

Kurzzusammenfassung

Seit Jahrzehnten gibt es in der österreichischen Erwachsenenbildungslandschaft zahlreiche kleine, darunter vielfach selbstorganisierte und semi-institutionalisierte feministisch tradierte Frauenbildungsprojekte. Sie leisten mit wenig finanziellen Ressourcen und kaum allgemeiner Würdigung grundlegende Bildungsarbeit. Die großen Erwachsenenbildungsträger hingegen betreiben kaum mehr kritische Aufklärungsarbeit zu gesellschaftspolitischen Themen wie dem ungerechten Geschlechterverhältnis. Vielmehr werden herrschafts- und gesellschaftskritische Bildungsagenden zunehmend eliminiert, weil Effizienz, Arbeitsmarktbezug und standardisierter Kompetenzerwerb im Mittelpunkt stehen und finanziell gefördert werden. Um auf diese Missstände aufmerksam zu machen, hat sich vor ein paar Jahren die „Initiative Feministische Frauen- und Erwachsenenbildung" (IFEB) gegründet, die hier vorgestellt wird.

15

Praxis

IFEB – Feministische Frauen- und Erwachsenenbildung revitalisieren

Birge Krondorfer

Seit Jahrzehnten gibt es österreichweit engagierte selbstorganisierte und semi-institutionalisierte Frauenbildungsprojekte in frauenpolitischen, kulturellen, beratenden, migrantischen, kirchlichen und regionalen Bereichen, die oft unterfinanziert sind und im offiziellen Erwachsenenbildungskontext nicht wahrgenommen werden. Seit Jahren hat die markt- und technologiebasierte Wissensgesellschaft Bildung auf Effizienz und Kompetenzerlangung getrimmt und damit ihrer gesellschaftlichen Dimension beraubt, was auch die Frauenbildungsarbeit und die feministische Erwachsenenbildung beeinflusst bzw. beeinträchtigt. Diese beiden Schieflagen für eine emanzipatorische und transformative Bildung begründen nicht nur Kritik, sondern auch das Bedürfnis nach Alternativen.

Die „Initiative Feministische Erwachsenenbildung" (IFEB), ins Leben gerufen von der Frauenhetz – Feministische Bildung, Kultur und Politik (Wien) gemeinsam mit dem AEP – Arbeitskreis Emanzipation und Partnerschaft (Innsbruck), setzt hier an: als selbstorganisierte österreichweite Initiative wider die Unsichtbarkeit von Frauenbildungsorten und wider die Eleminierung herrschafts- und gesellschaftskritischer Bildungsagenden im Erwachsenenbildungssystem. Zwischen 2017 und 2019 gab es neun Treffen (seit 2020 pausieren wir situationsbedingt) zum Kennenlernen mit Erfahrungsberichten, zur Standortbestimmung und Selbstverständigung, zum Austausch über Vermittlungsformen und zur Entwicklung von Strategien zur gegenseitigen Stärkung. Zu letzterer gehörte bspw. das gemeinsame Verfassen öffentlicher Stellungnahmen zur budgetären Streichung und Kürzung von Frauen(bildungs)projekten seitens des Frauenministeriums.

Neben den Vereinen Frauenhetz und AEP sind aktuell das Frauenservice Graz, die ÖBV – Österreichische Berg- und Kleinbäuer_innen Vereinigung, der Verein Frauen beraten Frauen (Wien), das Frauenzentrum Wien, WIDE – Entwicklungspolitisches Netzwerk für Frauenrechte und feministische Perspektiven (Wien), das Frauenforum Salzkammergut, die Katholische Frauenbewegung Kärnten und der Verein plurivers – Netzwerk feministische Bildung und Pluralität dabei. Bisher konnten sich die Treffen in Wien finanziell selbst tragen.

Aus dem Kontext der Initiative heraus entstanden bisher drei öffentliche Kooperationsveranstaltungen: Im Rahmen der 10. Tagung „The dark side of adult education" im Oktober 2018 am Bundesinstitut für Erwachsenenbildung leiteten AEP und Frauenhetz die Arbeitsgruppe „Jenseits der Gleichheitsrhetorik. Gender, Sex und

Geschlechterpolitisches in der Erwachsenenbildung"; im April 2019 fand in Klagenfurt die
Tagung „Die halbierte Demokratie – Ausschluss
von Frauen aus der Öffentlichkeit", organisiert
von der Katholischen Frauenbewegung und
Frauenhetz statt; im November 2019 wurde das Panel
„Feministische Erwachsenenbildungsarbeit" von AEP,
plurivers und Frauenhetz auf der 7. Jahrestagung
der Österreichischen Gesellschaft für Geschlechterforschung an der Universität Innsbruck angeboten. Eine für 2019 geplante öffentliche Tagung mit
dem Arbeitstitel „Feministische Erwachsenen- und
Frauenbildung – quo vadis?" scheiterte am nicht
bewilligten Förderansuchen beim Bildungsministerium. Wir versuchen es aber weiterhin, denn die
mangelnde monetäre und symbolische Wertschätzung von feministischer Bildungsarbeit muss ein
Ende finden.

Wozu feministische Frauen- und Erwachsenenbildung? Vorläufige Thesen

Feministische Bildung ist kulturkritisch: In der
Frauenbewegung sind feministische Einrichtungen
entstanden, die im engeren oder weiteren Sinn im
Bereich der Bildungsarbeit tätig sind und im- oder
explizit Kulturkritik leisten. Kultur als Begriff und
Praxis wird hier umfassend als Ensemble männerdo-
minierter, kapitalistischer, mehrheitsgesellschaftli-
cher und neokolonialistischer Regierung verstanden,
die die Ordnung von Sprache, Ästhetik, Wissen,
Medien, Politik, Produktions- und Reproduktions-
verhältnissen normiert. Feministische Bildung
kann ein Erfahrungs- und Erkenntnisraum sein,
der lernbar macht, dass nichts selbstverständlich
ist und Frauen selber denken und selbstbewusst
handeln können.

Feministische Bildung ist macht- und selbstkri-
tisch: Diese Bildungsarbeit kann idealiter frei von
ökonomischen Zwängen und Logiken beruflicher
Aus- und Weiterbildung agieren. Die Schaffung
und Erhaltung solcher Räume ist über die je individuelle Bewusstseinsveränderung hinaus für
feministische Selbstverständigungsprozesse wichtig:
Analyse und Diskussion aktueller gesellschaftspolitischer Problemlagen, Brücke zu den inneruni-
versitären Genderwissenschaften, Irritation von
Wahrnehmungsgewohnheiten. Zur Änderung

gesellschaftlicher und persönlicher Machtkonstellationen braucht es eine von den verschiedenen
Frauen geteilte Einsicht in ökonomische, soziale,
politische und kulturelle Verhältnisse, die zum
gemeinsamen Handeln ermutigt. Feministische
Bildung kann dazu beitragen, Selbstreflexion mit
Systemkritik zu verbinden und Solidarität einüben.

Feministische Bildung ist differenzorientiert: Wo in
Politik, Bildung und Medien die Genderfrage positiv
Eingang gefunden hat, geschieht dies zumeist in
passfähiger Form. Diese nur „rhetorische Modernisierung" verschleiert reale Macht- und strukturelle
Gewaltverhältnisse durch Partnerschaftlichkeits-
und Gleichstellungsdiskurse sowie neoliberal
geforderte Selbstoptimierung. Diagnosen dieser
Entwicklung, Kämpfe um politische Mitbestimmung
brauchen Orte und Zeiten feministischer Aufklärung, die Verstehen, Verständigung und kritische
Fremd- und Selbstreflexion immer wieder initiieren.
Diese Arbeit kennt die Dialektik von Form und Inhalt,
setzt auf Erkenntnisprozesse statt auf Wissensakku-
mulation, vertritt die Ethik einer Vermittlung auf
Augenhöhe und der Anerkennung von Differenzen
und Diversität, weiß um die Interdependenz aller
Beteiligten, ist sich der Notwendigkeit kontinuier-
licher Selbstbefragung der Lehr- und Lernpositionen
bewusst und bemüht sich um die Vermittlung von
Distanzierungsvermögen zum Vorgegebenen.

Feministische Bildung ist unerlässlich: Im Erwachsenenbildungskontext sind Geschlechterprobleme
marginalisiert und retabuisiert. Beispielsweise in
den VHS Wiens, wo es im Zuge der 2. Frauenbewegung ein blühendes Feld an feministisch orientierten
Angeboten von Einzelnen und Gruppen gab – und
zwar lange bevor die Thematik an den Universitäten
angenommen wurde –, lässt sich diese politische
Einschrumpfung nachverfolgen. Selbst im Magazin
erwachsenenbildung.at, in dem immer wieder Beiträge zu genderorientierten, migrantischen und
feministischen Reflexionen publiziert werden, wird
dies bislang nicht als Querschnittsmaterie in allen
Belangen angesehen.

Ansonsten gibt es seltene Ausnahmen wie zum
Beispiel den Schwerpunkt „Feministische Bildung"
einer Ausgabe der Fachzeitschrift des Verbandes
Österreichischer Volkshochschulen im April 2015
– wahrscheinlich das erste Mal seit 1992. Auch der

Titel der KEBÖ-Jahrestagung im Herbst 2015 (Platt-form der Erwachsenenbildungsverbände seit 1972) lautete erstmalig in ihrer Geschichte „Erwachsenenbildung – Feministische Bildung – Emanzipatorische Bildungsarbeit". Solche Ereignisse sind jedoch abhängig vom auszehrenden Engagement einzelner Frauen und repräsentieren keinen Perspektivenwechsel. Es wird Zeit, sich um diesen zu bemühen.

---

1 Bei Fragen zur Initiative mailen an: office@frauenhetz.at

Mag.ª Dr.ⁱⁿ Birge Krondorfer

birge.krondorfer@chello.at

Birge Krondorfer ist politische Philosophin und frauenpolitisch engagiert. Seit 1990 arbeitet sie als externe Universitätslehrende an verschiedenen Instituten (inter-)nationaler Universitäten u.a. in den Bereichen Bildungs-, Kultur-, Genderwissenschaften. Sie ist in der Erwachsenenbildung tätig, hält Vorträge, ist Herausgeberin und publiziert zu Theorien und Praxen der Geschlechterverhältnisse. Sie ist zertifiziert in Groupworking, Supervision, Mediation, Interkulturelles Training. Mitgründerin bzw. ehrenamtlich aktiv ist sie u.a. in der Frauenbildungsstätte Frauenhetz/Wien, im Verband feministischer Wissenschafter*innen und in der Initiative Feministische Erwachsenenbildung.

IFEB – Revitalizing Feminist Women's and Adult Education

Abstract

For decades, the Austrian adult education community has included a number of small feminist women's education projects that provide basic education with few financial resources and hardly any general recognition. Furthermore, adult education providers have marginalized their once critical educational work, which also encompasses gender issues in society. A few years ago, *Initiative Feministische Frauen- und Erwachsenenbildung* (IFEB, Feminist Women's and Adult Education Initiative) was founded to raise awareness of this deplorable state of affairs. This article presents this initiative.

Kommunalpolitische Weiterbildung für Frauen

Am Beispiel des Tiroler Lehrgangs „Nüsse knacken – Früchte ernten"

Franz Jenewein

Zitation

Jenewein, Franz (2021): Kommunalpolitische Weiterbildung für Frauen. Am Beispiel des Tiroler Lehrgangs „Nüsse knacken – Früchte ernten".
In: Magazin erwachsenenbildung.at. Das Fachmedium für Forschung, Praxis und Diskurs, Ausgabe 43.
Online: https://erwachsenenbildung.at/magazin/21-43/meb21-43.pdf.

Schlagworte: Kommunalpolitische Weiterbildung, Frauen, Politiklehrgang, Politikpartizipation

Kurzzusammenfassung

Seit über zwanzig Jahren gibt es in Österreich Bildungsangebote für Frauen, die sich kommunalpolitisch engagieren möchten. Diese Politiklehrgänge für Frauen haben zum Ziel, die Mitbestimmung durch Frauen auf kommunaler Ebene zu stärken und den Frauenanteil in Gemeinderäten und Gemeindevertretungen zu erhöhen; denn: Die Beteiligung von Frauen ist auf Gemeindeebene noch geringer als auf Bundes- und Länderebene. Der Autor fokussiert im Beitrag auf den seit 2001 laufenden Lehrgang für Frauen „Nüsse knacken – Früchte ernten" in Tirol und stellt abschließend die Ergebnisse einer Wirkungsanalyse vor. Ein Fazit: Der Lehrgang wirkt empowernd auf Frauen und fördert Frauennetzwerke. (Red.)

16

Praxis

Kommunalpolitische Weiterbildung für Frauen

Am Beispiel des Tiroler Lehrgangs „Nüsse knacken – Früchte ernten"

Franz Jenewein

Der Zugang von Frauen in die Kommunalpolitik und auch zu kommunal-politischer Weiterbildung war lange reglementiert und entsprach damit normativen Vorstellungen der Geschlechterrollen. Folglich blieben Frauen bei regionalen Entscheidungen, die ganz wesentlich das Infrastrukturan-gebot z.B. Bildungseinrichtungen, Wirtschaftsförderung, Verkehr betreffen, deutlich unterrepräsentiert. Vor allem auf Gemeindeebene ist hier „noch Luft nach oben".

Politiklehrgänge für Frauen

In Österreich werden seit nunmehr mehr als 20 Jahren in mehreren Bundesländern Politiklehr-gänge für Frauen angeboten. Die ersten Lehrgänge wurden 1998 in Salzburg entwickelt, dann folgten Tirol und Vorarlberg; Oberösterreich, die Steiermark und Kärnten zogen später nach. Die Lehrgangs-konzepte haben ähnliche Curricula, zeigen aber dennoch regionale Schwerpunkte und Vertiefungen. Zentrale Anliegen aller Lehrgänge sind die Stärkung der politischen Mitbestimmung von Frauen auf kom-munaler Ebene und die Erhöhung des Frauenanteils in den Gemeinderäten und Gemeindevertretungen. Hauptorganisatorinnen dieser Lehrgänge sind die Frauenreferate der jeweiligen Landesregierungen und Frauennetzwerke.

In Vorarlberg wurde neben dem Politiklehrgang für Frauen „Fit für die Politik" im Jahr 2009 die Initiative „Frauen in die Politik" als überregionale und parteiunabhängige Initiative des Frauenre-ferats im Amt der Vorarlberger Landesregierung und des Frauennetzwerks Vorarlberg ins Leben gerufen. In Tirol wird der Politiklehrgang „Nüsse knacken – Früchte ernten" bereits seit 20 Jahren vom Fachbereich Frauen in der Abteilung Ge-sellschaft und Arbeit des Amtes der Tiroler Landesregierung durchgeführt. Je nach regionaler Ausprägung werden unterschiedliche Kooperations-partnerInnen eingebunden; in Innsbruck werden die Lehrgänge u.a. in enger Zusammenarbeit mit dem Tiroler Bildungsinstitut-Grillhof entwickelt und durchgeführt. Im TBI-Grillhof gibt es mit der Tiroler Gemeindeakademie sehr viel Erfahrungswissen in der Entwicklung und Durchführung von Seminaren und Lehrgängen für den kommunalen Bereich und viele Teilnehmerinnen besuchen im Anschluss einen Führungskräftelehrgang für Gemeindebedienstete.

Frauen gestalten die Gemeinde

Damit Gemeindepolitik erlebt werden kann, braucht es Möglichkeiten, Gemeindepolitik wahrzunehmen. Die Art und Weise, wie über einzelne Aspekte gemeindepolitischer Aktivitäten informiert wird, nimmt darauf großen Einfluss (vgl. Häfele 2013, S. 7). Herkömmlich erfolgt die Informationsweitergabe in Form von Protokollen auf den Anschlagtafeln der Gemeinde und per Gemeindezeitung, jüngst lassen sich alle Gemeindeprotokolle aber auch online einsehen (in Tirol wurde diese Form der Kommunikation 2020 in der Tiroler Gemeindeordnung gesetzlich verankert). Die Akzeptanz der Gemeindepolitik ist wiederum wesentlich mit der Möglichkeit verknüpft, mit den GemeindepolitikerInnen direkt kommunizieren zu können (vgl. ebd.).

Die Partizipation von Frauen ist auf Ebene der Gemeinde im Allgemeinen geringer als auf Bundes- und Länderebene. Begründet wird dies u.a. mit der schwierigen zeitlichen Vereinbarkeit von Betreuungsarbeit und Erwerbsarbeit, männlich dominierten Strukturen in den Gemeinden oder geschlossenen Politiknetzwerken. Damit sind Frauen bei regionalen Entscheidungen, die ganz wesentlich das Infrastrukturangebot z.B Bildungseinrichtungen, Wirtschaftsförderung, Verkehr betreffen, deutlich unterrepräsentiert (vgl. Leitner/Wagner 2016, S. 118).

Von den insgesamt 3.714 Tiroler GemeinderätInnen sind (Stand 2020) 20% Frauen. Mit steigender Bedeutung der Position sinkt der Frauenanteil auf Gemeindeebene noch weiter: 12% der Tiroler Gemeindevorstandsmitglieder, 7% der Tiroler BürgermeisterstellvertreterInnen und 5% der Tiroler BürgermeisterInnen sind Frauen. Der Anteil der Bürgermeisterinnen liegt in Tirol damit unter dem österreichweiten Durchschnitt – in Österreich werden 6% der Bürgermeisterämter von Frauen eingenommen (vgl. ebd.).

Als Instrumente zur Erhöhung der Frauenpartizipation an der Politik werden österreichweit vor allem Qualifizierungsmaßnahmen (z.B. Mentoring, spezifische Programme für Frauen), strukturelle Maßnahmen im Sinne von Regelungen für Politikprozesse wie Gender Mainstreaming und Gender Budgeting diskutiert (vgl. ebd., S. 120).

Die Hindernisse, die gegen ein politisches Engagement auf Gemeindeebene angeführt werden, reichen von der fehlenden öffentlichen gesellschaftlichen Akzeptanz politisch aktiver Frauen, vom Bild „der Politikerin", das in der Öffentlichkeit vorherrschend ist, bis zur Unvereinbarkeit von Familienarbeit und Politik und dem bereits vorhandenen zivilgesellschaftlichen Engagement (vgl. Häfele 2013, S. 11). Auf der persönlichen Ebene werden das mangelnde Selbstvertrauen in die eigenen Fähigkeiten und das Wissen sowie der Wunsch nach Handeln statt langen Diskussionen angeführt. Eva Häfele (2013) führt für die Situation in Vorarlberg aber auch aus: *„Nicht fehlendes Interesse, sondern die fehlende gesellschaftliche Gleichstellung von Mann und Frau auf Gemeindeebene und im Privatleben bildet das zentrale Hindernis für die aktive Teilhabe an der Gemeindepolitik"* (ebd., S. 11).

Ein wichtiger Grundansatz bei der Entwicklung der Politiklehrgänge für Frauen war daher der Empowermentansatz. *„Frauen müssen stärker dazu ermutigt werden, an ihre persönlichen Kompetenzen zu glauben und darauf zu vertrauen, dass sie fähig sind, Gemeindepolitik mitzugestalten"* (ebd., S. 13). Bei der Konzeption der Lehrgänge wurden Konzepte der gleichstellungsorientierten Didaktik (siehe dazu Kaschuba/Derichs-Kunstmann 2009) berücksichtigt. Denn *„Frauen bevorzugen bestimmte Lernformen, was sich in einer hohen Bewertung der Gruppenarbeit und der Ablehnung von Einzelarbeit ausdrückt. Sie formulieren ihre eigene Position vorsichtiger und vermeiden Konkurrenz. Sie haben Schwierigkeiten sich abzugrenzen und ihren Standpunkt zu behaupten. Sie weichen Konflikten aus und wählen stattdessen passive Formen der Verweigerung oder des Rückzugs"* (Auszra 2001, S. 322). Ergebnisse der Sprach- und Kommunikationsforschung weisen

---

1 Susanne Auszra geht in ihrem Fachartikel „Interaktionsstrukturen zwischen den Geschlechtern in Lernsituationen" von der These aus, dass sich die Notwendigkeit von Frauenbildung damit begründen ließe, dass in gemeinsamen Lernsituationen das „männliche" Lernen dominiert. Frauen würden jedoch „anders" lernen (vgl. Auszra 2001, S. 321), z.B. bevorzugen sie bestimmte Lernformen, Inhalte, die an ihren Erfahrungen ansetzen und anderen Verwertungsinteressen unterliegen. Nicht zuletzt wird das Lernen ausschließlich unter Frauen als Schaffung eines Freiraumes betrachtet, der – wenngleich nicht frei von Hierarchien – so doch frei von patriarchaler Herrschaft ist (vgl. ebd.).

Frauen – im Gegensatz zu Männern – zudem vermehrt ein kooperatives Sprach- und Kommunikationsverhalten zu (vgl. ebd.)[2].

Kompetenzlehrgang für Frauen: „Nüsse knacken – Früchte ernten"

Der erste Politiklehrgang wurde in Tirol 2001 gestartet; mit Stand 2021 fanden bislang 20 Lehrgänge mit ca. 360 Teilnehmerinnen statt. Einzelne Lehrgänge wurden in den Regionen Lienz, Wörgl, Reutte und Landeck durchgeführt, zwei davon auch grenzüberschreitend. Der Lehrgang in Reutte wurde im Rahmen eines EU-Projekts gemeinsam mit Bayern organisiert, 2005 bis 2006 fand ein Lehrgang im Oberland gemeinsam mit dem Vinschgau/Südtirol statt. Im Jahr 2015 wurde der Lehrgangstitel abgewandelt. Aktuell trägt er den Beisatz „Lehrgang für politisch und gesellschaftlich interessierte Frauen". Hintergrund dieser Entscheidung war, dass vermehrt auch Frauen, die im sozialen und kulturellen Bereich engagiert sind, für dieses Lernformat begeistert werden sollten. Von Beginn an wurden Frauen angesprochen, die ihre politischen Kenntnisse vertiefen wollten, in die Politik oder gesellschaftspolitische Prozesse einsteigen oder in ihrer Tätigkeit als (Vize-)Bürgermeisterinnen und Gemeinderätinnen ihr Wissen erweitern wollten. Zudem wurde und wird der Lehrgang in Gremien wie Gewerkschaften, Vereinen, Kammern oder Initiativgruppen aktiv beworben.

Der Lehrgang gliedert sich in sechs Module, wobei das vermittelte Wissen praxisbezogen von Trainerinnen aufbereitet und mittels geeigneter Methoden reflektiert wird. Vermittelt wird das erforderliche Handwerkszeug, damit Frauen mutig ihre Anliegen und ihre Potentiale in öffentlichen Gremien, Vereinen oder Institutionen einbringen und durchsetzen sowie Zivilgesellschaft mitgestalten können. Zielsetzung sind die Stärkung von Frauen sowie eine Gleichverteilung der Entscheidungs- und Gestaltungsmacht in politischen und wirtschaftlichen Organisationen und das zivilgesellschaftliche/ehrenamtliche Engagement.

Inhaltliche Themen in den einzelnen Modulen sind: Kommunikation, Konfliktmanagement, Genderperspektiven & Handlungsspielräume in Österreichs Politik, Öffentlichkeitsarbeit und Selbstmarketing,

der Einsatz von Social Media zur Meinungsbildung, das Netzwerken – Umgang mit Macht und rechtliche Themen. Ein besonderes Highlight im Lehrgang bilden moderierte Gespräche im Rahmen von „Sternstunden". Zu diesen Gesprächen werden Expertinnen aus den Bereichen der Politik, Medien, Zivilgesellschaft und Verwaltung eingeladen und gemeinsam werden Themenfelder aus der Praxis für die Praxis diskutiert. In Ergänzung zu den Seminaren wird ein Einzelcoaching im Umfang von vier Einheiten angeboten, das gerne angenommen wird. Alle Lehrgänge werden evaluiert und die Ergebnisse fließen in die Neukonzeption der Lehrgangsplanung ein.

Wirkungsanalyse

Im Rahmen ihrer Diplomarbeit erstellte Jutta Obertegger 2012 eine Wirkungsanalyse (siehe dazu auch Jenewein 2016), der zufolge die Absolventinnen der Lehrgänge *„den Wissenszuwachs im Bereich Kommunikation nicht nur als Stärkung ihrer Persönlichkeit wahr[nehmen], sondern [...] sich dadurch selbstsicher genug [fühlen], um sich politischen Diskussionen in der Wirklichkeit zu stellen"* (Obertegger 2012, S. 12). *„Ebenso berichteten die meisten Frauen in der Umfrage, sie hätten jetzt mehr Mut, um neue Sachen zu wagen und Dinge anzusprechen und könnten auch besser mit Vorurteilen gegenüber Frauen in der Politik umgehen. Über die Hälfte der Teilnehmerinnen fühlte sich zudem bereit, ein politisches Amt zu übernehmen"* (Jenewein 2016, S. 4). Diese Aussage deckt sich mit den Evaluationsergebnissen des Vorarlberger Politiklehrgangs (siehe Häfele 2013).

Im Jahr 2015/2016 wurde in Tirol ein eigener Lehrgang für Frauen in Vorbereitung auf die Gemeinderatswahlen entwickelt. 18 Teilnehmerinnen nützten das Angebot, 90% davon übernahmen später ein politisches Amt in der Gemeinde in der Funktion als Bürgermeisterin oder Gemeinderätin. Darüber hinaus absolvierten die Frauen noch Zusatzseminare, um ihr fachliches Wissen in der Gemeindearbeit zu erweitern.

Die Fähigkeit, Netzwerke und Beziehungen aufzubauen, ist ein entscheidender Faktor für den Erfolg in der Politik. Laut Erhebung aus dem Jahr 2013

Frauenanteil in den Mitgliedsverbänden der KEBÖ

Die Statistiken der KEBÖ, der Konferenz der Erwachsenenbildung Österreichs, in der die 10 großen Dachverbände der österreichischen Erwachsenenbildung vertreten sind, belegen, dass der Frauenanteil stetig zunimmt. Das zeigt sich nicht nur in einer vermehrten Teilnahme von Frauen an Veranstaltungen der KEBÖ-Mitgliedsverbände, sondern auch in den Weiterbildungseinrichtungen selbst, in denen Frauen vermehrt führende Aufgaben in der Leitung und Pädagogik wahrnehmen[2].

Für das Arbeitsjahr 2019 weist die KEBÖ-Statistik für ihre Mitgliedsverbände 6.479 hauptberuflich Angestellte aus; 4.067 von ihnen sind Frauen und als Leiterinnen bzw. Pädagoginnen in den EB-Einrichtungen aktiv. Bei den 24.960 ehrenamtlichen MitarbeiterInnen liegt der Frauenanteil noch höher (18.958). Unter den 52.628 nebenberuflichen Mitarbeiterinnen in den KEBÖ-Mitgliedsverbänden finden sich 26.815 Frauen, ein Großteil von ihnen ist in der pädagogischen Arbeit tätig. Insgesamt wurden 2019 in der KEBÖ-Statistik 4.213.569 Teilnahmen gezählt, davon fielen 1.832.509 Teilnahmen auf Frauen, die eine Weiterbildung absolvierten. Besonders hoch war der Frauenanteil bei Kursen, die vom Forum Katholischer Erwachsenenbildung in Österreich (73%), vom Verband Österreichischer Volkshochschulen (72%), vom Ring Österreichischer Bildungswerke (62%) und der Arbeitsgemeinschaft Bildungshäuser Österreichs (59%) angeboten worden waren, bei fast 50% lag er bei Kursen der berufsbildenden Einrichtungen wie dem WIFI (Wirtschaftsförderungsinstitut der Wirtschaftskammer Österreich), dem BFI (Berufsförderungsinstitut Österreich) und dem LFI (Ländliches Fortbildungsinstitut). Eine Detailauswertung nach Fachbereichen zeigt, dass Frauen bevorzugt Kurse in den Bereichen Persönlichkeit und Kommunikation (74%), Lebensorientierung (69%), Gesundheit, Wellness, Sport (74%), Pädagogik, Training (74%), Kunst und Kreativität (61%), Gesellschaft, Politik, Wissenschaft (64%) und Sprachen (58%) besuchten.

Quelle: 34. KEBÖ-Statistik (siehe Bisovsky 2020, S. 3ff.).

nutzten 70% der Frauen im Rahmen des Politiklehrgangs „Nüsse knacken – Früchte ernten" die Möglichkeit des Netzwerkens und hielten den Kontakt auch nach Abschluss des Lehrgangs aufrecht (vgl. Kofler 2013, S. 13). Zudem verstärkte sich bei den Absolventinnen die Bereitschaft, auch andere Frauen auf politische Themen anzusprechen und für ein politisches Engagement zu gewinnen (vgl. ebd.)

Im Rahmen von Fokusgruppen wurden von den Absolventinnen der Vorarlberger Lehrgänge konkrete Vorschläge erarbeitet, wie Anreize für eine aktive Mitgestaltung der Gemeindepolitik geschaffen werden können. Dazu zählt u.a. die Installierung eines politischen Frauenstammtisches zur gegenseitigen Stärkung, Mobilisierung und Vernetzung. Positiv bewertet wurde vor allem die Diskussion mit anderen Frauen im Sinne der Meinungsbildung. Zudem erlebten die Frauen Stärkung und Ermutigung über die Mentoringprogramme und über den „Politiklehrgang für Frauen – Fit für die Politik" (vgl. Häfele 2013, S. 13). Nicht zuletzt wurden von den

Absolventinnen der Vorarlberger Politiklehrgänge für Frauen aber auch konkrete Schritte dahingehend verlangt, dass sich Frauen stärker mobilisieren und bei der Listenerstellung für die Gemeinderatswahlen auf wählbare Listenplätze vorgereiht werden (vgl. ebd.).

Ein gutes Drittel der aktiven Bürgermeisterinnen in Tirol besuchte den Lehrgang, aber auch Abgeordnete zum Tiroler Landtag nützten die Weiterbildung im Vorfeld ihrer Tätigkeit. Von den gewählten Bürgermeisterinnen nutzten fast alle den Führungskräftelehrgang für BürgermeisterInnen im Rahmen der Tiroler Gemeindeakademie, um ihr fachliches Wissen aufzubessern und um sich im Gemeinderat entsprechend einzubringen.

Zusammenfassung und Ausblick

„Weiterbildung soll allen Menschen, unabhängig von ihrem Geschlecht und Alter, ihrer Bildung,

---

2   Seit dem Jahr 2000 ist Gender-Mainstreaming eine verpflichtende Strategie für Politik und öffentliche Verwaltung. Mit der Einführung des Gesetzes erfolgten auch in der Erwachsenenbildung, speziell in den Verbänden, die innerhalb der Konferenz der Erwachsenenbildung Österreichs (KEBÖ) aktiv sind, die entsprechenden Umsetzungsschritte. Da die öffentliche Finanzierung der einzelnen EB-Einrichtungen über öffentliche Mittel des Bundes, der Länder und bei EU-Projekten über die Europäische Union (ESF) erfolgt, müssen die einzelnen Einrichtungen speziell im Bereich der Organisation, aber auch bei der Entwicklung von Lehr- und Lerninhalten und in der Didaktik die Grundsätze von Gender Mainstreaming beachten.

sozialen oder beruflichen Stellung, politischen oder weltanschaulichen Orientierung und Nationalität, die Chance bieten, sich die für die Entfaltung der Persönlichkeit, die Mitgestaltung der Gesellschaft und für ihre berufliche Entwicklung erforderlichen Kenntnisse, Fähigkeiten und Fertigkeiten anzueignen" (Sekretariat der Ständigen Konferenz der Kultusminister in der Bundesrepublik Deutschland 2001, S. 4f). Voraussetzung eines gleichberechtigten Zugangs zur Weiterbildung ist demnach die Berücksichtigung und Beseitigung von Ungleichheiten.

Im Bereich der Erwachsenenbildung ist hier schon vieles passiert, dennoch ist noch viel „Luft nach oben". Bewährt haben sich Richtlinien bei der Vergabe von Projektmitteln und bei der Vergabe von öffentlichen Subventionsmitteln. Darüber hinaus gibt es eine Reihe von Best Practice-Modellen, die einer näheren Betrachtung bedürfen und aus denen Handlungsempfehlungen abgeleitet werden können.

Mit den hier vorgestellten Politiklehrgängen für Frauen wurde ein Bildungsformat entwickelt, das Frauen zum Wohle in der Gesellschaft und Politik neue Perspektiven eröffnet. Qualifizierungsmaßnahmen bilden ein wichtiges Instrument zur Erhöhung der Frauenpartizipation, darüber hinaus bedarf es aber auch struktureller Maßnahmen im Sinne von Regelungen für Politikprozesse und die Berücksichtigung von Geschlechterperspektiven in Entscheidungsprozessen.

Eine lebendige Gesellschaft und Demokratie braucht die Beteiligung und das Engagement von Frauen. Empirische Studien zeigen, dass Lernformate, wie die hier vorgestellten, Frauen dazu ermutigen, eine führende Rolle in öffentlichen Gremien oder Institutionen zu übernehmen.

Literatur

Auszra, Susanne (2001): Interaktionsstrukturen zwischen den Geschlechtern in Lernsituationen. In: Gieseke, Wiltrud (Hrsg.): Handbuch zur Frauenbildung. Wiesbaden: Springer Fachmedien, S. 321-330.

Bisovsky, Gerhard (Hrsg.) (2020): Konferenz der Erwachsenenbildung Österreichs. 34. KEBÖ-Statistik (Arbeitsjahr 2019 oder 2018/19). Wien: Verband Österreichischer Volkshochschulen. Online: https://adulteducation.at/sites/default/files/statistikberichte-auswertungen/keboe-statistik-34-2019.pdf [Stand: 2021-06-01].

Derichs-Kunstmann, Karin/Schnier, Victoria (2013): Gleichberechtigte Teilhabe an Bildung. In: Weiterbildung. Zeitschrift für Grundlagen, Praxis und Trends 2 (2013), S. 10-13.

Häfele, Eva (2013): Frauen gestalten die Gemeinde. Motive und Hindernisse für ein politisches Engagement auf Gemeindeebene. Hrsg. vom Frauenreferat im Amt der Vorarlberger Landesregierung in Zusammenarbeit mit dem Frauennetzwerk Vorarlberg. Online: https://soziokratie-politik-kongress.at/wp-content/uploads/2018/12/frauengestaltendiegemeind.pdf [Stand: 2021-06-01].

Jenewein, Franz (2016): Demokratie lernen – eine erwachsenenbildnerische Herausforderung? In: Mail. Das Magazin der Tiroler Bildungsinstitute 1/2016, S. 3-4.

Kaschuba, Geritt (2005): Theoretische Grundlagen einer geschlechtergerechten Didaktik. Begründungen und Konsequenzen. In: REPORT, Jg. 28, 2005. Online: https://www.die-bonn.de/doks/kaschuba0501.pdf [Stand: 2021-06-01].

Kaschuba, Gerrit/Derichs-Kunstmann, Karin (2009): Fortbildung – gleichstellungsorientiert! Arbeitshilfen zur Integration von Gender-Aspekten in Fortbildungen. Hrsg. vom Bundesministerium für Familie, Senioren, Frauen und Jugend. Berlin. Online: https://www.bmfsfj.de/resource/blob/93280/cff16de22e7138fe6bb12730f606f34f/arbeitshilfe-fortbildung-gleichstellungsorientiert-data.pdf [Stand: 2021-06-01].

Kofler, Petra (2013): Politiklehrgänge für Frauen in Tirol. Nüsse knacken, Früchte ernten. Hrsg. vom Amt der Tiroler Landesregierung, Fachbereich Frauen und Gleichstellung.

Leitner, Andrea/Wagner, Elfriede (2016): Gleichstellungsbericht Tirol. Frauen und Männer in Tirol. Online: https://irihs.ihs.ac.at/id/eprint/4542/ [Stand: 2021-06-01].

Obertegger, Jutta (2012): Mehr Frauen in die Kommunalpolitik! Europäische Strukturmaßnahmen zur Frauenförderung in ländlichen Räumen anhand der Evaluation der zwölf Politiklehrgänge für Frauen in Tirol (= Dipl.-Arbeit, Innsbruck).

Sekretariat der Ständigen Konferenz der Kultusminister der Länder in der Bundesrepublik Deutschland (Hrsg.) (2001): Vierte Empfehlung der Kultusministerkonferenz zur Weiterbildung. (Beschluss der Kultusministerkonferenz vom 01.02.2001). Online: https://www.kmk.org/fileadmin/Dateien/veroeffentlichungen_beschluesse/2001/2001_02_01-4-Empfehlung-Weiterbildung.pdf [Stand: 2021-06-01].

Foto: Martin Weber

Mag. Franz Jenewein

f.jenewein@grillhof.at
www.grillhof.at
+43 (0) 512 3838

Franz Jenewein ist Leiter des Tiroler Bildungsinstituts (TBI), das sich aus dem Weiterbildungszentrum Grillhof und dem Medienzentrum des Landes Tirol zusammensetzt. Nach dem Studium der Politikwissenschaft und Geschichte arbeitete er als Pädagogischer Mitarbeiter im Tiroler Volksbildungswerk, anschließend als Mitarbeiter in der Tiroler Förderungsstelle für Erwachsenenbildung und seit Jänner 1998 als Leiter des TBI. Er hat in den Bereichen Erwachsenenbildung, Bildungsmanagement und Qualitätsmanagement Zusatzausbildungen abgeschlossen. Als Mitglied in mehreren Arbeitsgruppen im BMBWF, Verein EB-Tirol, Tiroler Bildungsforum, Tiroler Bildungsservice und amg-tirol ist er in vielen Bildungsnetzwerken vertreten.

Local Political Continuing Education for Women

The example of the Tyrolean programme *"Nüsse knacken – Früchte ernten"* (Crack Nuts, Harvest Fruit)

Abstract

For over twenty years, educational opportunities have been available for women who would like to be active in local politics in Austria. These political programmes for women aim to strengthen participation at the local level and increase the share of women who serve on local councils and as local representatives because the participation of women at the local level is even lower than at the federal and federated state (*Bundesland*) levels. In this article, the author focuses on the "*Nüsse knacken – Früchte ernten*" (Crack Nuts, Harvest Fruit) programme for women in Tyrol offered since 2001 and presents the results of an impact analysis. One conclusion: The program empowers women and promotes women's networks. (Ed.)

Impressum/Offenlegung

Magazin erwachsenenbildung.at

Das Fachmedium für Forschung, Praxis und Diskurs
Gefördert aus Mitteln des BMBWF
erscheint 3 x jährlich online, mit Parallelausgabe im Druck
Online: https://erwachsenenbildung.at/magazin
Herstellung und Verlag:
BoD - Books on Demand, Norderstedt

ISSN: 1993-6818 (Online)
ISSN: 2076-2879 (Druck)
ISSN-L: 1993-6818
ISBN: 9783754313459

Projektträger

CONEDU – Verein für Bildungsforschung und -medien
Keplerstraße 105/3/5
A-8020 Graz
ZVR-Zahl: 167333476

Medieninhaber

Bundesministerium für Bildung,
Wissenschaft und Forschung
Minoritenplatz 5
A-1010 Wien

Bundesinstitut für Erwachsenenbildung
Bürglstein 1-7
A-5360 St. Wolfgang

HerausgeberInnen der Ausgabe 43, 2021

Dr.in Heidi Niederkofler (Universität Wien)
Dr. Stefan Vater (Verband Österreichischer Volkshochschulen)

HerausgeberInnen des Magazin erwachsenenbildung.at

Robert Kramreither (Bundesmin. für Bildung, Wissenschaft und Forschung)
Dr.in Gerhild Schutti (Bundesinstitut für Erwachsenenbildung)

Fachbeirat

Univ.-Prof.in Dr.in Elke Gruber (Universität Graz)
Dr. Lorenz Lassnigg (Institut für Höhere Studien)
Mag. Kurt Schmid (Institut für Bildungsforschung der Wirtschaft)
Mag.a Julia Schindler (Universität Innsbruck)
Dr. Stefan Vater (Verband Österreichischer Volkshochschulen)
Mag. Lukas Wieselberg (ORF science.ORF.at und Ö1)

Redaktion

Simone Müller, M.A. (Verein CONEDU)
Mag. Wilfried Frei (Verein CONEDU)

Fachlektorat

Mag.a Laura R. Rosinger (Textconsult)

Übersetzung

Übersetzungsbüro Mag.a Andrea Kraus

Satz

Mag.a Sabine Schnepfleitner (Verein CONEDU)

Design

Karin Klier (tür 3))) DESIGN)

Website

wukonig.com | Wukonig & Partner OEG

Medienlinie

„Magazin erwachsenenbildung.at – Das Fachmedium für Forschung, Praxis und Diskurs" (kurz: Meb) ist ein redaktionelles Medium mit Fachbeiträgen von AutorInnen aus Forschung und Praxis sowie aus Bildungsplanung, Bildungspolitik u. Interessensvertretungen. Es richtet sich an Personen, die in der Erwachsenenbildung und verwandten Feldern tätig sind, sowie an BildungsforscherInnen und Auszubildende. Das Meb fördert die Auseinandersetzung mit Erwachsenenbildung seitens Wissenschaft, Praxis und Bildungspolitik und spiegelt sie wider. Es unterstützt den Wissenstransfer zwischen aktueller Forschung, innovativer Projektlandschaft und variantenreicher Bildungspraxis. Jede Ausgabe widmet sich einem spezifischen Thema, das in einem Call for Papers dargelegt wird. Die von AutorInnen eingesendeten Beiträge werden dem Peer-Review eines Fachbeirats unterzogen. Redaktionelle Beiträge ergänzen die Ausgaben. Alle angenommenen Beiträge werden lektoriert und redaktionell für die Veröffentlichung aufbereitet. Namentlich ausgewiesene Inhalte entsprechen nicht zwingend der Meinung der HerausgeberInnen oder der Redaktion. Die HerausgeberInnen übernehmen keine Verantwortung für die Inhalte verlinkter Seiten und distanzieren sich insbesondere von rassistischen, sexistischen oder sonstwie diskriminierenden Äußerungen oder rechtswidrigen Inhalten solcher Quellen.

Alle Artikel und Ausgaben des Magazin erwachsenenbildung.at sind im PDF-Format unter https://erwachsenenbildung.at/magazin kostenlos verfügbar. Das Online-Magazin erscheint parallel auch in Druck (Print-on-Demand) sowie als E-Book.

Urheberrecht und Lizenzierung

Kontakt und Hersteller

Magazin erwachsenenbildung.at
Das Fachmedium für Forschung, Praxis und Diskurs
p. A. CONEDU – Verein für Bildungsforschung und -medien
Keplerstraße 105/3/5, A-8020 Graz
magazin@erwachsenenbildung.at